ambiente
y
democracia

Biblioteca Universitaria Raúl Rangel Frías
Alfonso Reyes 4000 norte, Planta principal
Monterrey, Nuevo León, México, C. P. 64440
Teléfonos: (5281) 8329 4111 / Fax: (5281) 8329 4095
Correo-e: <publicaciones@seyc.uanl.mx>
Página de red: <www.uanl.mx/publicaciones>

INDICADORES DE SUSTENTABILIDAD EN EL ESTADO DE NUEVO LEÓN

por

ESTHELA GUTIÉRREZ GARZA
(coordinadora)

CARLOS RAMÍREZ | JOSÉ MARÍA INFANTE | JULIO CÉSAR PUENTE | EDGAR GONZÁLEZ GAUDIANO | CIRO VALDÉS | EDUARDO TREVIÑO | LIBERTAD LEAL | ARUN KUMAR ACHARYA | ESTELA ORTEGA | JOSÉ JUAN CERVANTES | PEDRO CÉSAR CANTÚ | YOSU RODRÍGUEZ | GABRIELA DE LA MORA | JOSÉ RAÚL LUYANDO | GLORIA L. MANCHA | ESTEBAN PICAZZO | ELIZABETH GÁLVEZ | JORGE LUIS LOYOLA | ÓSCAR FLORES | ROBERTO GARCÍA ORTEGA | RAFAEL GARCÍA | JESÚS SÁNCHEZ

siglo xxi editores, méxico
CERRO DEL AGUA 248, ROMERO DE TERREROS
04310MÉXICO, DF

siglo xxi editores, argentina
GUATEMALA 4824, C 1425 BUP,
BUENOS AIRES, ARGENTINA

salto de página
ALMAGRO 38, 28010,
MADRID, ESPAÑA

biblioteca nueva
ALMAGRO 38, 28010,
MADRID, ESPAÑA

anthropos
CTRA. MOLINS-SABADELL KM 13,
POL. IND. CAN ROSÈS, NAVE 22,
08191 RUBÍ, BARCELONA, ESPAÑA

HC137.N8
R35
2012 Ramírez, Carlos
Indicadores de sustentabilidad en el estado de Nuevo León / por Esthela Gutiérrez Garza (coordinadora) ; Carlos Ramírez [y otros veintiuno]. — México : Siglo Veintiuno Editores : Universidad Autónoma de Nuevo León, 2012
344 p. — (Ambiente y democracia)

ISBN 978-607-03-0377-7

Nuevo León – Condiciones ambientales. 2. Desarrollo sustentable – Nuevo León. I. Gutiérrez Garza, Esthela, editor. II.t. III. Ser

primera edición, 2011

isbn 978-607-03-0377-7

impreso en méxico
en los talleres de
litográfica ingramex
ceneteno162, granjas méxico, 09810, df, méxico

PRESENTACIÓN

La Universidad Autónoma de Nuevo León a través del Instituto de Investigaciones Sociales (iinSo) coordinó el Seminario Permanente sobre Desarrollo Sustentable, cuyas actividades de discusión académica fueron la base para generar diversos proyectos. El Seminario Permanente es un grupo multidisciplinario, compuesto por investigadores y docentes de diferentes escuelas y facultades de nuestra casa de estudios, y ellos fueron quienes promovieron el análisis y debate sobre la situación del estado de Nuevo León en el marco del desarrollo sustentable.

Entre los resultados del trabajo de este grupo multidisciplinario de especialistas están el presente libro "Indicadores de Sustentabilidad en el Estado de Nuevo León", en el que se elabora un diagnóstico actualizado sobre la realidad del estado Nuevo León respecto a diversos temas que son fundamentales para lograr el desarrollo sustentable en la entidad.

Otro resultado importante del Seminario Permanente es el Observatorio de la Sustentabilidad de Nuevo León (OSNL), que por medio de su sitio <http://observatorio.sds.uanl.mx/index.html> busca ofrecer información relevante a la sociedad que le permita generar puntos de vista críticos e independientes sobre la transición hacia la sustentabilidad en el estado de Nuevo León. El Observatorio es resultado de una innovación científica y tecnológica auspiciada por el Consejo Nacional de Ciencia y Tecnología (Conacyt), en el que participaron activamente los miembros del Seminario Permanente del iinSo, así como el Mtro. Enrique Provencio y el Centro de Investigación en Geografía y Geomática Ing. Jorge L. Tamayo A. C. (Centro-Geo) primero bajo la dirección de la Dra. Carmen Reyes y posteriormente con la Dra. Margarita Parás, contando con la participación directa del grupo de trabajo encabezado por el Ing. Yosú Rodríguez.

En el marco del Observatorio fue posible construir y definir los indicadores de la sustentabilidad que cuentan con una base teórico metodológica sólida, a fin de dar cuenta de la situación del estado de Nuevo León y México respecto al patrimonio natural y el ambiente;

los detonadores potenciales para el desarrollo sustentable; la equidad social y la gobernanza e instituciones. Todos esos temas son relevantes para el diagnóstico de la realidad de la entidad y la posterior construcción de propuestas que contribuyan a la formación de un Estado ambientalmente sustentable, socialmente responsable y democrático.

El OSNL forma parte de la Red Iberoamericana de Observatorios de Sostenibilidad, conformada por los Observatorios de mayor prestigio y presencia en el mundo de habla hispana. Cuenta además con un Comité Científico, Nacional e Internacional, integrado por expertos ampliamente reconocidos, con la finalidad de apoyar su dirección, con opinión científica y profesional y asegurar la calidad de los trabajos realizados.

El Comité Científico Internacional está compuesto por el Dr. Javier Benayas del Álamo (Universidad Autónoma de Madrid), el Dr. Luis Jiménez Herrero (Universidad de Alcalá) y el Dr. Juan Carlos Gimeno Martín (Universidad Autónoma de Madrid). El Comité Científico Nacional está integrado por el M.C. Enrique Provencio Durazo (Universidad Nacional Autónoma de México), el Ing. Yosu Rodríguez Aldabe (Centro de Investigación en Geografía y Geomática "Ing. Jorge L. Tamayo", A.C.) y el Dr. Edgar González Gaudiano (Universidad Veracruzana). El Comité Científico de la Universidad Autónoma de Nuevo León está conformado por el Dr. Ciro G. S. Valdés Lozano (Facultad de Agronomía), la Dra. Libertad Leal Lozano (Facultad de Biología) y el Dr. Eduardo J. Treviño Garza (Facultad de Ciencias Forestales). Todos ellos destacan por sus contribuciones al Desarrollo Sustentable tanto nacional como internacional.

El Observatorio sintetiza el trabajo inter y multidisciplinario de un grupo de expertos y académicos interesados en los temas de la sustentabilidad y al igual que la presente obra, busca contribuir en la generación de una concepción más participativa del desarrollo humano y la sustentabilidad, que sirva de enlace para incorporar nuevos conocimientos que a su vez contribuyan a modificar el rumbo actual del desarrollo en la entidad, con una visión más integral e integradora.

Dra. Esthela Gutiérrez Garza
Secretaria de Desarrollo Sustentable
Universidad Autónoma de Nuevo León.

I.
DESAFÍOS DE UNA AGENDA CON PARTICIPACIÓN CIUDADANA

Al inicio del siglo XXI las sociedades afrontan problemas inéditos, cuya magnitud amenaza las formas de relación y sobrevivencia de los seres humanos, así como la integridad del conjunto de los ecosistemas del planeta. El más relevante de todos ellos, tanto por su dimensión global como por su complejidad epistemológica y científica, es el manejo del medio ambiente, donde el cambio climático es su manifestación preponderante. Se trata de un problema híbrido en el que la incertidumbre es un componente consustancial ante la imposibilidad de controlar –e incluso de identificar– todas las distintas variables que intervienen y de conocer cómo se relacionan entre sí –sobre todo con fines predictivos– y al pasar de la escala global del conocimiento sobre el clima y el cambio climático a la escala regional, subregional o local. Otros problemas ambientales de suyo importantes también son: el deterioro de la capa de ozono, la contaminación atmosférica y acidificación oceánica, la sobreexplotación y degradación de los recursos naturales, la pérdida de la biodiversidad, el agotamiento de los acuíferos y la erosión y desertificación del suelo a gran escala.

En una relación sinérgica, a los anteriores se suman problemas críticos de carácter social, tales como la exclusión y la marginación, la pobreza extrema, la inequitativa distribución del ingreso, el desempleo y la precarización laboral, el desorden en el uso territorial, la metropolización y el abandono del sector agropecuario y sus efectos sobre la producción rural. Todo ello como expresiones de un proyecto civilizatorio que no sólo engendra estos fenómenos, sino que los prohíja y propaga.

Ante esta realidad, las instituciones e incluso el conocimiento científico disponible han sido incapaces de responder a esa compleja problemática, que deriva de un patrón de desarrollo que ha preconizado las variables económicas y de mercado, soslayando el bienestar social y el cuidado del ambiente en detrimento de la calidad de vida y del ejercicio de la democracia. Ello se manifiesta en la pérdida de valores culturales, de oportunidades y potencialidades productivas, así como en la ruptura del tejido social, entre otras de sus consecuencias.

Para las radicales transformaciones que se requieren, la cultura y la política constituyen dos ejes fundamentales en el ámbito de la gobernanza democrática donde la fortaleza de las instituciones, así como la participación ciudadana y sus organizaciones desempeñan un papel relevante.

1. EL DESARROLLO SUSTENTABLE: UNA GRAN CONVOCATORIA INTERNACIONAL

La noción de desarrollo, centrada principalmente en el crecimiento material progresivo, ha sido desafiada por una visión más amplia, compleja y holística –donde lo cuantitativo está subsumido en lo cualitativo– que articula el cuidado del ambiente, así como la integridad de los ecosistemas, las relaciones sociales solidarias orientadas hacia la equidad y los entornos institucionales de la política para el ejercicio de la gobernanza democrática. Esta visión es conocida como desarrollo sustentable.

El desarrollo sustentable tiene sus antecedentes en la preocupación global por el medio ambiente que comenzó a expresarse desde los años cincuenta, sobre todo al ver las enormes consecuencias de la segunda guerra mundial. Una corriente de pensamiento ambientalista propiamente dicha, tuvo una expresión clara a partir de los años sesenta. Pepper (1984) señala que tres obras escritas fueron claves para detonar el movimiento ambientalista mundial: *Silent Spring* de Rachel Carson (1962), *Blue Print for Survival* de Edward Goldsmith (1972) y *Small is Beautiful: Economics as if people mattered* de Fritz Schumacher (1973). La primera anuncia y cuantifica los problemas; la segunda analiza los cambios necesarios y la tercera incorpora acciones prácticas para solucionar los problemas ambientales e identifica sus raíces filosóficas.

El 22 de abril de 1970, se considera como el momento en que surgió el movimiento ecologista en el mundo, con la celebración del primer Día de la Tierra en el que participaron más de veinte millones de personas y en ese mismo año se creó la Agencia de Protección Ambiental (EPA) en Estados Unidos (Gutiérrez Garza y González, 2010).

El primer informe del Club de Roma publicado en 1972, marcó el inicio de un fuerte movimiento de condena a los principios económicos convencionales, a través de los cuales las actividades humanas son reducidas a la población, la producción industrial y a la acumulación del capital, como si la Tierra fuera una fuente inagotable de recursos naturales y la solución de los problemas sociales y ambientales llegaría como efecto colateral del espejismo del crecimiento económico (Negret, 1999). Las principales conclusiones del estudio sobre los límites del crecimiento fueron que si la población seguía creciendo al mismo ritmo y, la industrialización y la degradación de los recursos naturales continuaban aumentando, los límites del crecimiento serían alcanzados en alrededor de cien años.

Después del primer informe del Club de Roma sobre *Los límites del crecimiento,* hubo un segundo, titulado *La humanidad en la encrucijada,* a cargo de un grupo multidisciplinario de expertos encabezado por Mihajlo Mesarovic y Eduard Pestel (1974). En este estudio se modifica la concepción de sistema global homogéneo del primer informe para concebir al mundo como un todo interrelacionado. Esta concepción permitía darle salida a la propuesta de impulsar un crecimiento orgánico, en vez del crecimiento no diferenciado en el que el crecimiento de unos era a costa del no crecimiento de otros.

El tercer informe del Club de Roma se denominó *Reestructuración del Orden Internacional,* este trabajo insistió en la necesidad de reducir las desigualdades existentes y en la redistribución de las oportunidades globales, así como en establecer un orden que disminuya la distancia entre ricos y pobres.

Para 1973, se formuló por primera vez la noción de ecodesarrollo, que fue la propuesta alternativa a la visión institucional que se propagaba en las conferencias internacionales sobre medio ambiente, sustentada en los límites físicos del crecimiento, el control demográfico y el crecimiento cero. Se apelaba a la necesidad de crecer, pero dentro de un nuevo estilo de desarrollo, que se sustentara en el potencial biorregional (Sale, 1974, 1985), El ecodesarrollo propone una modalidad de desarrollo distinta que debe construirse con base en las necesidades y características locales, tanto ecológicas como socioculturales.

De esta manera, desde los años sesenta aparecieron desde la sociedad civil y desde la academia, los primeros cuestionamientos al modelo de industrialización y sus efectos contaminantes en la atmósfera, el agua y los suelos. Simultáneamente, el abandono de la vida en el campo por contingentes importantes de población y el progresivo crecimiento urbano para alimentar la mano de obra que requería la planta industrial, fueron la causa de las modificaciones generadas en el paisaje de campos, bosques y montañas, así como del cambio de perfil demográfico y productivo.

En 1980, la Unión Mundial de la Naturaleza (UICN) en su *Estrategia Mundial de la Conservación,* estableció que el desarrollo en su relación con la naturaleza debía partir de la modificación de la biosfera y la aplicación de los recursos humanos y financieros, para la satisfacción de las necesidades humanas y del mejoramiento de la calidad de vida (UICN, 1980). Con ello, se ponía al ser humano en el centro de la atención tanto del desarrollo como de la preocupación ambientalista. Como un momento de síntesis en esta construcción, en 1987 la Comisión Mundial del Medio Ambiente y del Desarrollo de las Naciones Unidas presenta *Nuestro Futuro Común,* conocido también como Informe Brundtland, en el cual se recogen las aportaciones elaboradas tanto en el seno de los movimientos sociales, en la gestión de políticas ambientales nacionales, como en las propuestas teóricas desarrolladas en las universidades. Este documento difundió un concepto relativamente nuevo: *el desarrollo sustentable* (en inglés *sustainable development* y en francés *développement durable*) que, como lo señala Voisenet (2005) en pocos años desde su aparición, parece haber colonizado de manera absoluta todos los enfoques y las preguntas de quienes se interesan en el desarrollo.

El desarrollo sustentable ha constituido un nuevo *manifiesto político,* esto es, se ha elevado como una poderosa proclama dirigida a ciudadanos, organizaciones civiles y gobiernos, para impulsar acciones, principios éticos y nuevas instituciones orientadas hacia un objetivo común: la sustentabilidad.

Por sustentabilidad entendemos un compromiso efectivo de contribuir a la conformación de una nueva etapa civilizatoria, basada en el conocimiento, que armonice la vida de los seres humanos consigo mismos y entre sí, que promueve el desarrollo socioeconómico con equidad y practique una actitud respetuosa del medio ambiente para conservar en el largo plazo la vitalidad y diversidad de nuestro planeta.

Concretamente, es *Nuestro Futuro Común,* mejor conocido como Informe Brundtland, el que difunde el concepto y acuña la definición más conocida de desarrollo sustentable. El concepto de desarrollo sustentable surgía de la necesidad de una acción concertada de las naciones para impulsar un modelo de desarrollo mundial compatible con la conservación de la calidad del medio ambiente y con la equidad social. Dos son las declaraciones identitarias fundamentales que enuncian su significado:

1] Un desarrollo que satisfaga las necesidades del presente sin comprometer la capacidad de que las generaciones futuras puedan satisfacer las suyas.
2] Poner en marcha un tipo de desarrollo donde evolucionen paralelamente los sistemas económicos y la biosfera, de manera en que la producción realizada del primero, asegure la reproducción de la segunda, constituyendo una relación mutuamente complementaria.

Desde esta perspectiva, desarrollo sustentable emerge como una propuesta conceptual holística que articula al menos cinco dimensiones: la económica, la ambiental, la social, la política y la cultural. Dentro de estas dimensiones se abarcan temas como la equidad, las oportunidades de empleo, el acceso a bienes de producción, los impactos ambientales, el gasto social, la igualdad de género, el buen gobierno, una sociedad civil activa en términos de participación social, entre otros, considerándose tanto aspectos cuantitativos como cualitativos del desarrollo.

Así, el desarrollo sustentable constituye la convergencia de un intenso esfuerzo por construir una visión integral sobre los problemas, un enfoque más acucioso sobre cómo pensar el desarrollo superando los principios plasmados en el nacimiento de la economía del desarrollo como subdisciplina de la economía hasta posicionarse como conocimiento de frontera en el campo de las ciencias multidisciplinarias (Vivien, 2005; Saldívar, 1998).

2. MÉXICO Y EL DESARROLLO SUSTENTABLE

Durante decenios, las políticas de desarrollo en México restaron importancia a los costos económicos y sociales del crecimiento demográfico: la desigual distribución territorial de la población, el impacto de las actividades productivas y la urbanización sobre la calidad del aire, el agua y los suelos, ignorando las implicaciones de la degradación y destrucción de los recursos naturales, provocaron el surgimiento de graves crisis ambientales, especialmente en las zonas metropolitanas.

Ante el creciente reclamo de la sociedad civil por la aparición de estas crisis, en en los años setenta se crearon las primeras instituciones[1] para atender los problemas derivados de la contaminación. No obstante, este avance institucional fue una respuesta tardía del Estado, ante la contaminación ambiental urbana y la degradación ecológica en el país.

El concepto de desarrollo sustentable se implementó en México a finales de los años ochenta, gracias al trabajo realizado por grupos de investigación que lo impulsaron desde la academia y la postura oficial de cumplir con acuerdos internacionales que proponían su implementación. En una segunda etapa, se transita hacia la creación de nuevas dependencias para su implementación nacional y local.

Aunque ciertamente, el primer antecedente en México data de 1983, cuando se creó la Subsecretaría de Ecología en el seno de la Secretaría de Desarrollo Urbano y Ecología (SEDUE), con lo cual se asignaron nuevas responsabilidades y se reagruparon funciones vinculadas con el medio ambiente que se encontraban dispersas en distintas dependencias federales, es en 1988, cuando el proceso mundial de tránsito hacia la sustentabilidad hace eco en México con

[1] En 1971 se promulgó la Ley Federal para Prevenir y Controlar la Contaminación Ambiental; en 1972 se creó la Subsecretaría de Mejoramiento del Ambiente, en el marco de la Secretaría de Salud y Asistencia Pública y en 1976 se estableció la Dirección General de Ecología Urbana dentro de la Secretaría de Asentamientos Humanos y Obras Públicas.

la promulgación de la Ley General del Equilibrio Ecológico y Protección al Ambiente (LGEEPA).

En 1992, la SEDUE se transformó en la Secretaría de Desarrollo Social (SEDESOL) para propiciar un marco institucional más articulado entre las políticas sociales y las ambientales. Pocos meses después la Subsecretaría de Ecología separó sus funciones de normatividad y las de inspección y verificación, dando origen al Instituto Nacional de Ecología (INE) y a la Procuraduría Federal de Protección al Ambiente (PROFEPA), respectivamente, como órganos desconcentrados. En 1992, también se creó la Comisión Nacional para el Conocimiento y Uso de la Biodiversidad (Conabio).

En 1994 con la creación de la Secretaría de Medio Ambiente, Recursos Naturales y Pesca (SEMARNAP), se fortaleció la gestión gubernamental considerando la conservación ecológica y el uso sustentable de los recursos. En 2000, la SEMARNAP se transformó en Secretaría de Medio Ambiente y Recursos Naturales (SEMARNAT), puesto que el ámbito de responsabilidad de la pesca fue absorbido por el sector agropecuario. Y a partir de ese momento se han producido diversos cambios en la ingeniería institucional del sector gubernamental asociado a la gestión ambiental; los cuales buscan responder mejor a las complejas tareas que supone esta actividad.

Si bien la responsabilidad institucional de la administración pública continúa estando muy fragmentada, existe un avance muy importante en el marco normativo y de políticas públicas teniendo como expresiones relevantes la promulgación de las siguientes leyes:

a] General del Equilibrio Ecológico y la Protección del Medio Ambiente.
b] General de Vida Silvestre.
c] Aguas Nacionales.
d] General de Pesca y Acuacultura Sustentables.
e] General de Desarrollo Forestal Sustentable.
f] Bioseguridad de Organismos Genéticamente Modificados.
g] General para la Prevención y Gestión Integral de los Residuos.
h] Desarrollo Rural Sustentable.

Entre otras normas y reglamentos; además del fortalecimiento que se le ha dado al marco institucional con la creación de la Comisión

Nacional de Áreas Naturales Protegidas (en el año 2000) y la Comisión Nacional Forestal (en 2001).

En México se ha buscado instalar un marco normativo, que concilie las problemática ambiental y la utilización sustentable del capital natural, previendo que el grado de capacidad de dichas normas y su aplicación las convierta en mecanismos efectivos de preservación del ambiente y la base natural de sustentación: los recursos naturales.

Sin embargo, para establecer la prioridad del desarrollo sustentable se requieren cambios institucionales en distintos planos que permitan operacionalizar decisiones de política integradas que vayan más allá de las jurisdicciones secretariales que han caracterizado la función pública en México. Estos cambios deben implicar a todos los sectores y a los tres órdenes de gobierno. Provencio (1997) menciona acertadamente que estos cambios tienen que ser prolijos y abarcar las estructuras estatales, las reglas no formales expresadas en expectativas, los usos y costumbres institucionales, los procesos de decisión y los marcos legales y normativos. De igual forma, los códigos de conducta adoptados por gremios, profesiones y organizaciones sociales, así como los compromisos y pautas internacionales y de mercados.

Lo anterior, porque el *modus operandi* de las estructuras estatales tradicionales para la formulación de políticas públicas sigue predominando y resulta ser inadecuado para inducir el tránsito al desarrollo sustentable, toda vez que reproduce una dinámica institucional que no favorece la información al público, la transparencia de la gestión y la rendición de cuentas, así como, la participación efectiva de los agentes interesados y la definición de metas viables calendarizadas sujetas a escrutinio y cumplimiento. Más aún, señala el mismo autor, criterios y factores de insustentabilidad están inmersos en el mismo tejido de muchas políticas, programas e instrumentos de fomento, por lo que es necesario un proceso de revisión y ajuste.

En México, la magnitud de la degradación ambiental y del agotamiento de los recursos naturales ha sido creciente. La valoración que el INEGI hace a través del Sistema de Cuentas Económicas y Ecológicas de México (SCEEM) destaca que la depreciación de los recursos naturales como porcentaje del producto interno bruto (PIB) es un asunto al que debiera dársele una mayor atención política, ya que ha oscilado anualmente entre 11 y 14%, desde 1985 a la fecha. Este problema se ha expresado mediante el producto interno neto ecológico (PINE), un nuevo indicador que permite identificar el impacto que tiene en la economía el agotamiento y deterioro de los recursos naturales a causa de las actividades de producción, distribución y consumo.

Aunado a ello y de manera sincrónica, los aspectos sociales se han deteriorado notablemente desde la implantación del modelo económico de apertura internacional y la emergencia de la política neoliberal a partir de 1982, que tiene en el Tratado de Libre Comercio de América del Norte (TLCAN) su máxima expresión. Este deterioro se ha manifestado, principalmente, en el debilitamiento del empleo formal y del poder adquisitivo de los salarios, en la pérdida de calidad de los servicios de atención a la salud y la educación, así como en el aumento en el costo de la vivienda. Para valorar esta seria situación, el Consejo Nacional de Población (CONAPO) creó el índice de marginación que da cuenta del estado que guardan las condiciones sociales estatales y municipales.

Dentro de los desafíos para transitar a la sustentabilidad, es importante destacar el complicado proceso de transición a la democracia, que tiene un momento de inflexión en el movimiento del 68, de cual se deriva un proceso social que busca establecer un sistema electoral representativo de las diferentes fuerzas políticas del país. La creación de la Comisión Nacional de Derechos Humanos en 1990, la autonomía del Instituto Federal Electoral en 1996 y el establecimiento del Instituto Federal de Acceso a la Información en 2003, forman parte de los cambios necesarios para la vida democrática. Sin demeritar su trascendencia, estas nuevas instituciones democráticas que favorecieron la alternancia gubernamental en 2000, no han logrado demostrar su capacidad de arbitraje en las contiendas electorales, ni motivar un mayor compromiso en la ciudadanía para la construcción de una democracia participativa.

3. HACIA LA CONSTRUCCIÓN DE INDICADORES PARA LA SUSTENTABILIDAD

¿Qué podemos hacer para entender todos estos procesos de carácter cualitativo que demandan nuevos estilos de vida, nuevos modelos de desarrollo y nuevos sistemas de pensamiento y conocimiento?

Un elemento nodal para responder la pregunta es la información, toda vez que nutre los procesos de decisión. Para obtenerla, es necesario integrar los datos dispersos en indicadores multidimensionales. Los indicadores forman parte de un acucioso proceso que permite construir información de calidad en los más diversos temas. Comparados con los indicadores de aspectos sociales y económicos, los indicadores ambientales y de sustentabilidad son un fenómeno reciente.

Ciertamente, el Programa de Naciones Unidas para el Desarrollo (PNUD) inició en 1990 una aproximación distinta con el índice de desarrollo humano (IDH), que constituye un indicador alternativo al tradicional producto interno bruto (PIB). Pocos años después (1995), la Comisión de las Naciones Unidas para el Desarrollo Sustentable (CDS), en respuesta al mandato de la Agenda 21, comenzó a desarrollar indicadores para el monitoreo del desarrollo sustentable mundial.

La Agenda 21 fue el documento más trascendente, junto con las convenciones de cambio climático y de diversidad biológica, surgido de la Cumbre de Río de Janeiro, celebrada del 3 al 14 de junio de 1992 y que contó con la participación de representantes de 179 países. Se estructura en cuarenta capítulos organizados en un preámbulo y cuatro secciones, cuyos títulos son: "Dimensiones sociales y económicas"; "Conservación y gestión de los recursos para el desarrollo"; "Fortalecimiento del papel de los grupos principales" y, finalmente, "Medios de Ejecución". El último capítulo de esta sección, el número cuarenta, se dedica a la información para la toma de decisiones y es donde se propone la búsqueda de indicadores. A consecuencia de la Agenda 21, se creó el Fondo para el Medio Ambiente Mundial (GEF) y la Comisión para el Desarrollo Sustentable (CDS).

En 2000, la Organización de las Naciones Unidas (ONU) reforzó este proceso tendencial al plantear los objetivos de desarrollo del milenio (ODM), cuyo énfasis particular son las políticas de globalización y la erradicación de la pobreza y el hambre: Los ODM fueron adoptados por 199 países durante la 55a. Asamblea General de Naciones Unidas. Tiempo después se aprobó la Carta de la Tierra como una declaración internacional de principios éticos y aspiraciones para una sociedad mundial sustentable.[2]

Asimismo, del 26 de agosto al 4 de septiembre de 2002, se llevó a cabo la Conferencia de las Naciones Unidas para el Desarrollo Sustentable en Johannesburgo, Sudáfrica (Río + 10), que generó un Plan de Aplicación Internacional para reforzar las decisiones adoptadas, ya que no se han observado los avances acordados en este sentido. En Johannesburgo se propuso abordar de una manera distinta la cuestión del desarrollo y dar origen a una nueva modalidad de cooperación internacional, que reconozca que las decisiones tomadas en una parte del mundo pueden afectar a las personas de otras regiones, por lo que se promovieron acciones concretas en tiempos perentorios, muchos de ellos coincidentes con los plazos de los ODM y de otros acuerdos internacionales. El tema principal de la Cumbre fue cómo se debe transformar al mundo para asegurar el desarrollo sustentable. Esto implica generar indicadores que permitan abordar una gran variedad de cuestiones relevantes.

De manera paralela a las reuniones y acuerdos multilaterales, numerosos organismos académicos y privados, e incluso países comenzaron a formular nuevos conceptos, indicadores e índices para dar cuenta de esta realidad compleja; mencionamos entre muchos otros a la huella ecológica, el índice del planeta vivo y el barómetro de la sustentabilidad.[3] En la actualidad se reconoce el imperativo de más y mejor conocimiento referente a la manera como transitamos hacia la sustentabilidad, en especial sobre las tendencias y obstáculos exis-

[2] La Carta de la tierra fue lanzada públicamente en 2000 y desde entonces ha sido traducida a más de treinta idiomas. Ofrece una visión global y sintética de los desafíos del mundo actual, así como propuestas de cambios y de objetivos compartidos que pueden ayudar a resolverlos.

[3] Para mayor información sobre estos índices, véase: <www.footprintnetwork.org/en/index.php/GFN/>; <www.wwf.es/noticias/informes_y_publicaciones/informe_planeta_vivo_2008/index.cfm>; <www.wilsoncenter.org/index.cfm?topic_id=1413&categoryid=a8374b58-65bf-e7dc-4faa15117f5b45c2&fuseaction=topics.events_item_topics&event_id=6852>.

tentes. Para lograr esto es preciso generar información con base en estrategias y metodologías interdisciplinarias de investigación que puedan traducirse en buenos sistemas de indicadores en las esferas ambiental, económica, social e institucional.

Dado que el estado del medio ambiente se ve presionado por las actividades humanas y sus requerimientos crecientes de energía y materiales, así como por las emisiones resultantes, se hace necesario contar con indicadores ambientales de uso, demanda e impacto de cada uno de los elementos considerados en los procesos productivos; e indicadores de disponibilidad y calidad de los recursos naturales y servicios ambientales para planear y asegurar su aprovechamiento en el largo plazo.

Adicionalmente, se requiere información que permita visualizar el nivel de satisfacción de las necesidades y el desarrollo de las capacidades de la población en circunstancias de equidad social creciente, que deriva en la necesidad de contar con indicadores sobre el entorno macroeconómico, el empleo y el bienestar social, elementos consustanciales de la sustentabilidad del desarrollo. Por último, la vida política y cultural constituye el aspecto más sensible y potencial para el cambio y la transición hacia el desarrollo sustentable, por lo que también urgen indicadores pertinentes para conocer la capacidad para enfrentar los complejos retos de gobernanza de las instituciones políticas y de los actores involucrados en la calidad de vida, la equidad y la convivencia social.

4. OBSERVATORIO DE LA SUSTENTABILIDAD PARA EL ESTADO DE NUEVO LEÓN

Con el fin de determinar los desafíos que enfrenta Nuevo León para transitar hacia un desarrollo sustentable, el Instituto de Investigaciones Sociales (iinSo) de la Universidad Autónoma de Nuevo León en conjunto con el Consejo Nacional de Ciencia y Tecnología (Conacyt), han considerado toral construir un marco de análisis para evaluar el proceso de desarrollo del estado. Ello posibilitaría brindar información veraz y oportuna a los ciudadanos e instituciones comprometidos con el desarrollo sustentable, a fin de estar en mejores condiciones, en el marco de la gobernanza democrática, para definir y planificar estrategias que le permitan a Nuevo León avanzar hacia un desarrollo económicamente más viable y ético en el largo plazo, socialmente más justo y equitativo, y ecológicamente saludable.

En este sentido, en el iinSo hemos asumido que es responsabilidad social del sector académico constituirse en un "observador informado" de la realidad, capaz de recabar y analizar la información generada en todos los ámbitos del desarrollo sustentable, a fin de interpretarla, sintetizarla y compartirla de manera sistemática con la sociedad. Para ello hemos propuesto el Observatorio de la Sustentabilidad para el Estado de Nuevo León, entendido como un espacio polivalente que fecunde el diálogo entre los académicos y con la sociedad, el gobierno y el sector privado en Nuevo León. Es decir, deseamos constituirnos en un observador crítico e intérprete del tránsito hacia el desarrollo sustentable. La propuesta de este *Observatorio* fue elaborada en el seno de un Seminario Permanente de Investigación que involucró a todos los académicos e investigadores del Instituto e incorporó a invitados especiales de instituciones académicas nacionales y extranjeras.

Con el Observatorio de la Sustentabilidad para el Estado de Nuevo León pretendemos abrir una amplia convocatoria a la ciudadanía para que, de manera colectiva, abordemos los problemas de la entidad desde una perspectiva local, regional y nacional. Este abordaje estará orientado a la búsqueda de propuestas que impulsen a la gobernanza democrática en el tránsito hacia la sustentabilidad. En tal virtud, nos hemos propuesto:

- Formular un marco conceptual y operativo que defina los temas y problemas que le den sentido y contenido a las interrelaciones sistémicas del desarrollo sustentable. Dicho marco se inscribe en una perspectiva multidisciplinaria, considerando las nuevas áreas de interfase del conocimiento actual y sus avances de frontera, en una perspectiva de complejidad animada por la tensión permanente entre la aspiración a un saber no parcelado y no reduccionista, y el reconocimiento de lo inacabado e incompleto del conocimiento.
- Elaborar una matriz de indicadores de sustentabilidad, bajo una perspectiva holística que permita monitorear y evaluar el perfil que guardan procesos significativos y relevantes para el estado de Nuevo León, a fin de aportar recomendaciones con bases científico-técnicas para la toma de decisiones y la construcción de políticas. Estos indicadores deberán ser capaces de verificar dichos procesos en el corto, mediano y largo plazos en los ámbitos local y regional, lo que permita, posteriormente, establecer estándares de comparación interregional, nacional y global, así como contribuir a la promoción de una cultura de sustentabilidad acorde al espíritu de la Agenda 21, los Objetivos de Desarrollo del Milenio y la Carta de la Tierra.
- Crear un espacio interactivo con base en un sistema de conocimientos especializados, empleando los sistemas de información geográfica y plataformas amigables de acceso, para propiciar la búsqueda permanente de información sobre la situación que guarda el estado de Nuevo León, organizada en una matriz de indicadores ambientales, económicos, sociales e institucionales para auspiciar la interacción de individuos, grupos y organizaciones interesados.
- Construir escenarios futuros y prognosis basados en indicadores de alto riesgo ambiental e impacto social.

El Observatorio de la Sustentabilidad para el estado de Nuevo León está respaldado por un equipo de especialistas en distintas áreas del conocimiento de las ciencias sociales, económicas y ambientales, que ha estado trabajando en el Seminario Permanente de Desarrollo

Sustentable del iinSo desde agosto de 2003 y constituye un proyecto enmarcado en el desarrollo institucional de la Universidad Autónoma de Nuevo León, en el que se destaca como prioridad el impulso a la sustentabilidad.

II.
ELEMENTOS PARA UN DIAGNÓSTICO

Nuevo León es uno de los estados de la República Mexicana que tiene amplias posibilidades para acelerar el paso hacia la transición del desarrollo sustentable. Si bien en el último decenio ha cambiado su perfil productivo, emergiendo servicios de alto valor agregado como son los financieros, de salud, educación, esparcimiento y cultura, el estado mantiene el tercer lugar como polo industrial de México y el segundo en bienestar social.

Sin embargo, en la entidad también se presentan grandes contrastes. Siendo el valor de la producción industrial muy importante, el valor de la producción agropecuaria apenas representa 1% del producto interno bruto estatal en 2009, debido, en parte, a la distribución demográfica totalmente atípica que tiene el estado, donde 94% es población urbana y 6% rural, frente al 76% y 24%, respectivamente que se presenta a escala nacional. Con más de cuatro y medio millones de habitantes, 84.5% de la población se concentra en un pequeño número de municipios del área metropolitana de Monterrey, lo cual es una de sus mayores disparidades. Pero hay otros contrastes que tienen incidencia en los procesos sociales, políticos y económicos: dos de los municipios del área metropolitana de Monterrey, San Pedro Garza García y San Nicolás de los Garza, figuran entre los diez con mayor índice de desarrollo humano de México, con un IDH equivalente al que tienen países como España y Dinamarca, mientras que los dos municipios de menor nivel de desarrollo se ubican en el lugar 2 162 (Mier y Noriega) y 2 218 (Aramberri) de un total de 2 454 municipios en el país.

A estos grandes contrastes en el aspecto social, se ha sumado en los últimos años los problemas derivados de un creciente proceso de inseguridad relacionado con el aumento de la presencia de la delincuencia organizada y del incremento de los delitos del fuero común que han deteriorado el clima de la convivencia social.

Una situación adversa, también reciente, la constituye el entorno desfavorable de la economía internacional, que no sólo ha colocado en recesión a los países desarrollados, sino que ya se inició la misma tendencia pero con mayor fuerza en los países en vías de desarrollo, con las implicaciones preocupantes que esto tiene para el empleo y el bienestar social. Una política activa orientada hacia la inversión productiva, fundamentalmente hacia polos de desarrollo de tecnología de punta, que detonen el crecimiento de las cadenas productivas de alto valor agregado y el fortalecimiento del mercado interno, puede coadyuvar a mitigar estos escenarios.

Dichos desafíos podrán ser enfrentados si se cuenta con la voluntad política de impulsar la gobernabilidad democrática, entendida ésta como la participación de la ciudadanía en la definición de políticas públicas. Se posee un marco jurídico que lo permite y una cultura política basada en el diálogo y el consenso, en donde cada vez más la ciudadanía podría involucrarse y marcar de manera decisiva el rumbo de nuestro Estado.

En este apartado desarrollamos cuatro capítulos desde la perspectiva integral del desarrollo sustentable:

1] *Patrimonio natural y medio ambiente, bases de la identidad y el desarrollo,* aborda el tema de nuestra riqueza natural, el grado de conservación y sus potencialidades.
2] *Detonadores potenciales para el desarrollo sustentable,* centra su atención en las actividades sectoriales y su capacidad de competitividad para cumplir con el objetivo principal de las políticas del desarrollo que es la creación de empleo y la calidad del mismo, aspectos centrales de la conformación dinámica del mercado interno.
3] *Equidad social, acciones para el cambio,* analiza las fortalezas del tejido social, base de la cohesión y la vida en sociedad, así como el lastre que aún llevamos, la desigualdad social. También aborda las acciones inmediatas que se tienen que instrumentar en el campo de las políticas para avanzar hacia la equidad.
4] *Las instituciones de la gobernanza y la democratización,* centra su reflexión en torno a la democracia como requisito para transitar al desarrollo sustentable. Se requiere de nuevas instituciones para la vida democrática y la sustentabilidad que tengan como elemento constitutivo la participación social.

Estos cuatro capítulos que si bien tienen un método de exposición temático, se complementan e integran en la visión holística sobre los retos y oportunidades que tiene el estado de Nuevo León para transitar hacia el desarrollo sustentable.

1. PATRIMONIO NATURAL Y MEDIO AMBIENTE, BASES DE LA IDENTIDAD Y EL DESARROLLO

El estado de Nuevo León colinda al norte con el estado de Texas, Estados Unidos de América, al sur con el estado de San Luis Potosí, al este con Tamaulipas y al oeste con Coahuila y San Luis Potosí. Cuenta con una superficie de sesenta y cuatro mil quinientos cincuenta y cinco km^2, lo que representa el 3.3% de la superficie total del país (Treviño, 2006b). Se localiza en el noreste de la República Mexicana, entre los paralelos 27°49' y 23°11' de latitud norte y los meridianos 98°26' y 101°14' de longitud oeste (INEGI, 2009). Estas coordenadas corresponden a la zona de transición de las regiones biogeográficas Neártica y Neotropical, debido a lo cual el estado alberga una gran riqueza de ecosistemas que contienen una abundante diversidad biológica. De acuerdo con Contreras (2007), el estado está constituido por tres provincias fisiográficas (mapa 1):

a] La Llanura Costera del Golfo Norte. Localizada en el centro y sureste del estado, se caracteriza por una sierra baja (Las Mitras), así como por lomeríos suaves con pendientes y llanuras de extensión considerable. Los suelos de esta provincia son vertisoles, con alto contenido de arcilla, profundos y de color oscuro, así como regosoles y xerosoles, que se caracterizan por contener poca humedad, son poco profundos y de baja fertilidad debido a sus altos contenidos de calcio, con deficiencia de nitrógeno, susceptibles a la erosión y propios de regiones áridas y semiáridas. La provincia presenta un clima semicálido subhúmedo con lluvias en verano. La vegetación predominante es el matorral submontano y matorral mediano espinoso, así como encinales y pequeños bosques de galería en las riberas de ríos y arroyos.

b] La Sierra Madre Oriental. Esta provincia constituye un conjunto de sierras menores de estratos plegados como las Sierras y Llanuras Coahuilenses, los Pliegues Saltillo-Parras, las Sierras Transversales, las Sierras y Llanuras Occidentales y la Gran Sierra Plegada. Esta última es considerada la principal subprovincia

MAPA 1. FISIOGRAFÍA DE NUEVO LEÓN

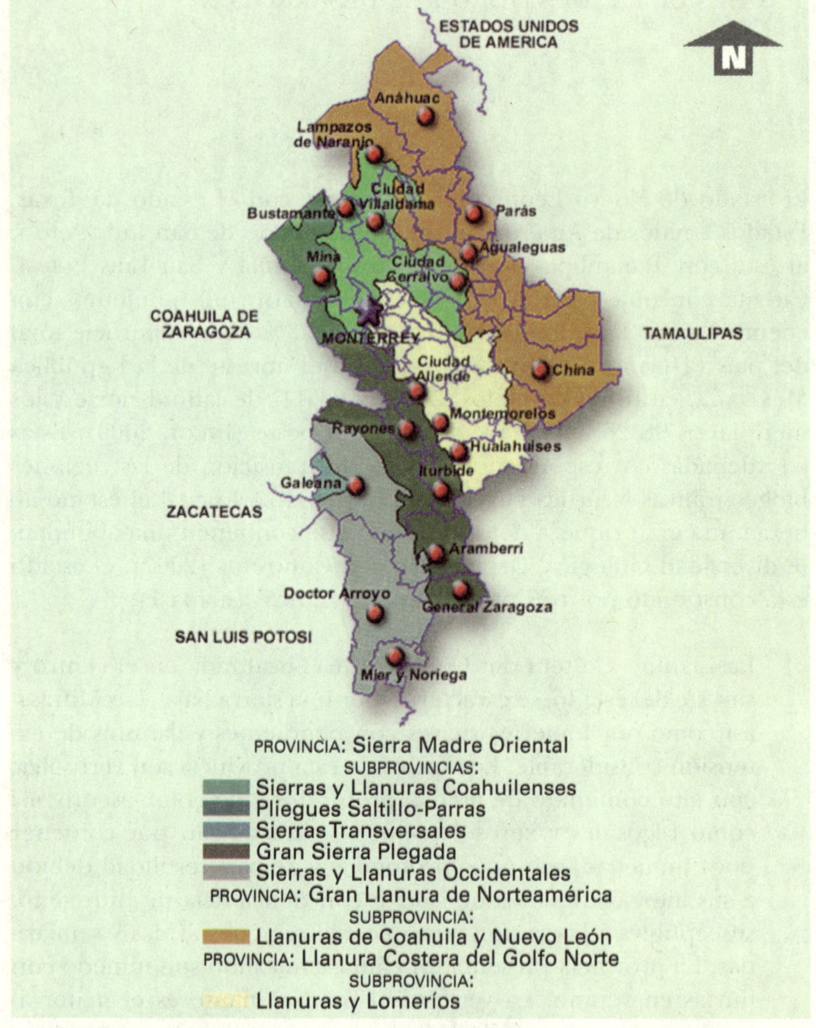

FUENTE: SNIEG, 2009.

dentro del estado, la cual inicia al este de Saltillo, Coahuila, se flexiona con la integración de un gran arco al sur de Monterrey y se prolonga hacia el sur hasta la altura de Ciudad Valles, San Luis Potosí. En esta sierra dominan las capas plegadas de calizas, con predominantes ejes estructurales de anticlinales (plegamientos de las capas del terreno en forma convexa) y sinclinales (plegamientos en forma cóncava). Sus suelos son someros, de dos tipos: litosol (suelos delgados, muy pedregosos con poca materia orgánica, características que dificultan su uso agrícola) y rendzina (suelos que se forman sobre una roca madre carbonatada, como la caliza, y suelen ser fruto de la erosión).

En las porciones medias y altas de las serranías predomina el clima templado subhúmedo con lluvias en verano, dando lugar a la presencia de zonas con pino y encino asociadas con chaparrales. Por sus condiciones fisiográficas, la Sierra Madre Oriental funciona como un corredor biológico en la porción oriental con orientación norte sur, aunque al cambiar de dirección se modifica también la distribución de especies con afinidades neotropicales, esto es, especies poco resistentes a las condiciones desérticas que se distribuyen al norte de Monterrey; es la provincia con el menor número de tipos de vegetación natural (cuadro 1). Esta provincia domina por su amplitud en el territorio estatal y le otorga al estado y, sobre todo, al Área Metropolitana de Monterrey (AMM) su naturaleza y paisaje escénico distintivo.

c] La Gran Llanura Norteamericana. El rasgo más destacado de esta provincia es la presencia de amplias llanuras planas cubiertas de vegetación de pradera, y que la mayor parte de las subprovincias que la integran, se localizan en Estados Unidos de América y sólo una se localiza dentro del territorio nacional: la Llanura de Coahuila y Nuevo León, la cual se extiende desde Anáhuac, Nuevo, León hasta Nueva Rosita, Coahuila, las otras subprovincias forman parte del territorio de Estados Unidos.

CUADRO 1. NUEVO LEÓN. DISTRIBUCIÓN DE LA VEGETACIÓN NATURAL POR PROVINCIAS FISIOGRÁFICAS

PROVINCIA	% DE LA SUPERFICIE ESTATAL	TIPOS DE VEGETACIÓN PRESENTES
Sierra Madre Oriental	49.8	10
Gran Llanura Norteamericana	35.1	11
Llanura Costera del Golfo Norte	15.1	12

FUENTE: INEGI, 2009, *Carta fisiográfica* y CONABIO, 2009, *Uso del suelo y vegetación natural*.

La provincia se caracteriza por tener cerros, serranías, lomeríos y mesas que pueden alcanzar altitudes hasta de 2 600 msnm, así como por tener suelos claros clasificados como xerosoles lúvicos, cálcicos y hálpicos que, en general, son fértiles con deficiencia de nitrógeno y poco susceptibles a la erosión, propios de las zonas áridas y semiáridas.

Por sus características orográficas, en Nuevo León se presentan rangos de altitud que oscilan entre 70 y 3 700 msnm. Entre las principales cumbres se encuentran el Cerro del Potosí con 3 713 msnm en el municipio de Galeana, el Cerro El Morro con 3 710 ubicado en Santiago, el Picacho de San Onofre con 3 540 y la Sierra El Viejo con 3 500 en el municipio de Zaragoza; la Sierra Potrero de Ábrego con 3 460, la Sierra Los Toros con 3 200 y el Cerro Grande de la Ascensión con 3 200 en Aramberri. Por su parte, el macizo montañoso de la Sierra Madre Oriental en el estado, se caracteriza por poseer un relieve accidentado con cordilleras orientadas de noreste a sureste y un promedio de altitud de 2 200 msnm (Treviño, 2006b).

Nuevo León presenta una gran diversidad de climas debido a: que se encuentra al norte del Trópico de Cáncer, cerca del Golfo de México; las características morfológicas que presenta; la presencia de la Sierra Madre Oriental en una porción importante de su territorio y que se encuentra en una latitud donde se localizan los grandes desiertos del mundo. En total, se identifican trece climas diferentes en el estado (mapa 2). La temperatura media anual es de 14°C en la Sierra Madre Oriental variando hasta los 24°C en las Llanuras de Norte. La precipitación media estatal es de 650 mm anuales, pero varía desde 1 010 mm en la estación de "La Boca" en Villa de Santiago a 217 mm en el municipio de Mina (GNL, 2009), con lluvias en verano que suelen presentarse en los meses de agosto y septiembre. Todas estas características hacen que el estado se clasifique dentro de la categoría de zona semiárida (INEGI, 2009).

La temperatura media anual es de alrededor de 20°C, con un máximo promedio de 32°C que se presenta entre los meses de mayo a agosto; la temperatura mínima promedio es de 5°C y se observa durante enero. No obstante, durante junio y agosto en el norte del estado se presentan con frecuencia temperaturas de más de 40°C. El periodo comprendido entre el 14 de julio y el 24 de agosto es

MAPA 2. TIPOS DE CLIMAS PRESENTES EN NUEVO LEÓN

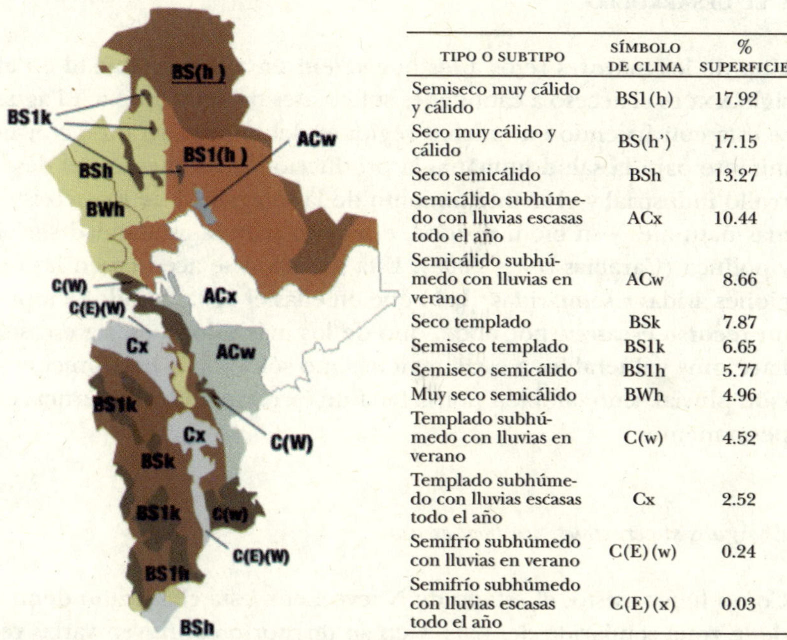

TIPO O SUBTIPO	SÍMBOLO DE CLIMA	% SUPERFICIE
Semiseco muy cálido y cálido	BS1 (h)	17.92
Seco muy cálido y cálido	BS(h')	17.15
Seco semicálido	BSh	13.27
Semicálido subhúmedo con lluvias escasas todo el año	ACx	10.44
Semicálido subhúmedo con lluvias en verano	ACw	8.66
Seco templado	BSk	7.87
Semiseco templado	BS1k	6.65
Semiseco semicálido	BS1h	5.77
Muy seco semicálido	BWh	4.96
Templado subhúmedo con lluvias en verano	C(w)	4.52
Templado subhúmedo con lluvias escasas todo el año	Cx	2.52
Semifrío subhúmedo con lluvias en verano	C(E) (w)	0.24
Semifrío subhúmedo con lluvias escasas todo el año	C(E) (x)	0.03

FUENTE: <www.nl.gob.mx/?P=clima>.

conocido popularmente como "canícula", puesto que es cuando se registran los picos máximos. Por su parte, la temporada invernal comprendida entre el 21 de diciembre y el 20 de marzo no presenta temperaturas extremadamente bajas, salvo algunos periodos cíclicos marcados por la presencia de frentes de aire frío provenientes del norte (INEGI, 2009).

Con esta diversidad de características físicas y biológicas del territorio y pese a poseer una franja fronteriza de apenas quince kilómetros con el estado norteamericano de Texas, Nuevo León ha sabido obtener enormes beneficios de su ubicación geográfica y de sus recursos naturales.

1.1. EL AGUA, ELEMENTO FUNDAMENTAL PARA LA VIDA Y EL DESARROLLO

Uno de los mayores retos a los que se enfrenta la humanidad en el siglo XXI es el acceso a cantidades suficientes de agua limpia. El agua se está convirtiendo en muchas regiones del mundo en un factor limitante para la salud humana, la producción de alimentos, el desarrollo industrial y el mantenimiento de la integridad de los ecosistemas naturales y su biodiversidad, e incluso para la estabilidad social y política (Carabias *et al.*, 2005). Esta situación se acentúa en las regiones áridas y semiáridas, dado que en ellas el agua ha sido siempre un recurso escaso y, por ende, uno de los más valorados. La escasez hace muy vulnerables a estas regiones, no sólo por la baja precipitación pluvial, sino también por la falta de escurrimientos superficiales permanentes.

a] Aguas superficiales, un bien escaso

Como hemos visto, el estado de Nuevo León está clasificado dentro de la zona semiárida del país, y en su territorio confluyen varias regiones hidrológicas. Una región hidrológica es una porción territorial bien delimitada que abarca al menos dos cuencas, cuyas aguas fluyen hacia una corriente principal. El estado cuenta con tres regiones muy importantes, siendo la del Bravo-Conchos la de mayor extensión en el estado, con 63.7% de su superficie. Se complementa con la región San Fernando-Soto La Marina que abarca 20% de la superficie restante con corrientes que desembocan en el Golfo de México, así como con la de El Salado que cubre sólo 16.3%, localizada en el altiplano a una altitud promedio de 2 000 msnm. Entre las principales corrientes de agua de la entidad se encuentran los ríos Bravo, San Juan, Sabinas, Potosí y Pesquería, además de acuíferos de aguas termales en los que sobresalen los de Potrero Prieto, La Boca y el Topo Chico (Aguilar, 2006) (mapa 3).

La región hidrológica Bravo-Conchos se compone de cuencas y almacenamientos dentro de los que destacan:

- La cuenca Río Bravo-Matamoros-Reynosa. Una pequeña porción del área norte del estado de Nuevo León corresponde a la parte

MAPA 3. SISTEMA FLUVIAL DEL ESTADO DE NUEVO LEÓN

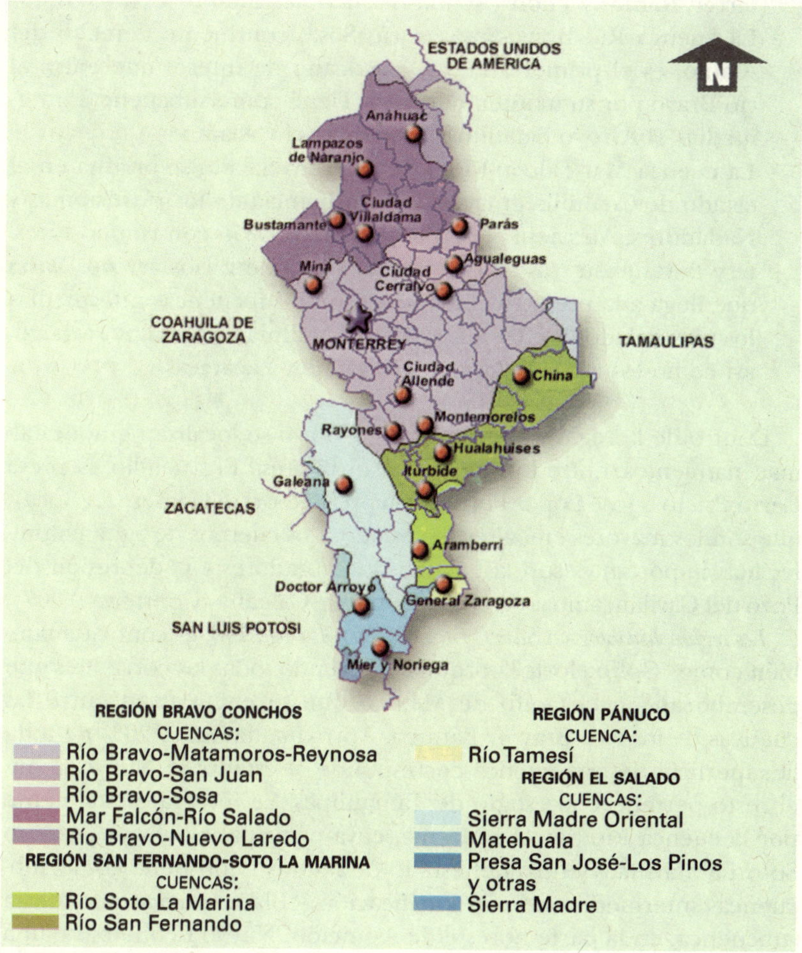

FUENTE: INEGI, 2009: <http://mapserver.inegi.org.mx/geografia/espanol/estados/nl/rh.cfm?c=444&e=25>.

suroeste de esta cuenca y tiene como subcuencas intermedias la del Río Bravo-Reynosa y la del Río Bravo-Anzaldúas.

- La cuenca Río Bravo-San Juan, cuya mayor parte se ubica dentro del estado de Nuevo León, en la que una de las corrientes principales es el Río San Juan, segundo tributario de importancia del Bravo. Tiene como subcuencas intermedias la Presa Marte R.

Gómez, y los ríos San Juan, Pesquería, Salinas, San Miguel, Monterrey, Ramos y Pilón (Acuña Askar *et al.*, 2006).

- La cuenca Río Bravo-Sosa: el río Sosa, confluente derecho del Álamo, es el primer afluente mexicano de interés que entra al río Bravo por su margen derecho. Tiene como subcuencas intermedias el Arroyo Saladito y los ríos Sosa y Álamo.
- La cuenca Mar Falcón-Río Salado: el río Salado se origina en el estado de Coahuila gracias a la confluencia de los ríos Sabinas y Nadadores. Atraviesa el estado de Nuevo León con rumbo sureste y durante su trayecto recibe las aguas de varios arroyos hasta que llega a la presa Falcón. Tiene como subcuencas intermedias los ríos Salado-Las Tortillas, Salado-Anáhuac y Sabinas Hidalgo, así como los arroyos Zapote, Huizache y Zacatecas.

Dentro de la región hidrológica Río Bravo se localizan grandes almacenamientos, entre los que destacan la presa El Cuchillo, la presa Cerro Prieto o José López Portillo y la presa Rodrigo Gómez (La Boca), que son los mayores embalses del estado. Los cuerpos de agua naturales más importantes son la Laguna de Labradores y la depresión del Pozo del Gavilán, ambas en el municipio de Galeana (Contreras, 2007).

La región hidrológica San Fernando- Soto La Marina, es conocida también como "Golfo Norte" porque comprende todas las corrientes que desembocan en el Golfo de México que se encuentran entre las cuencas de los ríos Bravo y Pánuco. Aproximadamente 20% de toda la superficie de esta cuenca corresponde al estado de Nuevo León, el resto pertenece al estado de Tamaulipas. Se integra estatalmente por la cuenca Río Soto La Marina, cuya principal corriente es el río Soto La Marina. Dentro del estado de Nuevo León tiene como subcuencas intermedias los ríos Purificación y Blanco; adyacente a esta subcuenca, en la parte noreste de Asunción, Nuevo León, existe una pequeña cuenca cerrada.

Los tres principales embalses de esta región son la presa El Porvenir, así como las presas La Estrella y Benítez o Gral. Jerónimo Treviño.

La región hidrológica El Salado es una de las vertientes interiores más importantes del país y se localiza en el Altiplano Septentrional. La mayor parte de su territorio se sitúa a la altura del Trópico de Cáncer que la atraviesa. Este conjunto hidrográfico está constituido por una serie de cuencas cerradas de diferentes dimensiones. Dentro del estado de Nuevo León forma parte de tres cuencas.

- *Sierra Madre Oriental*: Se caracteriza por ser una cuenca de escurrimientos superficiales escasos, donde las corrientes naturales de tipo permanente son mínimas, lo que hace de esta área una zona desértica o semidesértica. Tiene como subcuencas las de Santa Ana y San Rafael.
- *Sierra Madre*: Por los bajos coeficientes de escurrimiento y las reducidas láminas de lluvia, las corrientes que se llegan a producir son de corta duración, o sea, de tipo torrencial. Tiene como subcuencas las de Bustamante y Dr. Arroyo.
- *Presa San José-Los Pilares y otras*: La importancia de esta cuenca dentro del estado de Nuevo León es mínima, ya que el aprovechamiento máximo se lleva a cabo en otros estados. Tiene como subcuenca la Presa Los Pilares.

b] Aguas subterráneas, un tesoro mal administrado

El notable desarrollo industrial y la creciente explosión demográfica del AMM han implicado crecientes demandas de agua. Sin embargo, la escasa disponibilidad superficial de este recurso y su irregular distribución a lo largo del año, debido a la corta temporada de lluvias, repercute también en una recarga reducida de los acuíferos. De ahí que el estudio de sus tres regiones hidrológicas subterráneas reviste particular importancia para la entidad, sobre todo porque pese al significativo aporte de los embalses, el agua proveniente de los acuíferos representa entre 40 y 45% del agua abastecida para el consumo de la población y las actividades productivas del estado (Aguilar, 2006).

- En la región hidrológica Río Bravo, se localiza el AMM por lo que en ella se efectúa la mayor extracción de agua subterránea. La permeabilidad de las calizas de la región se debe a la presencia de una franja arrecifal que se desarrolló en las formaciones del Cretácico Inferior y que es aprovechada por los pozos de los campos situados en el municipio de García. En la parte oriental, en cambio, las calizas presentan poca permeabilidad, por lo que la producción de los campos ubicados en los municipios de Higueras y Dr. González es escasa.
- Por su parte, la región hidrológica San Fernando-Soto La Marina (Golfo Norte) comprende la parte sureste del estado donde se

encuentran las poblaciones de Linares y Galeana, cuenta con aluviones que producen gastos suficientes en Puerto Bajo, Aramberri y La Presita.

- Finalmente, la región hidrológica El Salado se localiza al sur del estado y a pesar de su aridez y de la mala calidad de los suelos en el área de El Potosí, sus aluviones producen buena recarga.

Debido a la presencia de climas secos y semisecos en la mayor parte del estado, y la consecuente baja precipitación, las actividades productivas enfrentan graves dificultades para su desarrollo, especialmente las agropecuarias. Si bien el uso intensivo de las aguas represadas y la sobreexplotación de las aguas subterráneas han posibilitado la existencia de una agricultura de riego con fines comerciales, uno de los problemas más graves que causa este tipo de agricultura es el enorme desperdicio de un recurso de incalculable valor, toda vez que la red de suministro de agua para riego está formada por canales de tierra sin revestimiento con caducas estructuras de control, lo que ocasiona desmesuradas pérdidas de agua y una baja producción y productividad de suelo, con lo que el ingreso neto de los usuarios de riego es muy bajo, por lo que estas actividades tienen que ser revaluadas desde una perspectiva de costo-beneficio que considere los aspectos sociales, económicos y ecológicos (Cantú, 2006).

Pese a estar ubicado en una zona semiárida, el estado cuenta con importantes volúmenes de agua provenientes de sus regiones hidrológicas superficiales y subterráneas, que han permitido alcanzar el nivel de desarrollo actual. No obstante, el alto crecimiento demográfico en el AMM y la expansión de actividades productivas, muchas de ellas impropias para una región con tales características, están originando serios problemas que se suman a la falta de una cultura del agua, a pérdidas importantes en la red de distribución, así como al consumo clandestino, que en su conjunto suman cerca de 28% de los 11.5 m^3/s que se suministran a la población, lo cual provocará que en los próximos veinte años se requieran de 6 a 7 m^3/s adicionales de agua potable (Cantú, 2006). El agua, un recurso natural esencial para la vida y el desarrollo, en Nuevo León es administrado y consumido de forma no sustentable. De mantenerse esta tendencia, los efectos sobre los ambientes naturales, la salud humana y el desarrollo económico y social serán devastadores.

1.2. VEGETACIÓN NATURAL Y USO DEL SUELO, SUSTRATOS BÁSICOS DEL DESARROLLO

El 66% de la superficie del estado de Nuevo León está cubierta por vegetación natural con diversos grados de deterioro. Del territorio 32% se destina a actividades agropecuarias intensivas y casi 1% está cubierto por áreas urbanas o asentamientos humanos rurales (Treviño, 2006b). Por sus características climáticas y orográficas, Nuevo León posee una amplia diversidad de tipos de vegetación que van desde matorrales desérticos hasta bosques templados, pasando por matorrales tan exuberantes que pudieran considerarse como selvas bajas (mapa 4).

MAPA 4. TIPOS DE VEGETACIÓN DE NUEVO LEÓN

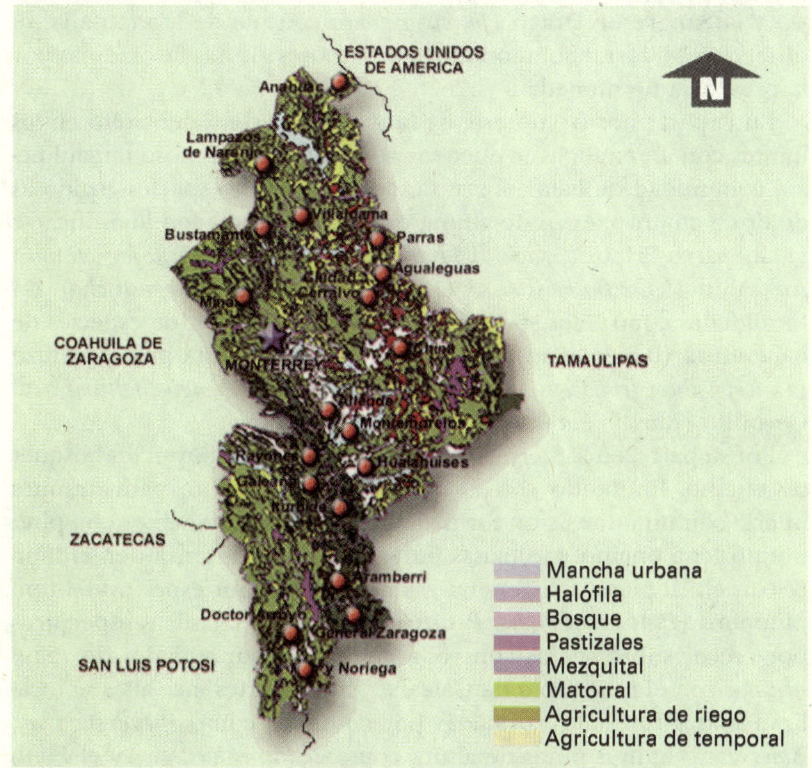

FUENTE: INEGI, 2009, <http://mapserver.inegi.org.mx/.../agri.cfm?c=444&e=03>.

En el suroeste del estado se encuentran matorrales del tipo desértico micrófilo que prospera en partes planas con buen drenaje y con limitantes en la disponibilidad de agua, siendo las especies más comunes la Gobernadora (*Larrea tridentata*) y la Hojasen (*Flourencia sernua*), así como los huizaches (*Acacia spp.*) y los mezquites (*Prosopis spp.*), con una buena presencia de palmas (*Yucca sp.*) que llegan a formar comunidades tan densas en los estratos altos que dan apariencia de un bosque árido. En la parte central oeste del estado, este tipo de matorral presenta como elemento dominante el llamado Corona de Cristo (*Fouquieria sp.*).

Los matorrales desérticos micrófilos se distribuyen en lomerío sobre suelos someros con escasa precipitación. Las especies dominantes fisonómicamente tienen forma de rosetas, como los géneros de magueyes (*Agave spp.*) y sotoles (*Dasillirium spp*), se presentan también como especies dominantes la Candelilla (*Euphorbia antisyphilitica*) y la Sangre de Drago (*Jatropha dioica*). Al pie de la montaña, se observa el Matorral Submontano con mayores alturas favorecidas por la presencia de humedad.

En la parte norte y noreste de la planicie costera del Golfo en los límites con Tamaulipas se encuentra el matorral espinoso tamaulipeco, comunidad de baja cobertura, dominado por especies espinosas de dos a cuatro metros de altura, entre las que pueden identificarse el Chaparro Prieto (*Acacia rigidula*), el Huizache (*Acacia farnesiana*), Anacahuita (*Cordia boissieri*) y el Panalero (*Forestiera angustifolia*). En localidades con suelos someros se observa asociación de especies de baja altura (0.6 a 1.5 m), principalmente compuesta por el Cenizo (*Leucophyllum frutescens*), el Guayacán (*Guaiacum angustifolium*) y el Coyotillo (*Karwinskia humboldtiana*), entre otras.

Por su parte, en la Sierra Madre Oriental se distribuyen los bosques de encino, limitando con el matorral submontano, para después iniciar con una transición formada por bosques de encinos con pino o pinos con encino. Las masas puras de pino se localizan en el límite con el Altiplano; en general están formadas por especies del tipo piñonero (*Pinus cembroides, P. nelsoni*) o de características específicas por crecer sobre suelos con yeso, como las comunidades de *Pinus arizonica* en el municipio de Galeana. En las partes más altas se localizan masas forestales formadas por coníferas como *Pseudosuga sp.*, *Abies sp.* y algunos pinos de altura como el *Pinus hartegwii* y el *Pinus ayacahuite* (Treviño, 2006b).

La región posee una biodiversidad muy relevante debido a la gran variedad de ecosistemas y tipos de vegetación presentes en el estado. La flora vascular de Nuevo León se integra por 158 familias, 1 031 géneros, 3 175 especies y 109 taxa infraespecíficos (Villarreal y Estrada, 2008). Las familias más representativas son las cactáceas (nopales, biznagas, órganos, pitayas, etc.), gramíneas (zacates), compuestas (girasoles, hierba de anís, mariola, etc.) y las leguminosas (mezquites, huizaches, ébanos, etc.). De estas últimas, se registran 65 géneros con 168 especies, entre herbáceas (40%), arbustos (36 %), lianas y enredaderas (18%) y arbóreas (6%) (Treviño, 2006a). En cuanto a la diversidad animal, se cuenta con una lista preliminar de 1 550 especies que incluye tanto vertebrados como invertebrados (Contreras *et al.*, 1995).

Los bosques de coníferas que se distribuyen en la Sierra Madre Oriental ocupan 7.3% de la superficie estatal, con aproximadamente 475 000 ha e incluyen de la misma manera, comunidades mixtas de pino y encino. Los bosques de hojosas, básicamente de encino, con sus casi 129 000 ha cubren 2%, distribuidos en las altitudes bajas de la Sierra y en las sierras aisladas de Picachos y Bustamante (Treviño, 2006a).

Los matorrales templados conocidos como chaparrales son comunidades que crecen dentro de la Sierra Madre, se distribuyen en 117 mil ha que representan 4.9% del territorio estatal. De esta superficie, se considera que 1.8% es de segundo crecimiento (secundario) o está en estado de deterioro (Treviño, 2006a). Asimismo, los matorrales desérticos se distribuyen en la parte oeste del estado en la ecorregión del Desierto Chihuahuense; el matorral desértico micrófilo cubre una superficie de 693 mil ha, que corresponde a 20.5% del territorio estatal. De esta área, 10.7% es de vegetación secundaria.[1] El Matorral Desértico Rosetófilo se distribuye en la parte oeste del estado y cubre una extensión de 694 mil ha que corresponden a 8.34% del territorio, de esta superficie 10.7% es vegetación secundaria (Treviño, 2006b).[2]

[1] La vegetación secundaria está constituida por especies atípicas de la zona, como resultado de su expansión por el deterioro de la vegetación nativa por actividades productivas, así como por intervenciones deliberadas como en el caso de la reforestación. Cualquier modificación en la zona de cobertura de la vegetación nativa, trae como consecuencia una nueva distribución espacial de sus especies y una reducción o expansión en la presencia de las más susceptibles a dicho cambio.

[2] La flora y fauna del país que suele estar amenazada por la presión de la actividad humana, ahora lo está también por los impactos derivados del cambio climá-

Los mezquitales se distribuyen en la parte noreste del estado cubriendo 8.72% del territorio con más de 394 mil ha, de las cuales 6% se considera secundaria; este tipo de vegetación crece sobre suelos profundos. El matorral espinoso tamaulipeco que se distribuye en la ecorregión de la Provincia Biótica Tamaulipeca cubre una gran extensión que significa 33.4% del territorio estatal (casi 898 mil ha), del cual el 13.9% es secundario (Treviño, 2006b).

El matorral submontano crece en la ecorregión de la Provincia Biótica Tamaulipeca y al pie de la Sierra Madre, cubre 22.2% del territorio estatal con más de 738 000 ha, de las cuales 11.4% son secundarias (Treviño, 2006b). La vegetación halófila cubre 2.4% del territorio. Principalmente en la parte suroeste del estado se localizan áreas con esta vegetación dispersas en las zonas este y norte; de las casi 157 000 ha, un 2.4% se encuentra degradado. La vegetación de galería, que incluye los bosques de sabinos y álamos, se distribuye a lo largo de las corrientes fluviales representando 0.07% de la superficie estatal con 4 000 ha (Treviño, 2006a).

Los pastizales se distribuyen en todo el estado, cubriendo 19.4% del territorio, lo que representa más de 1 257 000 ha; en su mayoría son pastizales cultivados o inducidos por actividades humanas, considerándose sólo 2.1 % como naturales (Treviño, 2006a). Las áreas agrícolas ocupan 13.1%, con 852 500 ha de las cuales sólo 30% son irrigadas, en las que destacan la región citrícola de Montemorelos, General Terán, Allende y Linares en el centro del estado, así como la región de riego de Galeana al sur y la región de Anáhuac y Vallecillo (Treviño, 2006a).

Por otra parte, los asentamientos humanos cubren 1% del territorio estatal correspondiendo al Área Metropolitana de Monterrey (AMM), 75% de las 61 000 ha cubiertas por áreas urbanas (Treviño, 2006a). En 1970, el área urbana de Monterrey comprendía una superficie aproximada de 17 500 ha, la cual se incrementó durante los años ochenta en 8 000 ha, para alcanzar las 26 000, lo que significó un incremento de 46% en el periodo. En la siguiente evaluación en los años noventa, el incremento fue equivalente, para alcanzar las 34 000 con un incremento de 32% en ese periodo. Para 2000, se estimó una

---

tico. Según los estudios de modelación del cambio climático y observaciones recientes, la zona fronteriza norte del país es una de las regiones más vulnerables a este fenómeno.

superficie de 46 000 ha con un incremento de 12 000 ha, esto es, 35% adicional respecto del periodo anterior (Treviño, 2006b).

a] Recursos forestales maderables, oportunidades de bienestar

En el estado de Nuevo León el aprovechamiento de los recursos forestales se concentra en la madera de coníferas y latifoliadas en las áreas templadas de las partes altas de la Sierra Madre Oriental, así como en el aprovechamiento de otras maderas preciosas consideradas como comunes tropicales, específicamente mezquite y ébano. Sin embargo, se puede designar como área forestal la mayor parte de la superficie del estado de Nuevo León (Treviño, 2007).

El estado de Nuevo León cuenta con una superficie forestal de 5 196 346 ha que corresponde a 3.7% del total nacional, ubicándose en el 10o. lugar por estados. De esas hectáreas 4 542 350 corresponden a diversas asociaciones vegetales de zonas áridas y semiáridas (5o. lugar); 348 637 ha corresponden a bosques (19o. lugar); 176 539 ha corresponden a vegetación hidrófila y halófila (10o. lugar) y 128 820 ha corresponden a áreas perturbadas (25o. lugar) (Semarnat, 2008). En lo que respecta a la producción forestal, el estado ocupa el 9o. lugar con 3 988 292 ha (76.7% de la superficie total forestal y preferentemente forestal en el estado), por su potencial de producción maderable y no maderable. La mayor parte de la superficie con potencial forestal citada anteriormente, se refiere a terrenos aptos para la producción no maderable ubicándose en el 4o. lugar nacional.

Para cuestiones prácticas el estado de Nuevo León fue dividido por la Comisión Nacional Forestal en cuatro regiones administrativas o Unidades de Manejo Forestal (UMAFOR).

La UMAFOR 1 comprende la parte sur del estado y cubre aproximadamente 28% de su superficie, ocupa los municipios de Galeana, Aramberri, Doctor Arroyo, General Zaragoza, así como Mier y Noriega e Iturbide (Capó *et al.*, 2007).

La UMAFOR 2 comprende los municipios del centro sur que son Juárez, Cadereyta Jiménez, Santiago, General Terán, Montemorelos, Allende, Rayones, Linares, así como Hualahuises y cubre 20% del territorio del estado.

La UMAFOR 3 es la más extensa y corresponde a 32% del estado, abarca los municipios del centro: Mina, Agualeguas, Salinas Victoria,

General Treviño, Los Aldamas, Cerralvo, Higueras, Doctor Coss, Melchor Ocampo, Los Herreras, Hidalgo, General Bravo, Ciénega de Flores, Marín, General Zuazua, Doctor González, Abasolo, Carmen, García, Los Ramones, China, General Escobedo, Apodaca, Pesquería, Monterrey, San Nicolás de los Garza, Santa Catarina, Guadalupe y San Pedro Garza García (Capó *et al.*, 2007).La UMAFOR 4 considera el restante 20% de Nuevo León y corresponde a los municipios del norte del estado Anáhuac, Lampazos de Naranjo, Vallecillo, Sabinas Hidalgo, Paras, Bustamante y Villaldama.

Las existencias maderables en los bosques de Nuevo León se estiman en 22 746 725 m^3 rollo, representando 0.81% del total nacional (2 803 487 861 m^3 rollo). El volumen promedio por hectárea es de 65.2 m^3, lo que ubica al estado por debajo del promedio nacional que es de 92.1 m^3/ha. Lo anterior explica el hecho de que la participación porcentual de los bosques de Nuevo León con respecto a los totales nacionales es mayor en superficie (1.15%) que en existencias (0.81%). Los bosques de coníferas tienen existencias promedio de 47.6 m^3/ha, los mixtos de coníferas y latifoliadas 86.5 m^3/ha y los de latifoliadas 55.3 m^3/ha (Aguirre, 2006). El incremento anual total estimado para madera de coníferas es de 100 410 m^3 rollo, que constituyen 0.40% del total nacional (24 940 775 m^3 rollo). Del total estatal, los bosques de coníferas aportan 79 141 m^3, mientras que los de coníferas y latifoliadas 21 269 m^3 (Aguirre, 2006).

La producción forestal en el estado ha tenido un desarrollo fluctuante e incipiente, de tal forma que en el año 2000, la producción de recursos forestales maderables fue de 49 939 m^3, apenas 0.46% del total nacional, la cual estuvo compuesta por escuadría (70.5%) y carbón (23.1%) y en menor proporción por postes, pilotes y morillos (6.2%) y leña (0.2%), lo que denota una industria poco integrada. Situación que se refleja en los precios de los productos forestales maderables de Nuevo León que son inferiores al promedio nacional (Aguirre, 2006).

En 2005, la producción de maderables descendió a 18 268 m^3 rollo, es decir, 0.28% del total nacional (6 423 897 m^{3}r) y en 2007 ascendió de nueva cuenta a 42 133 m^{3}r, de los cuales el 67% correspondió a coníferas (mezquite, pino y cedro) (Capó *et al.*, 2007). Finalmente, para 2009 la producción se volvió a contraer al producirse sólo 26 480 m^{3}r (OEDRUS, 2011).

b] Recursos forestales no maderables, oportunidades derivadas de la biodiversidad

Debido a la composición florística que presenta Nuevo León, los recursos forestales no maderables son más abundantes y diversos que los maderables. La producción forestal no maderable, al igual que los maderables, presenta grandes fluctuaciones de producción e ingreso de un año a otro, debido primordialmente a la demanda que este tipo de productos tiene en el mercado internacional, en 2009 se registraron ingresos por un total de 3 803 100 pesos en el estado (OEDRUS, 2011). De acuerdo con Pando (2004), los recursos forestales no maderables que se extraen de los ecosistemas presentes en Nuevo León pueden clasificarse de acuerdo al uso que se les da en:

a] Alimentos y bebidas, dentro de los que se encuentran diversos hongos, semillas, tallos (nopales) y agaves.
b] Medicinas tradicionales, como la salvia (*Croton torreyanus*), árnica (*Heterotheca inuloides*), yerbanís (*Tagetes lucida*) y estafiate (*Artemisia mexicana*), entre muchas otras.
c] Productos industriales, como la cera de candelilla (*Euphorbia antisyphilitica*), fibras como el ixtle de lechuguilla (*Agave lechuguilla*), palma samandoca (*Yucca carnerosana*), etcétera.
d] Especias, un gran número de plantas utilizadas como condimento son extraídas del medio natural como el orégano (*Lippia spp.*), el laurel (*Lissea parvifolia*) y el chile de monte (*Capsicum annum*), entre otros.
e] Ornamentales, dentro de los que se encuentran una gran variedad de cactáceas, además del musgo (*Politrichumsp.*) y el palmito (*Sabal mexicana*), etcétera.

Sin embargo, la producción de recursos forestales no maderables en el estado se ha caracterizado por tener altibajos, lo que impide su inclusión en los mercados nacionales e internacionales, debido a que no se asegura un abasto regular. En la mayor parte de los casos, estas fluctuaciones son causadas por los bajos precios que los productos tienen en los mercados, por lo que la recolección de este tipo de productos tiene un carácter temporal. Los productores aprovechan estos productos sólo cuando no se cuentan con ingresos derivados de otras actividades productivas (Pando, 2004). Pese a esto en el estado se encuentran registradas 1 061 unidades de producción forestal no maderable (INEGI, 2009).

1.3. FAUNA SILVESTRE, ESTRATEGIAS PARA SU CONSERVACIÓN

La fauna silvestre de Nuevo León es una mezcla de elementos neárticos y neotropicales, siendo precisamente esta área donde se presenta el límite septentrional de distribución de algunas especies de afinidad tropical. Aunque Nuevo León ocupa el duodécimo lugar en extensión geográfica de México, presenta una biodiversidad animal media nacional. Mediante el análisis de fauna silvestre realizado por varias instituciones educativas, se ha integrado la siguiente lista para el estado de Nuevo León, en contraste con la República Mexicana (cuadro 2) (Martínez, 2006).

La fauna silvestre siempre ha desempeñado un papel muy importante en la vida cultural y social de los habitantes rurales de esta región, ya que desde antes de la conquista española cazaban animales, cultivaban plantas, extraían y procesaban los productos de ambos

CUADRO 2. FAUNA SILVESTRE DE NUEVO LEÓN

GRUPOS (ESPECIES)	NUEVO LEÓN	REPÚBLICA MEXICANA
Mamíferos	144	483
Aves	388	1 050
Reptiles	99	738
Anfibios	25	298
Peces (costeros)	62	384
Peces (marinos o costeros)	2	2 000
Moluscos (continentales)	107	1 100
Moluscos (marinos)		1 500
Insectos	585	miles
Crustáceos	88	cientos
Otros artrópodos	134	cientos
Gusanos varios y similares		cientos
Cnidarios (hidras y medusas)	5	cientos
Esponjas	1	decenas
Protozoarios		miles
Suma de especies	> 1 640	> 7 553

FUENTE: Martínez, 2006.

para satisfacer sus necesidades, además del uso medicinal que le daban a ciertos productos derivados también de los animales. El estado cuenta con importantes especies como el pecarí de collar (*Tajacu angulatus*), el venado cola blanca (*Odocoileus virginianus*), el oso negro (*Ursus americanus*) y el armadillo (*Dasypus novemcinctus*), entre muchos otros. La caza del venado cola blanca y del pecarí durante los meses de diciembre y enero, es una tradición en las comunidades rurales del estado ya que son incorporados al consumo familiar.

Otros animales del medio silvestre utilizados por las comunidades son: el coyote (*Canis latrans*), el mapache (*Procyon lotor*), la víbora de cascabel (*Crotalus atrox*), el pato real mexicano (*Cairina moschata*), el halcón mexicano (*Falco mexicanus*), la tortuga del desierto (*Gopherus berlandieri*), el gato montés (*Lynx rufus*), el zorrillo listado (*Mephitis macroura*), el conejo (*Sylvilagus floridanus*), el tlacuache (*Didelphys marsupialis*), los loros cabeza amarilla (*Amazona oratrix y Amazona ochrocephala oratrix*) y diversas aves rapaces.

Una de las principales actividades en la que se ve también involucrada la fauna silvestre del estado, es el aprovechamiento cinegético que se practica en unidades para la conservación, manejo y aprovechamiento sustentable de la vida silvestre (UMA). Este tipo de actividad se encuentra más desarrollada en los municipios del norte del estado, principalmente en Anáhuac, Vallecillo, Lampazos, Sabinas Hidalgo, Cerralvo y Parás, seguidos de los municipios del centro, tales como: Gral. Terán, China, Montemorelos y Linares. Es una práctica desarrollada en menor escala en los municipios del sur, aunque existen algunas UMA registradas en forma aislada en los municipios de Galeana y Aramberri.

En el país, hay registradas 9 194 UMA que representan una extensión de 32 060 000 de hectáreas (16.3% del territorio nacional) (INE, 2009). De éstas, 962 (1 300 000 ha) se encuentran registradas en Nuevo León, o sea, 21% del territorio estatal, lo que coloca al estado en el primer lugar nacional de área conservada mediante este instrumento de gestión ambiental.

1.4 ÁREAS NATURALES PROTEGIDAS, GARANTES DEL PATRIMONIO NATURAL

Las áreas naturales protegidas (ANP) constituyen el instrumento de política ambiental con mayor definición jurídica para la conservación de la biodiversidad. Éstas son porciones terrestres o acuáticas del territorio nacional representativas de los diversos ecosistemas, en donde el ambiente original no ha sido esencialmente alterado y que producen beneficios ecológicos cada vez más reconocidos y valorados. Se crean mediante un decreto presidencial y las actividades que pueden llevarse a cabo en ellas se establecen de acuerdo con la Ley General del Equilibrio Ecológico y Protección al Ambiente, su reglamento, el programa de manejo correspondiente y los programas de ordenamiento ecológico. Están sujetas a regímenes especiales de protección, conservación, restauración y desarrollo, según las categorías establecidas en dicha ley.

Se estima conservadoramente que más de 10 millones de especies de plantas, hongos y animales habitan la Tierra, de las cuales se conocen sólo alrededor de 1.8 millones. Pese a este desconocimiento, tenemos en la actualidad un panorama claro sobre la magnitud de la riqueza de la vida y su distribución en la Tierra. México se ubica entre los cinco países llamados "megadiversos", que albergan entre 60 y 70% de la diversidad biológica conocida del planeta. La diversidad conjunta de especies de México representa aproximadamente 12% del total mundial; dicho de otra manera, doce de cada cien especies conocidas en el mundo se encuentran en nuestro país. Esto representa una proporción muy superior a la que le correspondería por su superficie terrestre, de sólo 1.5% del total (CONABIO, 2006). Sin embargo, toda esta riqueza biológica se encuentra amenazada por la degradación ambiental que causan las actividades productivas no sustentables practicadas por el ser humano.

Con el fin de apoyar la preservación de áreas consideradas estratégicas por la riqueza biológica que poseen, en 1983 se creó en México el Sistema Nacional de Áreas Naturales Protegidas (SINAP). En la actualidad existen 171 áreas naturales de carácter federal que representan más de 23 878 228 ha integradas en el SINAP, las cuales cubren aproximadamente 12% del territorio nacional (CONANP, 2009).

En el estado de Nuevo León, hasta el año 2000 sólo existían tres ANP: el Parque Nacional Cumbres de Monterrey, el Monumento Natural Cerro de La Silla y el Parque Nacional El Sabinal, con una superficie total de 188 445 ha (2.84% del territorio estatal). No obstante, con el fin de proteger una mayor superficie donde se distribuyen especies con estatus de protección, asegurar la continuidad de ecosistemas representativos y aumentar la eficiencia en la conservación de la biodiversidad, durante el presente decenio se han decretado 27 nuevas ANP con una superficie de 157 388 hectáreas, sumando ya alrededor del 4.5% del territorio estatal. Las nuevas áreas se localizan entre los 1 000 y 1 500 msnm, con suelos de baja productividad (litosoles principalmente), de clima templado, cubiertos principalmente por bosques de coníferas y encinos (cuadro 3).

Si bien lo anterior constituye un gran avance, según algunas organizaciones internacionales de conservación ecológica aún faltan por decretar por lo menos otras 350 mil hectáreas para alcanzar el 10% recomendado mundialmente, de superficie bajo protección. Por ello, es preciso emprender estudios adicionales para definir los lugares propicios para establecer nuevas áreas de conservación, buscando sitios óptimos por su riqueza de ecosistemas y especies que en la actualidad no están representados "o lo están parcialmente" como las regiones orientales planas, de baja altitud, de climas áridos y cubiertas de matorrales xerófilos (Jiménez, 2006).

1.5 SERVICIOS AMBIENTALES: UN NUEVO INSTRUMENTO ECONÓMICO PARA LA CONSERVACIÓN Y EL DESARROLLO RURAL

La degradación de los ecosistemas naturales amenaza el bienestar humano y la sustentabilidad del desarrollo económico, ello incluye la escasez de agua, la pérdida de biodiversidad y las transformaciones inducidas por el cambio climático, entre otros. El Pago por Servicios Ambientales (PSA) constituye una novedosa forma de crear incentivos para preservar los ecosistemas que proveen servicios ambientales como una alternativa a los incentivos económicos de corto plazo.

Ello porque existen incentivos económicos que suelen ocasionar que los dueños y poseedores de terrenos forestales conviertan los ecosistemas forestales a otros usos, tales como agricultura o ganadería, reduciendo así la calidad y disponibilidad de agua para las poblaciones que se encuentran en la parte baja de la cuenca, las que enfrentan este

CUADRO 3. ÁREAS NATURALES PROTEGIDAS DECRETADAS EN NUEVO LEÓN

NÚM.	DENOMINACIÓN	MUNICIPIOS QUE COMPRENDE	SUPERFICIE DECRETADA (HA)
ZONA SUJETA A CONSERVACIÓN ECOLÓGICA			
1	Trinidad y Llano Salas	Aramberri	1 972.28
2	La Trinidad	Aramberri	132.36
3	San Juan y Puentes	Aramberri	21.66
4	Sandia El Grande	Aramberri	1 902.74
5	Acuña	Dr. Arroyo	1 228.38
6	El Refugio de Apanaco	Dr. Arroyo	815.31
7	Cerro El Peñón	Dr. González	103.39
8	La Purísima	Iturbide	18.30
9	La Purísima	Iturbide	844.54
10	Las Flores	Linares	81.99
11	San Elías	Mier y Noriega	653.92
12	Cañón Pino del Campo	Mier y Noriega	2 567.21
13	Vaquerías	Gral. Terán	1 121.27
14	Santa Marta de Abajo	Gral. Zaragoza	27.18
15	Sierra Picachos	Agualeguas, Dr. González, Cerralvo, Higueras, Marín, Sabinas H. y Salinas V.	75 852.55
16	Cerro El Potosí	Galeana	989.38
17	Sierra Corral de los Bandidos	García	1 175.01
18	Cerro La Mota	García	9 432.26
19	Sierra El Fraile y San Miguel	García, Abasolo, Hidalgo, Gral. Escobedo, El Carmen y Mina	23,506.36
20	Sierra Las Mitras	Monterrey, San Pedro Garza García, Santa Catarina, Gral. Escobedo y García	3 744.22
21	Cerro El Topo	Monterrey y Gral. Escobedo	1 093.30
22	Sierra Cerro de la Silla	Santiago, Allende y Cadereyta	10 620.37
23	Baño de San Ignacio	Linares	4 225.40
ZONA SUJETA A CONSERVACIÓN ECOLÓGICA			
24	La Trinidad	Galeana	3 282.60
25	Llano La Soledad	Galeana	7 607.00
26	La Hediondilla	Galeana	4 381.90
PARQUE URBANO			
27	Cerro del Obispado	Monterrey	13.00

FUENTE: <www.nl.gob.mx>.

problema estableciendo plantas de tratamiento de agua o construyendo infraestructura para su captación y abastecimiento, lo que evidentemente tiene costos más altos. De aquí que el pago por servicios ambientales (PSA) es una alternativa innovadora para conservar los ecosistemas forestales que se basan en dos principios fundamentales:

a] Los dueños y poseedores de terrenos forestales son compensados por conservar los bosques y los servicios que éstos proveen.
b] Los usuarios de los servicios ambientales pagan por ellos, ya sea directa o indirectamente.

En 2005, en Nuevo León se registraron 46 116 ha en el programa de Pago de Servicios Ambientales (PSA) de la Comisión Nacional Forestal (Conafor), a las cuales se les asignó un presupuesto de poco más de 77 millones de pesos durante el periodo 2003-2009. Del total de hectáreas involucradas en el PSA, 34 547 (75%) se encuentran dentro del programa de Pago por Servicios Ambientales Hidrológicos (PSAH), cuyo objetivo es complementar otras iniciativas de conservación a través de incentivos económicos que permitan apoyar la lucha contra la deforestación en áreas con problemas hídricos, a las cuales se les ha otorgado casi 66 millones de pesos durante el periodo 2003-2009. Por otra parte, las 8 333 ha restantes están dentro del Programa para Desarrollar el Mercado de Servicios Ambientales por Captura de Carbono y los Derivados de la Biodiversidad y para fomentar el establecimiento y mejoramiento de Sistemas Agroforestales (PSA-CABSA), cuyo objetivo es promover entre los beneficiarios la realización de actividades que generen capacidades organizativas y de gestión local y regional, así como el fortalecimiento de las estructuras institucionales a fin de que los propietarios y poseedores de los recursos forestales, tengan acceso a los mercados nacionales e internacionales de los servicios ambientales relacionados con la captura de carbono y la conservación de la biodiversidad de los ecosistemas forestales, a las cuales se les han asignado un poco más de 10.5 millones de pesos durante los últimos seis años.

Los municipios que poseen predios con el PSA en NL son los siguientes (entre paréntesis se registra el número de beneficiarios por municipio): San Pedro Garza García (2), Santa Catarina (3), Santiago (14), Allende (1), Montemorelos (7), Rayones (7), Linares (6), Iturbide (12), Galeana (36), Aramberri (6) Gral. Zaragoza (2).[3] El mercado de servicios de bonos de carbono constituye una oportuni-

[3] Fuente: Ing. Santiago Magallanes, Gerente Regional de la Conafor, comunicación personal, agosto 11 de 2009.

dad para que las comunidades rurales reciban beneficios económicos a cambio de conservar la superficie y la densidad de sus bosques, con las implicaciones que esto tiene no sólo para dichas comunidades sino a escala global.

1.6 PROBLEMÁTICA AMBIENTAL, EFECTO COLATERAL Y LASTRE DEL DESARROLLO

El deterioro de los recursos naturales en el estado de Nuevo León es resultado principalmente de las actividades productivas, agrícolas y ganaderas, las cuales generan un fuerte impacto en los ecosistemas en especial sobre las áreas de vegetación natural. Empero, el importante desarrollo que la industria ha tenido en esta entidad, también ha producido y produce consecuencias negativas sobre el medio ambiente. Debido a las condiciones ambientales particulares que el estado presenta, los temas de mayor relevancia en materia de degradación ambiental son el deterioro que sufren los recursos hídricos, la conservación y restauración de suelos y la pérdida de la cubierta vegetal original, así como la contaminación del aire, especialmente en las zonas urbanas.

En lo que se refiere a los recursos hídricos, la situación geográfica de Nuevo León, con climas principalmente secos, una hidrografía precaria, baja precipitación y altas evaporaciones, así como un explosivo crecimiento urbano , ha provocado que el abasto de agua para el desarrollo se haya convertido en un grave problema, especialmente a partir de 1979 (De León, 2006). De las cuencas ya mencionadas más arriba, la que presenta un mayor grado de contaminación es la del río San Juan, como consecuencia de los contaminantes de productos químicos, los desechos municipales, los residuos de la industria papelera, así como de las empresas productoras de bebidas alcohólicas, productos lácteos y petroleros (Cantú, 2006). En cuanto a las aguas subterráneas, la mayor parte de los acuíferos se encuentran fuertemente contaminados debido al establecimiento de gasolineras, rellenos sanitarios, sitios de confinamiento de residuos peligrosos, derrames de hidrocarburos y residuos sólidos y municipales vertidos a las cuencas de captación (De León, 2006).

La mayor parte de los suelos de la entidad se dedican básicamente a actividades agropecuarias y forestales, las cuales provocan cambios en el uso del suelo con la consecuente pérdida de la vegetación natural, exponiendo al suelo a la erosión hídrica y eólica, lo que ha dado por resultado que más de 70% de los suelos se encuentren con diferentes grados de deterioro (González y Cantú, 2006; Rodríguez *et al.*, 2006).

Asimismo, la deforestación que se registra en el estado se debe a múltiples factores, como los incendios forestales, la ganadería extensiva, la apertura de nuevos cultivos agrícolas, la explotación forestal y la contaminación; principales causas éstas de la pérdida de la cubierta vegetal original en Nuevo León (Treviño, 2006b). Pero además, al cambio climático le es atribuido un aumento de especies florísticas arbustivas leñosas en las comunidades naturales de matorral y pastizal, causando una importante variación a la estructura original de las comunidades vegetales naturales, incluso mayor a la provocada por las actividades humanas (Aguirre, 2006). En contraparte, el estado presenta una de las tasas anuales más bajas de reforestación nacional (0.1%) (IMCO, 2006).

Más del 85% de la población del Nuevo León vive en el AMM, el cual se puede considerar como un ambiente sumamente deteriorado por efecto de los múltiples niveles y expresiones de la contaminación. Ante estos problemas, las áreas verdes de las zonas urbanas de Nuevo León tienen una gran importancia desde el punto de vista ecológico, social y psicológico. El interés primordial por estos recursos radica principalmente por los servicios ambientales que brindan. En un estudio realizado por López y Zamudio (2006) se observó que las principales especies que son utilizadas para arbolar las calles y parques de las diversas áreas urbanas del estado son: *Ficus benjamina, Fraxinus americana, Fraxinus udhei, Ligustrum japonicum y Sapium sebiferun.* De todas ellas, sólo *Fraxinus americana* es considerada como especie nativa. Las condiciones en las que se desarrollan estas especies es precaria, no sólo por ser en general impropias para las características de la zona, sino por su mal manejo y la falta de mantenimiento, lo que provoca que exista una gran cantidad de árboles débiles y enfermos, que en muchos casos son podados inadecuadamente como cuando estorban a casas y edificios o bien cuando sus raíces invaden conducciones de agua, levantan el pavimento, agrietan muros o causan otro tipo de problemas. Para que se dé un buen desarrollo del arbolado urbano es necesario que exista una vinculación entre ciudadanos, autoridades e instituciones académicas que permitan ejecutar un Plan Rector de Manejo de Ecosistemas Forestales Urbanos (López y Zamudio, 2006).

En Nuevo León, las actividades industriales, de transporte, comerciales y de servicios se han incrementado en los últimos años, primordialmente por la entrada en vigor del Tratado de Libre Comercio de América del Norte. Esta situación ha generado un aumento significativo del tipo y cantidad de contaminantes en el aire, en especial del AMM, donde los agentes contaminantes principales son el ozono y las partículas mayores a 10 micras. Este desarrollo urbano, industrial y económico está teniendo un importante impacto sobre la calidad del aire, que pudiera estar afectando no sólo a sus habitantes, sino también a los habitantes de la frontera con Estados Unidos, convirtiéndose así en un problema de carácter regional e internacional. En consecuencia, se hace necesario promover estudios que permitan conocer mejor los problemas de la calidad del aire y su relación con la calidad del agua y del suelo (Mejía, 2006).

El estado de Nuevo León tiene un Sistema Integral de Monitoreo Ambiental (SIMA) cuya operación inició en noviembre de 1992 y a la fecha cuenta con cinco estaciones ubicadas en sitios estratégicos del AMM (Obispado, La Pastora, San Nicolás, San Bernabé y Santa Catarina) y dos unidades móviles, que emiten reportes diarios de la calidad del aire con base en un índice construido para el Área Metropolitana de Monterrey consistente en la medición de ocho agentes contaminantes (CO, NO, NO_2, O_3, SO_2, PM10, PM2.5 y PST) (cuadro 4).

CUADRO 4. AGENTES CONTAMINANTES MONITOREADOS EN EL AMM

PARÁMETRO	NOM	MÉTODO DE MEDICIÓN
Monóxido de Carbono (CO)	NOM-034-ECOL-1993	Atenuación IR no dispersiva GFC
Ozono (O3)	NOM-036-ECOL-1993	Espectrofotometría UV
Óxidos de Nitrógeno (NO2)	NOM-037-ECOL-1993	Luminiscencia Química
Bióxido de Azufre (SO2)	NOM-038-ECOL-1993	Fluorescencia pulsante UV
Partículas menores a 10 Micras (PM10)		Atenuación de rayos Beta
Partículas menores a 2.5 Micras (PM2.5)		Atenuación de rayos Beta

FUENTE: Gobierno del estado de Nuevo León, 2009, *Información estadística e histórica gráfica de la red de monitoreo del SIMA*.

Controlar y disminuir la contaminación y los problemas de degradación ambiental derivados del desarrollo en Nuevo León, requiere de un esfuerzo coordinado de los diferentes sectores de la sociedad para buscar soluciones factibles. Las estrategias que se diseñen e implementen para ello deberán ser evaluadas cuidadosamente desde el punto de vista técnico, económico, político y social.

Por otra parte, los procesos de industrialización y el aumento del parque vehicular primordialmente en el AMM, así como la ausencia de programas periódicos de verificación obligatoria y de control de tráfico ante contingencias ambientales, han provocado un aumento en la cantidad de emisiones de carbono, uno de los causantes más importantes del cambio climático, cuyos efectos regionales pudieran expresarse en una acentuación de las condiciones de sequía durante la época de estiaje, así como un aumento de las temperaturas a lo largo del año, con lo que se elevan los niveles de evapotranspiración. Ello disminuirá la cantidad de agua disponible para la vida y el desarrollo, además de que se inducirán cambios en los climas locales y regionales que provocarán pérdidas de biodiversidad (Mejía, 2006). Para 2003, se calculaba que el estado ocupaba el 3er. lugar nacional en la emisión a la atmósfera de bióxido de carbono, después de Jalisco y el Distrito Federal (IMCO, 2006).

La generación y manejo de desechos sólidos urbanos constituye una de las principales preocupaciones de las autoridades municipales y de la población en general, y representa un problema creciente ante el dinamismo que muestran los parámetros que determinan su generación, tales como el crecimiento demográfico, el uso del territorio, los hábitos de consumo y los procesos de industrialización, entre otros. Este problema, además, se incrementa en una proporción mayor en las áreas metropolitanas. En el caso del AMM, no sólo se observa la presencia de los factores anteriores sino que la vecindad geográfica y cultural con Estados Unidos, particularmente con el sur del estado de Texas, favorece la adopción de su estilo de vida y patrones de consumo con las consecuencias correspondientes en la producción de residuos y sus impactos en el medio ambiente y en la calidad de vida.

Según el Compendio de Estadísticas Ambientales de la Semarnat (2008) de 1998 a 2007, la generación de residuos en el estado de Nuevo León se incrementó en 27% al pasar de 1 470 000 a 1 871 000 de toneladas en paralelo con el crecimiento del PIB y el gasto de la población. Sólo en 2006 se recolectaron 4 920 toneladas al día, que implica 1.14 kg per cápita, sin considerar que se estima que alrededor de 20% de los residuos urbanos generados no se recolecta, sino que se arroja a la vía pública y otros lugares inadecuados. En ese mismo año, se reportaron 1 740 sitios controlados para el confinamiento y 55 no controlados. En el AMM, en los municipios de Monterrey, San Pedro Garza García y García el servicio de recolección se encuentra concesionado a una empresa privada.

Por otra parte, los procesos industriales suelen generar residuos con características físico-químicas y biológicas distintas de aquellos que se producen en los hogares y otras fuentes como el comercio, las dependencias gubernamentales e incluso los provenientes de la construcción y la demolición. Ello hace que tengan un mayor impacto en los ecosistemas y la salud humana, por lo que son considerados como residuos industriales peligrosos. Su minimización, tratamiento y disposición final son complejos debido a la infraestructura especializada requerida para tales fines, sobre todo considerando que no hay un sistema de información confiable al respecto y que se estima que 41.6% carece de manejo ambiental adecuado, en tanto que 59.7% no es dispuesto adecuadamente, llegando como basura a los tiraderos a cielo abierto. Por sus características industriales, Nuevo León reportó que en 2006 se generaron 645 600 toneladas, si bien es la entidad que posee el único confinamiento especializado que capta 12% de este tipo de residuos generados en el país.

Debido al crecimiento de la actividad industrial y a la demografía en el estado, han crecido también los requerimientos de energía cuya generación provoca graves daños al ambiente, producto de la quema de combustibles en las termoeléctricas y en la creación de presas, las cuales causan graves cambios en los climas locales y regionales y profundos cambios en la hidrografía de amplias zonas de nuestro país. Debido a esto, la aplicación de medidas de regulación en el uso de la energía en el estado y la instalación de proyectos alternativos de generación de energía como la producida en las plantas de biogás, deberán ser incorporadas a la lista de prioridades de las acciones de mitigación dirigidas a disminuir los efectos que el desarrollo de Nuevo León está provocando sobre el medio ambiente natural, con el fin de impulsar en esta entidad un desarrollo verdaderamente sustentable.

Sin ser un caso especial en el mundo en desarrollo, Nuevo León es un estado que produce una de las huellas ecológicas más grandes en el país, la cual se manifiesta en todos los deciles de la población, con una fluctuación entre 3.3 y 9.5 entre el decil I y el X, según datos de la Encuesta de Ingresos y Gastos de los Hogares de Nuevo León 2004. Ello implica que el factor demográfico observado en el AMM vendrá a elevar aún más la presión sobre los recursos naturales, sólo como consecuencia del crecimiento poblacional dada la cantidad y el tipo de satisfactores que se demandan (Puente y González Gaudiano, 2008), lo que hace urgente impulsar acciones de educación ambiental, así como otras medidas de carácter tecnológico, político, económico y social que tiendan a disminuir los impactos generados y reducir el ritmo de deterioro ecológico, derivado del estilo y nivel de desarrollo que se observa en el estado.

2. DETONADORES POTENCIALES PARA EL DESARROLLO SUSTENTABLE

2.1 NUEVO LEÓN EN EL ENTORNO DE LA NACIÓN

Desde finales del siglo XIX, la capital de Nuevo León se ha caracterizado por centrar su desarrollo económico en actividades productivas de punta (Cerutti, 1992; Garza, 1995). En una primera etapa, la sociedad se articuló en torno al proceso de industrialización basado en la sustitución de importaciones (Gutiérrez Garza, 2009; Contreras, 2007) y desde mediados de los años ochenta, en el contexto de la globalización se abrió una segunda etapa, compartida con la industrialización, basada en actividades de servicios educativos, de la salud, financieros, inmobiliarios, turísticos, culturales y recreativos, tecnológicos y de comunicación, lo que podríamos denominar actividades orientadas hacia la economía del conocimiento (Alarcón, 2007). Cabe destacar también el desarrollo dinámico en infraestructura del sector comercio orientado principalmente al consumo de los sectores medios y altos. Estos rasgos de la economía son la manifestación más clara de la forma en que los activos socioproductivos empresariales y laborales de Nuevo León muestran capacidad de adaptación a los retos que impone una economía cada vez más globalizada y orientada a la economía del conocimiento y creación de alto valor agregado (Pozas, 1999, Gutiérrez Garza, 2009).

A fines del siglo XIX y principios del XX, se constituyeron las primeras fábricas de la ciudad (textiles, cerveza, ladrillos, acero, vidrio, cemento) que impulsaron el desarrollo económico de la entidad (Cerutti, 1992; Garza, 1995). La crisis económica de 1929 en Estados Unidos, seguida por la coyuntura de la segunda guerra mundial, en el marco de la política proteccionista de aquellos años, fueron factores que estimularon el desarrollo de la industrialización basada en la sustitución de importaciones que constituía la actividad de punta de la modernización del país. De esta forma, en el decenio de los cuarenta se impulsó este segundo auge industrial, que fortaleció al empresariado regiomontano y que en gran medida permitió que

Nuevo León se convirtiera desde entonces, en uno de los estados económicamente más desarrollados de México y más competitivos en el ámbito internacional (Ortega Ridaura, 2007; López Villafañe, 2007; Garza, 1999).

Sin embargo, a partir de los años ochenta se presentaron nuevos entornos centrados en la liberalización económica y, en los noventa, nuevos procesos orientados a la economía del conocimiento, que progresivamente condujeron a un cambio del perfil socioproductivo del estado, disminuyendo la importancia de la industria manufacturera. Efectivamente, ante la crisis de la deuda externa en 1982 y la aplicación de las políticas de austeridad, dos fenómenos confluyeron: por un lado, el mercado interno empezó a debilitarse y, por el otro, las exigencias de competitividad en el mercado externo fueron muy elevadas, tanto en los montos de inversión en nuevas tecnologías como en la capacidad de gestión y experiencia exportadora (Lustig, 1994; Guillén, 1990). La forma en la que se concretó el modelo económico de apertura comercial en México, fue rápida y global con la firma del Tratado del Libre Comercio de América del Norte (TLCAN), por lo cual, muchas empresas no lograron impulsar los procesos de reconversión necesarios para ser competitivas en el escenario internacional, generándose un proceso sostenido y prolongado de pérdida del tejido socioproductivo en el estado con la quiebra no sólo de numerosas micro y pequeñas empresas, sino también de sectores importantes de las grandes y medianas industrias neolonesas. Es decir, la pérdida de mercado interno inducida por las políticas de austeridad y los retos de la competitividad internacional provocaron una tendencia a la desindustrialización en el estado (Gutiérrez Garza, 1998). Así, la participación de la manufactura en el PIB estatal que en 1980 fue de 36%, en 2009 se ubicó en 23.4% (Secretaría de Desarrollo Económico de NL, 2009; INEGI, *Sistemas de Cuentas Nacionales*, 2011).

Ciertamente, frente a la presión de la globalización, las empresas manufactureras de Nuevo León encaran un nuevo entorno lleno de adversidad. Éstas en su mayoría han sido incapaces de arrostrar la competitividad en calidad y precio de sus pares externos, viéndose obligadas a disminuir su volumen de producción con el correspondiente impacto negativo en la generación de empleo y formación de salarios justamente remunerados y, en caso extremo, cerrar la empresa como ocurrió masivamente en esos años. Incluso, de los grandes corporativos que lograron responder exitosamente durante la primera etapa de la apertura, convirtiéndose en exportadores multinacionales (Alfa, Vitro, Femsa, Cydsa, Cemex, Imsa, Gruma) (Palacios, 2003, 2006; Garrido, 1999; Pozas, 2003), son pocos los que actualmente, en 2011, mantienen una posición destacada. La competencia globalizada y la estrategia de crecimiento mediante deuda, ha causado que algunos grupos pierdan tamaño y mercado (Alfa, Vitro, Cydsa), otros han sido vendidos a competidores globales (Hylsa, IMSA) y algunos como Cemex, se encuentran renegociando su abultada deuda.

De ahí que es importante resaltar los cambios recientes en el modelo económico de México. En el ámbito de la globalización y la emergencia de la liberalización económica (comercial y financiera) que se impulsa en el país desde mediados de los años ochenta, las exportaciones manufactureras se constituyeron en el polo detonador de dicho modelo. Así, mientras que en 1980, 58% de las exportaciones correspondían al petróleo; 11% a la industria extractiva, la agricultura y la ganadería y 31% a la industria manufacturera, en 2007 las exportaciones del petróleo representaban 16%, el sector extractivo y agropecuario 3% y las manufacturas concentraban 81% del total de las exportaciones (gráfica 1).

En otras palabras, el modelo de apertura internacional reestructuró la economía nacional reorientando las bases de la competitividad hacia la industria manufacturera como centro casi exclusivo de la inserción de la economía mexicana en el sistema mundial. Dentro de la manufactura, una de las actividades que se potenciaron fue el establecimiento de alianzas estratégicas vinculadas con el capital externo para la producción del automóvil y las autopartes. Esta industria desempeñó el papel más exitoso constituyendo un escenario de súper especialización productiva. En efecto, seis subramas que forman parte de la industria metalmecánica y que son: otros transportes y comunicaciones; maquinaria y equipos especiales para industrias diversas; productos metálicos de uso doméstico; equipo profesional y científico; equipos y aparatos eléctricos y electrónicos; aparatos de fotografía óptica y relojería, han sido las depositarias del gran dinamismo manufacturero y exportador (Gutiérrez Garza *et al.*, 2006).

En lo concerniente a las alianzas estratégicas, un sector altamente dinámico –vinculado a las seis subramas de la metalmecánica antes mencionadas–, lo constituye la industria maquiladora (González

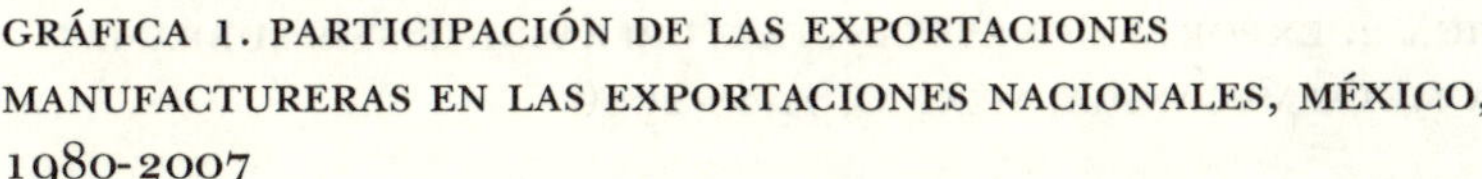

GRÁFICA 1. PARTICIPACIÓN DE LAS EXPORTACIONES MANUFACTURERAS EN LAS EXPORTACIONES NACIONALES, MÉXICO, 1980-2007

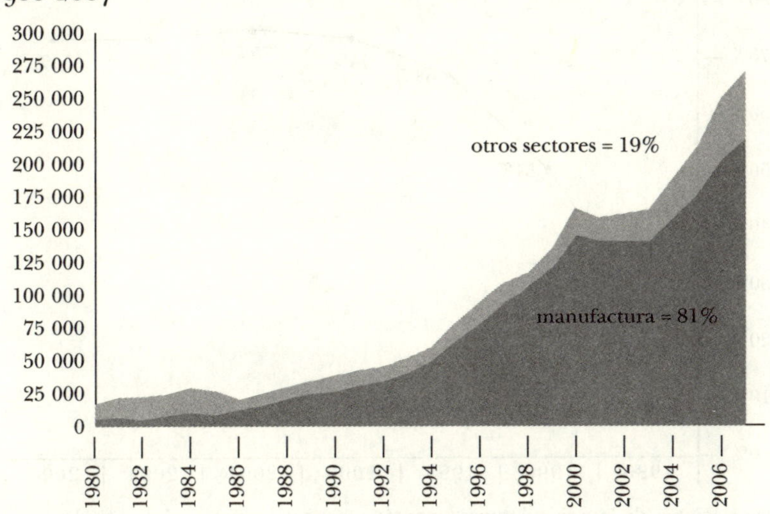

Las exportaciones incluyen maquila desde 1980.

FUENTE: Banco de México, 2008, *Estadísticas de la Balanza de Pagos*, <www.banxico.gob.mx>.

Aréchiga, 1989; Gutiérrez Garza, 1999; Contreras, 2000), que mostró un alto crecimiento al pasar de 22 establecimientos en 1987 a 208 maquiladoras en 2006 (INEGI, 2007, 2001). La maquiladora ha desempeñado un papel dinámico en la creación de empleos llegando a representar 22% de la población total ocupada en la manufactura en 2006 en Nuevo León (INEGI, 2007; Secretaría de Desarrollo Económico de NL, 2009b).

De igual forma, el dinamismo de las seis subramas de la metalmecánica durante la apertura comercial ha sido muy fuerte, pues incrementaron su participación en las exportaciones manufactureras totales de 26% en 1980 a 74% en 2006, imprimiendo en su dinamismo una marcada tendencia hacia la monoexportación (gráfica 2). Esto es, para 2006 el resto de la industria manufacturera sólo participaba con 26% de las exportaciones manufactureras totales. Incluso, es importante señalar que las exportaciones de estas subramas representaron 60% de las exportaciones totales nacionales en ese mismo año (Banco de México, 2007).

GRÁFICA 2. EXPORTACIONES MANUFACTURERAS: LAS SEIS SUBRAMAS DE LA METALMECÁNICA, MÉXICO, 1980-2006

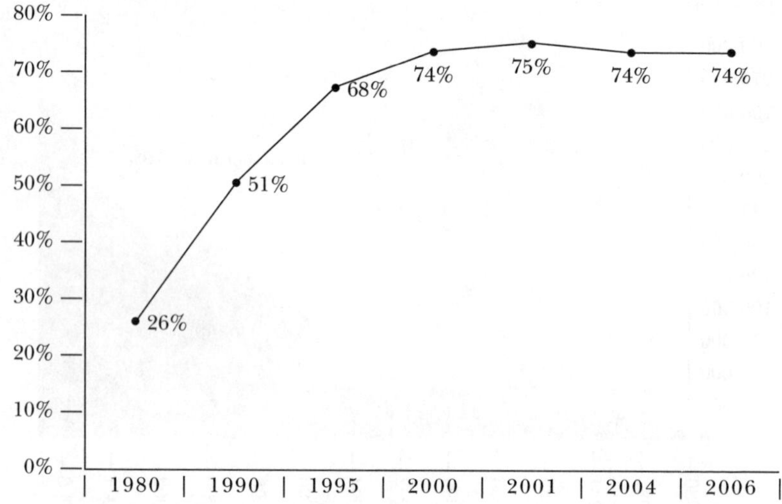

Exportaciones de las seis subramas/exportaciones totales nacionales equivalen a 60% en 2006.

FUENTE: INEGI, 2005, *Banco de Información Económica*, <www.inegi.gob.mx>; Banco de México, *Estadísticas de la Balanza de Pagos 2007*, <www.banxico.gob.mx>.

En este entorno nacional la industria manufacturera de Nuevo León inició procesos de reconversión industrial rápidos y flexibles que le permitieron vincularse con dinamismo a dicho modelo de inserción a la economía internacional (Garza, 1995; Pozas, 2003). Así, para el año 1988 la subrama de la industria automotriz que representaba 16.6% de la rama de la metalmecánica de la manufactura de Nuevo León pasó a 29.3% en 2003 (INEGI, 1989, 2004).

Sin embargo, ante la crisis financiera y productiva que inició en Estados Unidos a finales de 2008, General Motors y Chrysler, la primera y tercera empresas automotrices en dicho país, enfrentaron una crisis que las llevó a una restructuración total, situación que condujo a la industria manufacturera –nacional y principalmente en nuestro estado– a una situación crítica. Si bien el PIB manufacturero cayó 9.8% a escala nacional en 2009, en Nuevo León esta caída fue de 12.9% (INEGI, Banco de Información Económica, 2011). Esto apunta hacia una reflexión, ¿qué tan conveniente sería para la región mantener la orientación de su aparato productivo manufacturero hacia la economía exportadora? ¿Es posible dinamizar el modelo económico teniendo como motor principal el mercado externo o por el contrario un proceso de distribución progresiva y constante de los ingresos garantizaría el fortalecimiento del mercado interno, sin descuidar el externo para establecer entornos favorables de políticas empresariales con futuros más predecibles?

2.2 HACIA UN NUEVO PERFIL IDENTITARIO

Paralelo a este proceso de desindustrialización que en los hechos cuestiona al modelo económico de apertura internacional centrado en las exportaciones del automóvil y autopartes, en Nuevo León se ha impulsado un nuevo perfil productivo e identitario. Como se mencionó antes, se ha observado un desplazamiento de las actividades económicas hacia el sector servicios vinculados a la aplicación del conocimiento como los financieros, de atención a la salud, la educación y los tecnológicos y de comunicación, así como una creciente oferta de servicios culturales y turísticos, lo que comienza a darle al estado una nueva identidad en la región (Garza, 2003; Villarreal, 2003; Saldaña, 1995). Así, por ejemplo en 2007, el transporte, las actividades inmobiliarias y los servicios de esparcimiento del estado se colocaron en la tercera posición nacional, mientras que los de comunicación, financieros, profesionales y médicos se colocaron en el segundo lugar nacional, sólo por debajo del Distrito Federal (Secretaría de Desarrollo Económico de NL, 2009b).

Si bien los lazos entre el sector agropecuario y el manufacturero en el estado no son tan fuertes como sería deseable –pues este último podría detonar con más dinamismo el desarrollo rural– la desaceleración de la industria manufacturera en el marco del TLCAN no ha hecho más que agudizar esta tendencia. Casi desplazado del escenario productivo, el sector agropecuario aportaba el 2% del PIB estatal en 1995 para ubicarse en 1% en 2009 (Secretaría de Desarrollo Económico de NL, 2009b; INEGI, Sistema de Cuentas Nacionales, 2011). Eso repercutió también con su población, que de representar 6.1% de la población ocupada en 1990 pasó a 1.6% en 2008, para después tener una ligera recuperación y ubicarse en 2.3% en 2010 (INEGI, ENOE, 2011). De ahí que la falta de inversiones en dicho sector constituye el principal motivo de migración intermunicipal y hacia Estados Unidos.

A la par del desarrollo sectorial agropecuario, manufacturero y de servicios, el desarrollo de la infraestructura ha sido muy importante. El estado de Nuevo León cuenta con una red carretera de más de siete mil kilómetros, se encuentra comunicado con autopistas a la frontera de Estados Unidos, al Golfo de México y al resto del país. Ello le permite tener muy buena comunicación que facilita el transporte de abasto y venta de sus productos, hacia el interior de la entidad, el resto del país, la frontera norte y los puertos marítimos del estado vecino de Tamaulipas (Villarreal, 2003). Sin embargo, la comunicación intraestatal para las comunidades rurales es insuficiente, como más adelante lo analizaremos. Al mismo tiempo, tiene dos aeropuertos internacionales que facilitan la conexión con el resto del país, los Estados Unidos y el mundo.

Las facilidades de acceso a Nuevo León devino en el desarrollo de los nuevos proyectos de negocios, culturales y turísticos antes mencionados. Una de las medidas de política pública que se impulsó desde los años ochenta, fue convertir al Área Metropolitana de Monterrey en un eficiente centro de reuniones de negocios, motivo por el que se creó el Centro Internacional de Negocios Monterrey (CINTERMEX), el Parque Fundidora y algunos centros comerciales. Para 2007, la ciudad se convirtió en la sede del Fórum Universal de las Culturas, lo que impulsó la creación y ampliación de diversa infraestructura, incluyendo la cultural, como el Museo del Noreste (MUNE), El Museo del Palacio, El Museo del Acero Horno 3 y el Paseo Santa Lucía que une los espacios culturales más importantes con la Macroplaza. De forma que la oferta cultural ha crecido considerablemente y algunos atributos naturales (las montañas) se promocionan como atractivos turísticos y recreativos. Esta iniciativa fue transformando paulatinamente el paisaje urbano, tradicionalmente ligado al paisaje fabril, a otro donde prevalece la construcción de modernos edificios de negocios, centros comerciales y una amplia oferta de hoteles, restaurantes y otros servicios culturales (Garza, 2003).

De todas las características importantes con la que cuenta el estado, destacan la existencia de una fuerza de trabajo calificada que en mucho ha engrandecido la proyección económica y productiva de la región, la amplia y diversificada oferta de educación superior y recientemente de servicios de salud, financieros y culturales, entre otros, que convierten a Nuevo León en uno de los estados del país más atractivos tanto para la inversión nacional y extranjera como para el acceso a servicios de destacada calidad.

2.3 LA IMPORTANCIA DEL DINAMISMO ECONÓMICO

Con una población de 4 653 mil habitantes que representan 4.1% del total de la población mexicana, el estado de Nuevo León generó un producto interno bruto (PIB) de 848 051 millones de pesos en 2009, que representó 7.6% del PIB nacional en ese año (Data Nuevo León, 2011), evidenciando el alto grado de productividad que aporta a la nación. Si bien, como ya lo señalamos, en el último decenio el estado ha cambiado su perfil identitario, emergiendo nuevos sectores económicos orientados a la economía del conocimiento por encima del manufacturero, continúa siendo el tercer polo industrial de México[1] con niveles de bienestar social por arriba del promedio nacional (PNUD, 2009).

Sólo el crecimiento económico es motor de generación de empleos y oportunidades de bienestar. Ninguna política social por más efectiva que sea, podrá ser un instrumento que sustituya al dinamismo de la economía. Históricamente el dinamismo económico medido por el producto interno bruto (PIB) ha mantenido una tendencia por encima de la media nacional, como puede observarse en la gráfica 3 que registra una tasa de crecimiento promedio anual del PIB de 3.5% para Nuevo León y de 2.4% para México durante el periodo de 1994 a 2009. A partir del 2007, las cifras para la entidad y el país mostraron una caída en las tasas de crecimiento; para 2009, debido a la fuerte crisis mundial que inició a finales de 2008, las tasas de crecimiento fueron negativas, cayendo incluso por debajo de las tasas registradas en la crisis de 1995. Nuevo León fue uno de los estados más afectados por esta crisis mundial debido a su especialización en unas cuantas industrias orientadas al mercado internacional, lo que lo colocó en tal situación de vulnerabilidad frente a los escenarios internacionales.

[1] El DF y el estado de México son los primeros dos (Gutiérrez Garza, 2009).

GRÁFICA 3. PIB: TASA DE CRECIMIENTO ANUAL, NUEVO LEÓN Y MÉXICO, 1994-2009

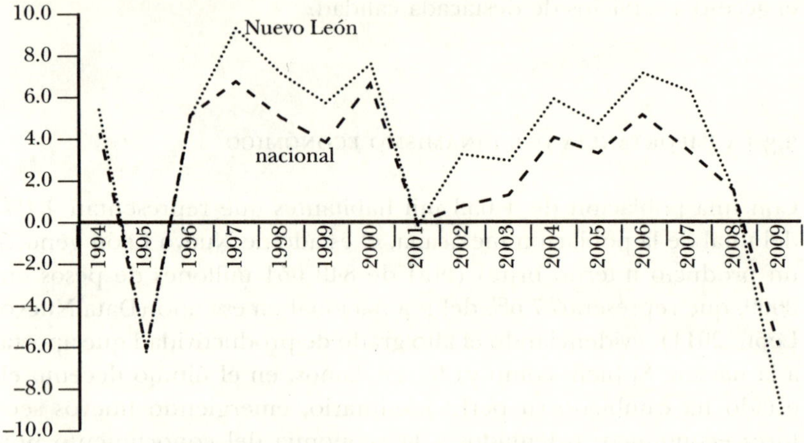

FUENTE: INEGI, 2011, *Sistema de Cuentas Nacionales de México y Secretaría de Desarrollo Económico de Nuevo León, 2011.*

Para 2010, la cifras preliminares del comportamiento de la economía revelan una recuperación en el estado (Data Nuevo León, 2011).

El impacto del mejor desempeño de la economía estatal, respecto a la nacional, también se refleja en el bienestar social medido por el índice de desarrollo humano (IDH); tal como se observa en la gráfica 4, el IDH para Nuevo León se ubica por encima de la media nacional en todo el periodo, registrándose en 2005 un índice de 0.867 para Nuevo León y de 0.815 para la media nacional. Este tema lo abordaremos más detenidamente en la sección *Equidad social, acciones para el cambio.*

En suma, las tendencias del desarrollo económico antes mencionadas configuran la siguiente estructura productiva en la entidad en 2009. El sector primario (agricultura, ganadería, silvicultura, apicultura y pesca), relegado de las actividades económicas –pero con un gran potencial para coadyuvar al desarrollo sustentable– aporta 1.0% al PIB estatal. El sector secundario participa con 35.3%, resaltando el debilitamiento de la industria manufacturera y el fortalecimiento de las industrias colaterales al soporte del desarrollo, tal como el sector de la construcción. Las nuevas actividades emergentes de la economía del conocimiento otorgan un nuevo perfil socioproductivo al sector terciario. Éste aporta 63.7% del PIB estatal, dentro del cual destacan los servicios inmobiliarios y de alquiler, los financieros, los transportes y las comunicaciones, además de los servicios especializados y de alto valor agregado como lo son los educativos, de la salud y culturales (gráfica 5).

GRÁFICA 4. ÍNDICE DE DESARROLLO HUMANO (IDH), NUEVO LEÓN Y MÉXICO, 2000-2005

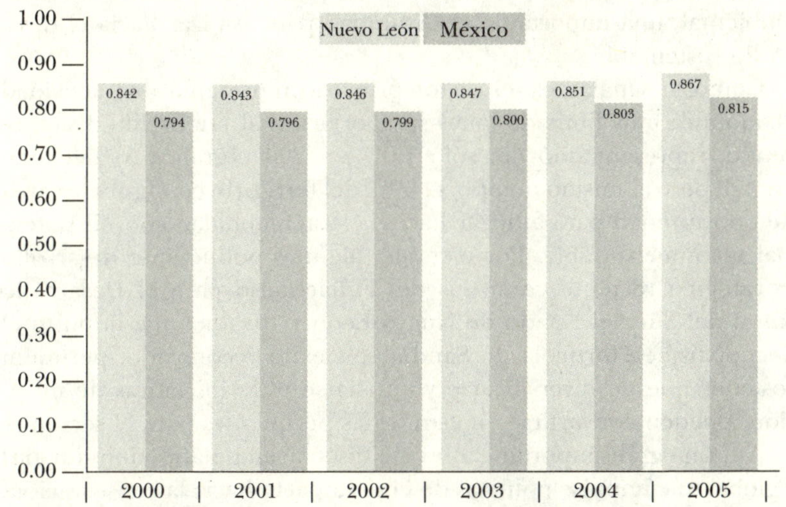

FUENTE: PNUD, 2009.

GRÁFICA 5. DISTRIBUCIÓN DEL PIB, NUEVO LEÓN, 2009 (%)

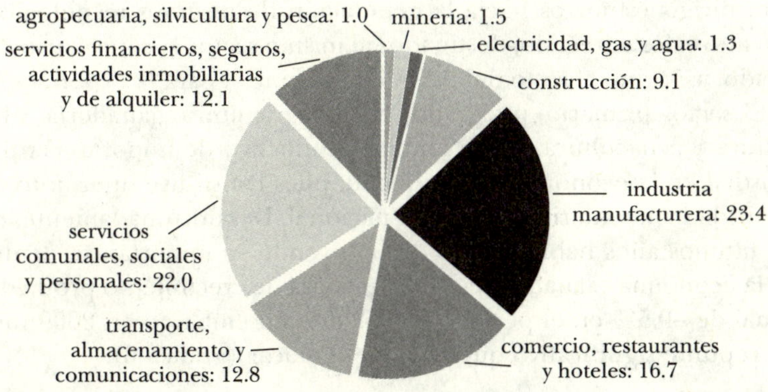

FUENTE: INEGI, 2011, *Sistemas de Cuentas Nacionales de México, Producto Interno Bruto por Entidad Federativa, 2003-2009* (*PIB Base, 2003*).

2.4 CIMIENTOS PARA LA SUSTENTABILIDAD: LOS SECTORES AGROPECUARIO, FORESTAL Y ACUÍCOLA

La mancha urbana en Nuevo León ocupa 1% del territorio estatal, mientras que el 99% restante –6 455 000 hectáreas del territorio[2] (Treviño, 2006)–, se constituye en un poderoso activo económico ambiental, una importante oportunidad para avanzar hacia el desarrollo sustentable.

Como lo señalamos, el sector primario representa una actividad económica muy limitada, pues su aportación al PIB ha ido disminuyendo, representando tan sólo 1.0% en 2009 (gráfica 5) del total estatal, pero al mismo tiempo, el 99% del territorio configura un área de oportunidad para avanzar hacia la sustentabilidad con un potencial inconmensurable. Por ejemplo, algunas políticas de desarrollo estratégico reciente como las del Fideicomiso para el Desarrollo Rural del Sur del Estado de Nuevo León (FIDESUR) que impulsó el Tecnoparque Hortícola de Sandía con éxito reconocido, permiten sostener que de diversificarse y ampliarse estas iniciativas de inversión, pueden convertirse en estrategias pertinentes para el sector.

Así, una gran importancia reviste diseñar una planeación integral y global que impulse políticas de gran impacto hacia la conservación, restauración y reactivación de los ecosistemas que constituyen los entornos sobrados para generar los servicios ambientales que necesita el estado. Asimismo habrá que promover sistemas de producción agropecuarios centrados en nuevas tecnologías y manejo sustentable, para dirigir esfuerzos hacia la generación de insumos tecnológicos con alto valor agregado, destinados al mismo sector agropecuario del estado, así como al resto del país y con potencial para la exportación.

El sector primario, integrado, por la agricultura, ganadería, silvicultura y acuacultura, es un ámbito productivo de importancia primordial en la economía y la sociedad, pues constituye un asunto de seguridad alimentaria y prioridad nacional. Desafortunadamente, en los últimos años había venido disminuyendo su importancia dentro de la economía estatal, al registrar una tasa de crecimiento promedio anual de –0.5% en el periodo 2003-2008, sin embargo en 2009 tuvo un repunte significativo que hay que destacar (gráfica 6).

[2] La superficie del territorio nacional es de 196.4 millones de hectáreas.

GRÁFICA 6. PIB DEL SECTOR PRIMARIO NUEVO LEÓN, 2003- 2009. PRECIOS DE 2003

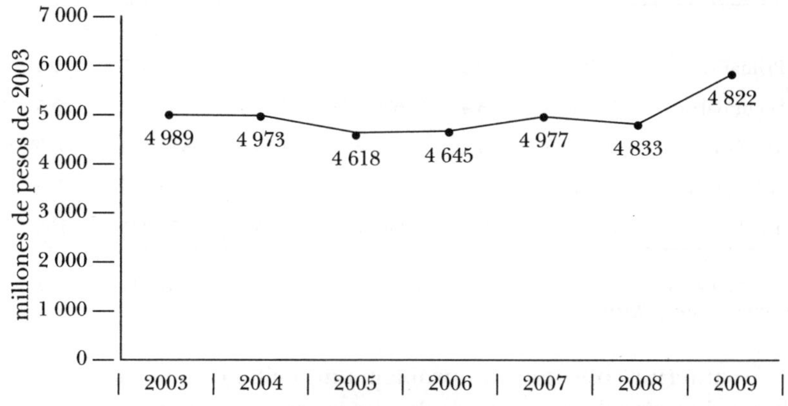

FUENTE: INEGI, 2011, *Sistema de Cuentas Nacionales, Producto Interno Bruto, 2003- 2009.*

El impacto de las políticas que afectan al campo implicó que la población ocupada en el sector primario se redujera de 2.2% a 1.6% entre 2006 y 2008, sin embargo, para 2010, se observa una recuperación de la población ocupada en el sector, ubicándose en 2.3% (cuadro 5). La reducción de 0.6% en tan sólo dos años de la población ocupada del estado en el sector primario puede explicarse:

- Como resultado de la política del TLCAN que ha favorecido la importación de productos agropecuarios de Estados Unidos a precios más bajos que los productos nacionales, debido a las políticas de subsidio y protección al sector agropecuario en dicho país, las cuales no se dan en México, donde los costos de producción son altos particularmente por los insumos utilizados.
- Los métodos de producción intensivos en mano de obra que prevalecen en los minifundios y pequeñas propiedades que han sobrevivido a esta situación, tienden a mecanizarse y a reducir el uso de mano de obra, impulsando la movilidad hacia el AMM y al extranjero.

CUADRO 5. POBLACIÓN OCUPADA POR SECTOR NUEVO LEÓN, 2006-2010

SECTOR	POBLACIÓN 2006	% 2006	POBLACIÓN 2008	% 2008	POBLACIÓN 2010	% 2010
Primario	42 635	2.2	31 813	1.6	44 677	2.3
Secundario	632 933	33.4	626 075	32.2	582 139	29.5
Terciario	1 215 005	64.1	1 279 829	65.8	1 342 354	68.0
No especificó	4 871	0.3	5 984	0.3	6 075	0.3
Total	1 895 444	100	1 943 701	100	1 975 245	100

FUENTE: INEGI, ENOE, 2011, *Indicadores estratégicos de ocupación y empleo al cuarto trimestre de 2006, 2008 y 2010.*

Lo anterior constituye un problema dramático analizado desde la dimensión social, que sólo podrá revertirse con el diseño de una política agropecuaria integral orientada hacia la sustentabilidad.

El medio rural, una vasta área de potencialidades

En Nuevo León el área rural se caracteriza por tener una población muy dispersa en más de 5 mil comunidades,[3] en las cuales habitan alrededor de 247 000 personas, 5.3% de la población en la entidad.

Algunos datos sociodemográficos del medio rural son relevantes: 87% de la población ocupada en el sector primario se dedica a actividades agropecuarias –cultivo de frutas y verduras, producción de ganado y desarrollo productivo forestal, entre otras actividades–; 37% de dicha población no cuenta con ningún pago a su trabajo y 87% no tiene prestaciones. En lo que se refiere al nivel educativo, 49% de la población ocupada no ha terminado la educación primaria, y menos de 4% cuenta con instrucción media superior y superior (INEGI, 2009b).

En el país se encuentran dos tipos de productores agropecuarios en relación al tamaño de las unidades de producción. Aquéllos que poseen, rentan o establecen convenios con pequeños propietarios y

[3] Aquéllas menores de 2 500 habitantes. Se utilizaron datos del *Censo de Población y Vivienda 2010* de INEGI.

ejidatarios para tener acceso a grandes superficies para la producción y los que disponen de pequeñas parcelas, como los minifundios, cuya producción es de autoconsumo o producción en pequeña escala y tienen en común los bajos ingresos y el poco o nulo acceso al crédito, así como baja aplicación de medios de producción tecnológicos y oportunidades de comercialización. Este último tipo de productores son los que predominan en México y en Nuevo León, los cuales se localizan, en su mayoría, en el sur del estado.

En esta región, durante el sexenio de Natividad González Parás se implementaron políticas de desarrollo prometedoras, mediante las cuales se apoyaron proyectos de producción intensiva altamente demandantes de mano de obra joven calificada, con alto valor científico y tecnológico, dedicado a la producción de hortalizas en invernaderos, la cual ha sido promovida por FIDESUR con una inversión de tan sólo 150 810 000 pesos, y una vinculación tecnológica con la Facultad de Agronomía de la UANL, así como con inversionistas privados. En solo cinco años se ha podido desarrollar y consolidar un proyecto que ha permitido el establecimiento de 109 invernaderos en una superficie de 48.7 hectáreas para la producción de tomate, pimiento morrón, pepino, calabacita y forraje hidropónico, con destino al mercado local y a la exportación. Esta producción se realizó en los tecnoparques hortícolas de Sandia, el Centenario y Terranova, de reciente creación (Valdés, 2006).

Estos procesos, de producción intensiva y de reestructuración productiva en el sector agrícola, implican la reducción de la población tradicional involucrada directamente en las actividades de producción, la cual es gradualmente sustituida por población con alto conocimiento científico y tecnológico, que participa directa e indirectamente en el proceso productivo y en las cadenas agroalimentarias derivadas de esta actividad. De ahí que una política dirigida a lograr la sustentabilidad del sector agropecuario en Nuevo León, deberá considerar apoyos indispensables para la formación de científicos y tecnólogos de muy alta calidad académica, que preferentemente sean hijos de los actuales productores, para que mediante la sucesión generacional, los actores futuros del sector influyan para alcanzar la sustentabilidad en la productividad agropecuaria (Cox y Atkins, 1979).

Ese conjunto de actividades de fomento agrícola pueden constituir una punta de lanza para revertir las tendencias actuales del sector agropecuario y sentar las bases para una producción competitiva, centrada en un manejo sustentable de los ecosistemas que conduzcan a un crecimiento dinámico de dicho sector en el largo plazo. Sin embargo, políticas de tal naturaleza enfrentan a su vez retos importantes pero no imposibles de superar, como la fragmentación de las superficies del campo, principalmente en zonas de baja rentabilidad, la restringida disponibilidad de agua, una infraestructura de riego deteriorada y la falta de difusión y promoción para el uso apropiado de la tecnología disponible, los cuales constituyen serios obstáculos para el desarrollo agropecuario. Adicionalmente, las cadenas productivas están prácticamente desarticuladas, lo que limita gravemente las posibilidades de generar valor agregado con efectos multiplicadores en el sector.

A esta grave situación, se suma la carencia de una cultura de organización de productores con enfoque sustentable, adecuado a los requerimientos de sanidad ambiental exigidos por la sociedad y a las nuevas condiciones de globalización de los mercados, así como la reducida participación de las instituciones educativas en las actividades productivas y sociales del medio rural. Como consecuencia de lo anterior, la migración de la población rural es un fenómeno permanente. Lo más dramático es que son los jóvenes quienes emigran mayoritariamente ante la falta de oportunidades, lo que está envejeciendo al campo y bajando su productividad; 27% de la población ocupada en este sector tiene entre 40 y 50 años de edad y 22% más de 55, lo que supone un escenario poco favorable a la recepción de nuevos conocimientos y la incorporación de nuevas tecnologías que permitan mejorar la productividad (OEIDRUS, 2008).

La falta de una política integral hacia el ámbito rural se manifiesta también en la insuficiencia de los servicios públicos y de infraestructura que apoyen el desarrollo del sector primario que, además de evitar la creciente emigración, sea sustentable. Una política integral dirigida al desarrollo del sector primario deberá ser enfocada al mejoramiento de las vías de comunicación que son insuficientes y están en malas condiciones. Por ejemplo, se cuenta con más de 2 902 kilómetros de caminos rurales, de los cuales sólo 7% está pavimentado.[4] Asimismo, es prioritario ampliar la cobertura eléctrica para el uso agropecuario, lo cual se convierte en un problema acentuado por la dispersión de los predios. También se debe mejorar la infraes-

[4] Datos tomados de OEIDRUS, 2008.

tructura de riego que está deteriorada y la de acopio, almacenaje y distribución de los productos agropecuarios que, aunque ha aumentado en los últimos años, todavía es insuficiente para enfrentar las necesidades existentes. En cambio, en lo referente a la infraestructura fitozoosanitaria, el estado cuenta con 21 puntos de verificación de los cuales sólo uno corresponde a cordones federales relacionados a la verificación fitozoosanitaria y el resto son puntos de revisión estatal.

Condiciones potenciales del desarrollo sustentable y distribución de la superficie territorial

Nuevo León tiene una superficie de 6 455 000 hectáreas, apenas 3.3% de la superficie territorial del país. El sector rural abarca 6 380 000 hectáreas; del territorio estatal, 85.8% corresponde a potencial pecuario, 6.1% al agrícola, 5.8% al forestal y 2.3% está destinado a otros usos (cuadro 6). Esto refleja la importancia que tiene la ganadería como vocación productiva en la entidad. El estado participa con 7% de la superficie pecuaria nacional y casi 2% de la superficie agrícola y forestal, respectivamente.

La actividad pecuaria es la más importante del sector primario en Nuevo León, abarcando una superficie de 85.8% del territorio estatal, donde 0.3% son praderas de riego, 77.3% son tierras de agostadero y 8.2% son praderas de temporal (cuadro 6).

CUADRO 6. USO DEL SUELO, 2007

USO DE SUELO	SUPERFICIE (HA)	%
Agrícola [1/]	392 415	6.1
Riego	130 492	2.0
Temporal	261 923	4.1
Ganadero	5 535 938	85.8
Praderas riego	18 470	0.3
Praderas temporal	527 167	8.2
Agostadero	4 990 301	77.3
Forestal [2/]	376 514	5.8
Otros usos	150 633	2.3
Total	6 455 500	100

1] Áreas abiertas al cultivo, 2] Áreas de bosque de coníferas y latifoliadas (pino, encino, oyamel).

FUENTE: Sagarpa, Delegación Nuevo León.

Por su parte, la agricultura ocupa 6.1% del territorio de la entidad. Las tierras de riego alcanzan las 130 mil hectáreas, 2% del territorio, mientras 4.1% del territorio son tierras de temporal, situación favorable para articular una política integral para la sustentabilidad en el campo tomando en cuenta el problema de la escasez del agua propia de la región.

La cubierta forestal maderable ocupa 5.8% del territorio y representa 2% de los bosques del país. Somos los neoloneses los guardianes de esta importante porción de bosques y es nuestra responsabilidad conservar su integridad y redoblar las políticas de reforestación.

La ganadería, ¿bajos costos ambientales?

La *superficie pecuaria* asciende a 5 536 000 hectáreas, 7% de la superficie pecuaria total del país y 85.8% del estado, de las cuales 77.3% son de agostadero natural, 0.3% de praderas de riego y 8.2% de praderas de temporal. La superficie de agostadero está integrada por pastos y especies arbustivas que componen la vegetación de la región y representan 88% de esta superficie ubicada en los municipios del norte y centro del estado, así como en las partes bajas de la Sierra Madre Oriental.

Tradicionalmente, la actividad pecuaria ha sido una de las principales actividades de Nuevo León. En 2006, este subsector aportó 61% del valor de la producción del sector primario. Como lo muestra el cuadro 7, el subsector pecuario presenta altas potencialidades, dado que Nuevo León ocupa el 4o. lugar como productor de huevo a nivel nacional, el 11o. en producción de aves y el 19o. en producción bovina, que sumados representaron 85.2% del valor de la producción pecuaria del estado en 2006.

Por otro lado, cabe destacar que en los últimos treinta años sólo la producción de aves ha mostrado un incremento tanto en volumen como en valor de la producción, lo cual se puede explicar por el incremento de la población del estado y su concentración en la ZMM que han disparado la demanda de proteína, siendo el pollo la opción más barata después del huevo. Este acontecimiento en el marco del TLCAN, da muestra de las condiciones de competitividad con las que se trabajan en estas áreas productivas que, a pesar de la apertura de los mercados, han tenido un crecimiento sostenido. Por su parte, el

CUADRO 7. SECTOR PECUARIO, NUEVO LEÓN, 2006

ESPECIE	LUGAR NACIONAL	VOLUMEN DE LA PRODUCCIÓN PECUARIA ESTATAL (%)	VALOR DE LA PRODUCCIÓN PECUARIA ESTATAL (%)
Huevo	4	33.0	15.5
Aves	11	45.1	44.9
Porcinos	15	5.5	9.6
Caprinos	14	0.6	1.3
Bovinos	19	14.3	24.8
Ovinos	23	0.2	0.3
Cera	22	0.01	0.01
Miel	24	0.2	0.2
Total del sector (millones de pesos)			4 682

FUENTE: SIAP-SIACON-SAGARPA, 2008.

subsector productor de carne de res sólo ha logrado mantener constante su participación en la producción pecuaria; pero la industria de la leche y la producción de carne de cerdo han sido de los más afectados por las políticas del TLCAN debido a la importación masiva de leche en polvo (y también por la competencia interregional con la región de la Laguna y en menor grado de Aguascalientes), y en el segundo caso, por la importación de carne de cerdo de Estados Unidos (cuadro 8).

En el cuadro 8 destaca la pérdida de oportunidad que está teniendo la entidad en relación a la producción caprina. Con un territorio vasto en agostadero (5 850 000 hectáreas) ampliamente aprovechable, en 1998 el valor de la producción de cabras representó 2.0% del total pecuario. En una región donde el plato típico es el cabrito, se ha llegado a la extrema situación de recurrir a la importación desde otras regiones para poder cubrir la creciente demanda, pues la caprinocultura se ha debilitado pasando de una producción 527 000 cabezas en 1998 a 373 000 en 2003 (SIACON- Sagarpa, NL, 2003).
A fin de tener una referencia, al menos aproximada, de los costos ambientales de este subsector dedicado a la producción pecuaria, es importante relacionar que en una extensión de 5.5 millones de

CUADRO 8. SECTOR PECUARIO, NUEVO LEÓN, 1988-2007

	VOLUMEN DE PRODUCCIÓN PECUARIA ESTATAL (%)			VALOR DE PRODUCCIÓN PECUARIA ESTATAL (%)		
PRODUCTO	1988	1998	2007	1988	1998	2007
Leche	21.8	15.9	14.4	4.8	4.4	3.3
Huevo	38.0	32.1	33.0	26.4	22.7	20.5
Porcino carne	6.9	6.4	4.9	13.9	10.4	8.7
Caprino ovino carne	1.3	0.7	0.6	3.0	2.0	2.0
Bovino carne	11.0	13.8	12.0	20.3	25.4	21.9
Aves carne	21.1	31.1	35.1	31.8	35.0	43.7

FUENTE: OEIDRUS, 2008

hectáreas se produce el 61% de la producción agropecuaria estatal, equivalente al 0.7% del PIB estatal. Esto nos induce a sostener la hipótesis de que el sector pecuario opera con bajos costos ambientales en el estado. Esta hipótesis se refuerza al considerar que del volumen de la producción pecuaria total en 2006, 78% correspondiente a huevo y aves que se genera en granjas, así como 5.5% referido a la producción porcina. Queda evidenciado que la producción de huevo y aves es una fortaleza con un amplio escenario de expansión regional, nacional y hacia el mercado externo y que puede constituirse en un eje transversal de estrategias productivas con manejo sustentable y, en el ámbito de la dimensión social, en una acción para el poblamiento territorial en el estado de Nuevo León.

La agricultura por su vocación citrícola abre un amplio campo para la sustentabilidad

La superficie agrícola es del orden de 392 415 hectáreas abiertas al cultivo (2% de la superficie agrícola total del país y 6% de la superficie del estado), de las cuales 67% son de temporal y 33% son de riego (Valdés, 2006). El área agrícola presenta un gran desarrollo productivo en algunas frutas, hortalizas y forrajes, como la naranja, papa, nuez, sorgo forrajero, maíz forrajero y pastos. Estas zonas agrícolas aportan 39% del valor de la producción del sector primario y se encuentran en los valles y llanos del estado, siendo los municipios del centro y sur de la entidad los que concentran 82% de la superficie dedicada a las actividades agrícolas (OEIDRUS, 2008). Al igual que en el sector pecuario, Nuevo León tiene un gran potencial en el sector agrícola, como lo muestra el hecho de ocupar el 3er. lugar como productor nacional de mandarina , el 4o. en toronja y naranja, el 5o. en producción de papa y nuez y el 7o. en manzana. Además de ser un importante proveedor de sorgo y trigo, tanto en grano como en forraje, cultivos que representaron 10.7% del valor total de la producción agrícola en 2006 en la entidad (cuadro 9).

Se observa que tanto el clima como las condiciones naturales de la región pueden ayudar a producir frutas de alta calidad y un color natural formidable, con costos relativamente bajos. De aquí la importancia de estos cultivos y la atención que se les debe de dar para potenciar su producción sustentable, que además de traer beneficios para el medio ambiente del estado y país, generarían beneficios económicos, al volverse un producto exportable con etiqueta de ser

CUADRO 9. SECTOR AGRÍCOLA, NUEVO LEÓN, 2006

CULTIVO	LUGAR NACIONAL	VOLUMEN DE LA PRODUCCIÓN AGRÍCOLA ESTATAL (%)	VALOR DE LA PRODUCCIÓN AGRÍCOLA ESTATAL (%)
Mandarina	3	1.0	2.0
Naranja	4	7.9	14.2
Toronja	4	0.9	0.7
Papa	5	4.8	32.9
Nuez	5	0.3	2.2
Manzana	7	0.4	1.2
Sorgo grano	8	4.2	4.9
Aguacate	9	0.2	0.9
Trigo grano	10	1.7	1.9
Sorgo Forrajero	11	4.2	3.9
Maíz Forrajero	16	0.3	0.4
Total del sector (millones de pesos)			2 997

FUENTE: SIAP-SIACON-Sagarpa

producido sustentablemente, lo cual elevaría los precios del producto en mercados de los Estados Unidos de Norteamérica y la Unión Europea. Para ello, deberán cumplirse las normatividades internacionales en cuanto a la preparación del terreno para nuevas plantaciones, la certificación de las nuevas plantas que se sembrarán, el uso y manejo del agua, la fertilización, fitorreguladores, poda, manejo del suelo y control de malas hierbas, control de plagas y enfermedades. Se trata entonces de lograr unos productos agrícolas de calidad, de manera rentable y respetando el medio ambiente. Se trata de una agricultura en la que hay que integrar todos los factores del cultivo y no exclusivamente la lucha contra las plagas.

Para hablar de costos ambientales en este subsector agrícola, que aporta 39% del valor de la producción agropecuaria estatal, es importante conocer el consumo y aprovechamiento del agua del 33% de las hectáreas abiertas al cultivo que son de riego en este subsector. Considerar la relación entre superficie sembrada y uso consuntivo del agua, permite tener un primer acercamiento para ver cuán eficiente es la utilización del agua. Tomando en cuenta el promedio nacional de uso de agua por superficie sembrada, Nuevo León, según el número de hectáreas sembradas, tendría que consumir 1 053 hm^3, sin embargo utiliza 1 453 hm^3 de agua (CNA, 2010). Esto indicaría un uso ineficiente del agua en Nuevo León, pero esto no es tan directo, si tomamos en cuenta que estamos hablando de zonas de riego con climas áridos o semiáriados. De todas formas, es idónea la búsqueda de tecnologías más eficientes en el uso del agua para estos cultivos y con ello fijar volúmenes máximos de agua a utilizar.

Silvicultura y pesca: beneficios ambientales

La superficie forestal abarca alrededor de 377 mil hectáreas (2% de la superficie forestal total del país y 6% de la superficie estatal total). Su aportación al valor de la producción primaria es baja, apenas el 0.14% en 2006. Se ubica al oeste del estado, en la Sierra Madre Oriental, siendo el pino la especie maderable que más se aprovecha.

La industria forestal está compuesta por 265 centros de transformación y almacenamiento, 230 carboneras y 88 empresas de tratamientos sanitarios térmicos. Por otra parte, existen actividades cinegéticas que ofrecen diversificación al sector forestal y que se reflejan en las 1321 Unidades de Manejo para la Conservación de la Vida Silvestre antes señaladas (UMAS).[5]

Como en todos los bosques del país, la situación es muy compleja por referirse a ecosistemas que proveen servicios ambientales que evitan la contaminación y contribuyen a evitar el calentamiento global. La tensión es muy fuerte entre las actividades forestales dedicadas a la comercialización y las actividades orientadas a los servicios ambientales. La reducción más drástica del territorio forestal ha sido consecuencia principalmente de incendios forestales; así, se han reportado para el estado 753 incendios entre 1991-2008. En este último año, la CONAFOR reportó 57 incendios para la entidad, donde se afectaron 14 municipios, principalmente Santiago, General Zaragoza, Galeana, Aramberri y Salinas Victoria. La superficie forestal total afectada se estima en 4 905 hectáreas, destacando Santiago con 4 254 hectáreas.

Para compensar la pérdida de superficie deforestada por incendios, así como las de otras áreas difíciles de obtener estadísticas, como por ejemplo la sobreexplotación, tala clandestina, sequías recurrentes, sobrepastoreo y erosión causada por el inadecuado uso y manejo del suelo, en los tres niveles de gobierno se han desarrollado programas de reforestación que cubren 17 624 hectáreas[6] en las zonas de mayor afectación.

La actividad acuícola y de pesca deportiva se desarrolla a través de los 1 093 embalses existentes en la entidad. Su aportación al valor de la producción primaria es irrelevante en la actualidad (0.04% en 2006), aunque constituye un activo muy importante en materia de recursos naturales, medio ambiente y ecoturismo.

Ciertamente, dada la conformación hidrológica del estado y la contaminación de sus presas y ríos, la acuicultura está insuficientemente desarrollada. Sólo existen 14 granjas acuícolas ubicadas en su mayoría en los municipios de Santiago y Linares. Para el 2006, la acuicultura y la pesca produjeron 216 toneladas[7] (peso vivo) de las especies de bagre, mojarra, lobina, carpa y trucha, entre otras, principalmente generadas en las granjas donde también se crían peces

[5] Véase sección: "Patrimonio natural y medio ambiente, bases de la identidad y el desarrollo".

[6] Fuente: Estadísticas a propósito del día mundial del medio ambiente, INEGI, 2009d, datos de Nuevo León.

[7] La información utilizada en esta sección fue proporcionada por la Sub-delegación de Pesca de la SAGARPA en el Estado de Nuevo León.

de ornato. Este tipo de infraestructura permite generar alrededor de 50 empleos directos y más de 150 indirectos. Con información de la Subdelegación de Pesca de la Delegación Estatal de SAGARPA, se resalta que en los últimos cuatro años ha disminuido en 54% el valor de la producción de este subsector. Sin embargo, en 2006-2007 se elevó la inversión para construir 29 estanques de producción de tilapia con la intención de repuntar la producción acuícola intensiva.

Con lo expuesto anteriormente, podemos sostener que los sectores forestal y acuícola, que sólo aportan 0.14% y 0.04%, respectivamente, del valor de la producción del sector primario, muestran un área de oportunidad importante para impulsar en el medio rural el desarrollo de los servicios ambientales, tales como: hidrológicos en bosques y selvas, captura de carbono, protección a la biodiversidad, sistemas agroforestales, pagos del fondo patrimonial para conservar la biodiversidad a través de los programas del gobierno federal como ProÁrbol y Mecanismos para un Desarrollo Limpio (MDL), todos orientados a disminuir la carga atmosférica de los gases que provocan el efecto invernadero y el calentamiento global.

Las actividades agroindustriales: cadenas productivas que dinamizan al campo

Otro subsector que es necesario mencionar por su creciente importancia en el estado de Nuevo León es la agroindustria, que se ha convertido en una de las principales áreas de crecimiento productivo. Su infraestructura incluye 3 090 empresas: 79% corresponden a la industria alimentaria, 16% a la industria maderera y el 5% restante a otro tipo de actividades agroindustriales. Según datos del INEGI, en 2006 Nuevo León ocupó el cuarto lugar nacional en aportación al PIB agroindustrial, constituyendo 6.8% del PIB en este sector (INEGI, 2009c). Dentro del estado, el PIB agroindustrial representa 4.7% del PIB estatal y 18.5% del PIB manufacturero (OEIDRUS, 2008).

En el cuadro 10 se puede apreciar que las cadenas agroalimentarias que combinan valores de importancia socioeconómica y de competitividad mayores a 5.0, dentro del sector primario, son sólo las hortalizas, los ovinos y caprinos. Cuando se mide tanto la importancia socioeconómica como la competitividad de estas cadenas dentro del sector secundario o de la transformación, dos de las tres cadenas anteriores se mantienen y se incorporan las cadenas agroalimentarias apícola, frutales, silvicultura y cereales; y al considerar combinadamente ambos criterios quedan las cadenas agroalimentarias de legumbres secas, la apicultura, y se mantienen los frutales, los ovinos y caprinos. En consecuencia, estas últimas cadenas agroalimentarias revisten la mayor importancia, tanto socioeconómicamente como por su competitividad, por lo que de ser apoyadas con las políticas adecuadas podrán contribuir al desarrollo de corto y largo plazo. Asimismo, deberán considerarse las cadenas agroalimentarias que tienen altos valores en la escala socioeconómica y una baja competitividad como la silvicultura y los cereales, las cuales cuentan con una alta posibilidad de posicionarse como importantes en el estado de aplicarse políticas de apoyo dirigidas a mejorar su competitividad.

Por todo lo anterior, durante 2007, las exportaciones agroalimentarias representaron 3.8% de las exportaciones totales de Nuevo

CUADRO 10. POSICIONAMIENTO POR IMPORTANCIA SOCIOECONÓMICA (ISC) Y POR COMPETITIVIDAD (C) DE CADENAS AGROALIMENTARIAS EN EL SECTOR PRIMARIO, SECUNDARIO Y AMBOS, 2008. ESCALA 0.0 A 1.0

CADENA AGROALIMENTARIA	IMPORTANCIA EN EL SECTOR PRIMARIO		IMPORTANCIA EN EL SECTOR SECUNDARIO		AMBOS	
	ISC	C	ISC	C	ISC	C
Tubérculos	0.70	0.42	0.20	0.25	0.22	0.55
Hortalizas	0.79	0.59	0.40	0.30	0.35	0.70
Piscicultura	0.12	0.53	0.27	0.48	0.39	0.33
Acuacultura	0.10	0.49	0.35	0.47	0.41	0.31
Avícola	0.81	0.36	0.55	0.30	0.42	0.59
Porcino	0.62	0.30	0.62	0.20	0.41	0.48
Bovino	0.69	0.49	0.35	0.57	0.48	0.60
Legumbres secas	0.42	0.75	0.32	0.77	0.56	0.58
Apícola	0.39	0.75	0.51	0.57	0.55	0.55
Frutales	0.72	0.49	0.55	0.58	0.57	0.62
Ovino	0.60	0.74	0.61	0.74	0.66	0.67
Silvicultura	0.29	0.40	0.90	0.79	0.82	0.33
Cereales	0.42	0.42	0.88	0.84	0.85	0.42
Caprino	0.82	0.83	0.98	0.81	0.88	0.84

FUENTE: tomado de las gráficas presentadas por Lorenzo Maldonado Aguirre, en el *Diagnóstico del Sector Agropecuario y Acuícola de Nuevo León*, OEIDRUS, 2008.

León, destacando: bebidas y bebidas alcohólicas; preparaciones a base de cereales, harina y productos de pastelería; preparación de legumbres, hortalizas, frutos y plantas; artículos de confitería; preparaciones de carne, pescado o de crustáceos. Por su parte, las importaciones en este rubro ascendieron a 7.1% del total de las importaciones estatales e incluyeron carne y despojos comestibles; semillas y frutos oleaginosos; cereales; productos de molinería, malta, almidón y fécula; y preparaciones alimenticias diversas (OEIDRUS, 2008).

Desde la perspectiva del desarrollo sustentable, es importante analizar en el sector primario el potencial que tienen aquellas actividades que no requieran de consumo abundante de agua y que a su vez pueden coadyuvar a aprovechar los extensos entornos rurales para desarrollar servicios ambientales. Los datos antes mencionados dan cuenta del potencial del sector agropecuario, forestal, acuícola y pesquero de la entidad, que presentan áreas de oportunidad tanto para su inserción en los mercados internacionales como para el consumo interno, pero habrá que valorar a su vez los costos ambientales que ocasiona la agricultura de riego en una zona árida donde prevalece el problema de la escasez del agua.

Finalmente, es necesario mencionar que el aprovechamiento de estas potencialidades, agropecuarias y ambientales, estará ligado necesariamente a la capacidad de innovación en el sector, a la aplicación de tecnologías limpias y a la inversión de capital que permitan la generación de empleos y eslabonamientos productivos. Así, el campo será una verdadera opción para muchos nuevoleoneses que se han visto obligados a emigrar a los centros urbanos, principalmente al AMM.

2.5 INNOVACIÓN, DETONADOR DE LA SUSTENTABILIDAD INDUSTRIAL

Gran parte de los logros que ha tenido la entidad a lo largo de la historia, tanto en la competitividad dentro del escenario internacional como de la eficiencia productiva y los altos niveles de bienestar social en el entorno endógeno, están vinculados a las relaciones industriales innovadoras que se crearon en el seno de la industria manufacturera. En esos espacios, emprendedores y trabajadores, sindicalizados o no, fue creándose una cultura de la competitividad y la calidad centrados en procesos de innovación tecnológica, organizacional y cultural (Gutiérrez Garza, 2009). Habrá que decir que las nuevas actividades emergentes en el marco de la economía del conocimiento de reciente conformación, tienen el sello de la experiencia acumulada en este importante sector industrial. Esto lo podemos observar en los distintos subsectores de actividad económica que integran el sector secundario de la economía en la entidad.

Vinculado a lo anterior, Nuevo León cuenta con grandes fortalezas en el sector secundario de la economía, que representó en 2009, 35.3% del PIB estatal (donde destaca la manufactura con 23.4%, la industria de la construcción aportó 9.1%, la industria eléctrica, gas y agua 1.3% y la minería 1.5%). Como se puede observar en la gráfica 5, la minería tiene poca presencia en el estado, en contraste con la manufactura que ocupa un lugar predominante. Por su parte, la industria de la construcción ha tenido un desempeño muy dinámico en el desarrollo urbano que acompaña al desarrollo económico y ha sido detonador de la integración vertical de la cadena de insumos para los bienes inmuebles y de infraestructura. Por último, las industrias transversales tienen el potencial de desarrollo orientado hacia la sustentabilidad.

Minería: una mina por explorar

El subsector de la minería[8] ha estado ganando peso en el PIB estatal, en 2009 representó el 1.5%; en este rubro se contabilizan las actividades relacionadas con la extracción de petróleo y gas y de minerales metálicos y no metálicos. Sin embargo, Nuevo León, por sus características y naturaleza geológica presenta oportunidades para crear nuevos detonadores para el desarrollo. Por ejemplo, es destacable que ocupa el primer lugar (de dos) en la producción del mineral no metálico denominado barita, del cual el estado produjo 84% del total nacional en 2007. En cuanto a la producción de azufre, ocupa el tercer lugar nacional, participando con 13% de la producción nacional en el mismo año (INEGI, 2008).

Por otro lado, está la producción de gas natural en la cual el estado ocupa el quinto lugar (de entre nueve estados productores),

[8] En minería se contabiliza la extracción de gas y petróleo, de minerales metálicos y no metálicos. En electricidad, gas y agua se contabiliza el suministro de gas por ducto al consumidor final (INEGI, Sistema de Cuentas Nacionales).

con 6.6% del total nacional en 2007. La producción de gas natural en el estado proviene de la Cuenca de Burgos[9] que, a partir de 2004 y bajo el esquema de contratación externa denominado Contratos de Servicios Múltiples, empezó a producir en gran escala, de forma tal que su producción se ha más que triplicado entre 2004 y 2007, lo cual nos da una idea del potencial de esta actividad en el estado (INEGI, 2008).

Actualmente, la explotación de la Cuenca de Burgos ocupa un lugar prioritario en los proyectos estratégicos del gobierno estatal y de Pemex. Con la infraestructura creada recientemente, se tiene la capacidad de procesar gas natural y condensado proveniente de dicha cuenca, donde los campos generadores de gas no están asociados a la producción de petróleo y constituyen los más grandes de su tipo en el país. Entre 2004 y 2009 se pusieron en operación seis plantas criogénicas con capacidad de 200 millones de pies cúbicos diarios (mmpcd) de gas húmedo dulce cada una, siendo la capacidad total del complejo de 1 200 mmpcd de gas húmedo dulce extraído *in situ*.

Desde una visión estratégica, la minería constituye un área de oportunidad para el desarrollo sustentable, pues tiene el potencial de la inversión y la generación de empleos y la coyuntura de poder incidir en una nueva visión estratégica en la Cuenca de Burgos.

Manufactura: Los retos de la industria frente a la economía del conocimiento

Históricamente, las actividades industriales del capitalismo occidental solían basarse en la manufactura, refiriéndose a los procesos de producción estandarizados del fordtaylorismo, que requerían para su funcionamiento de una mano de obra de diversificada en calificación pero subsumida fundamentalmente en la concepción tecnológica de los sistemas de máquinas integrados por la línea de montaje. Las grandes transformaciones que se originaron en los años setenta con la introducción de la microelectrónica y los procesos de producción flexibles, abrieron el paso a una sustancial transformación hacia la

[9] La cuenca gasera de Burgos está a 180 km de la ciudad de Monterrey, en un área de 36 800 km^2 compartidos con los estados de Coahuila y Tamaulipas (Pemex, Proyecto Burgos: <www.pemex.com>).

mentefactura; es decir, la relocalización del trabajador en el centro de los procesos de trabajo y el surgimiento del obrero polivalente, involucrado en el trabajo de equipo y la mejora continua. Esta profunda transformación requirió de importantes procesos de reestructuración productiva y modernización de la organización de las empresas (Cohen y Zysman, 1987; Burawoy, 1982; Dejours, 1992).

Si bien la reestructuración y modernización necesarias en los procesos productivos de las empresas en Nuevo León se iniciaron desde finales de los años setenta, debido a diversos factores como las crisis de 1982 y la rapidez con la que se concretó el modelo de apertura económica, nunca terminaron de implementarse, lo que condujo a una pérdida en el tejido socioproductivo del estado, un proceso de desindustrialización y una reestructuración de los sectores económicos (Gutiérrez Garza, 2009), y como ya lo señalamos anteriormente, la participación de la industria manufacturera en el pib estatal pasó de 36% en 1980 a 23.4% en 2009 (Data Nuevo León, 2011).

En este panorama, se puede observar que la nueva economía avanza hacia la conformación de espacios productivos de aplicación del conocimiento de manera participativa, atendiendo los procesos de calidad y mejora continua (Ohno, 1989; Deming, 1980; Williams y Haslam, 1992). El conocimiento se está convirtiendo progresivamente en el activo económico más importante para la creación de alto valor agregado (González Aréchiga, 2004; Zárate, 2004). La experiencia acumulada en los trabajadores y emprendedores forman parte importante del entorno organizacional sobre el cual se realizan los negocios. De tal forma, el activo socioproductivo del estado se compone en la actualidad por 230 grupos empresariales, sobresaliendo algunos por su larga trayectoria e importancia económica, como lo muestran las grandes industrias emblemáticas que le dieron existencia al proceso de industrialización en el país; sin embargo, son pocos los que mantienen en la actualidad una destacada posición internacional .

Desde sus orígenes, la manufactura de Nuevo León destacó por la fabricación de bienes de consumo y productos derivados del acero; continuando con esta tendencia, para 2009, se observa que 66% del PIB manufacturero en el estado se concentra en dos ramas, una vinculada a la industria del automóvil: la rama de productos metálicos, maquinaria y equipo, que aporta 46% del PIB manufacturero (manteniendo la relevancia histórica que en mucho ayudó la creación de la empresa Fundidora de Fierro y Acero de Monterrey en el año de 1900); y, la rama de productos alimenticios, bebidas y tabaco, con 20.6% (gráfica 7).

Por su parte, industrias químicas y los derivados del petróleo y del carbón, y la fabricación de productos a base de productos no metálicos hacen otro grupo importante que aporta 25.8% (13.5 y 12.3 por ciento, respectivamente). Las demás ramas de la industria: madera, textiles, papel, fabricación de muebles y otras tienen una aportación poco significativa, ya que en conjunto suman 7.6% (gráfica 7).

Como podemos observar, los productos metálicos, maquinaria y equipo no sólo concentran la mayor parte de las actividades industriales de la entidad, sino también han logrado impulsar importantes procesos de reconversión industrial, cambio organizacional en las empresas y la transformación del sujeto obrero en la planta hacia funciones abstractas y polivalentes. Estos cambios, enmarcados en la estrategia de la innovación orientada hacia la *mentefactura* y la sociedad del conocimiento, dejan como resultado altos niveles de competitividad, de eficiencia productiva y salarios medios, por encima de los salarios devengados en la manufactura estatal y nacional. Por

GRÁFICA 7. PIB DE LA INDUSTRIA MANUFACTURERA, NUEVO LEÓN, 2009(%)

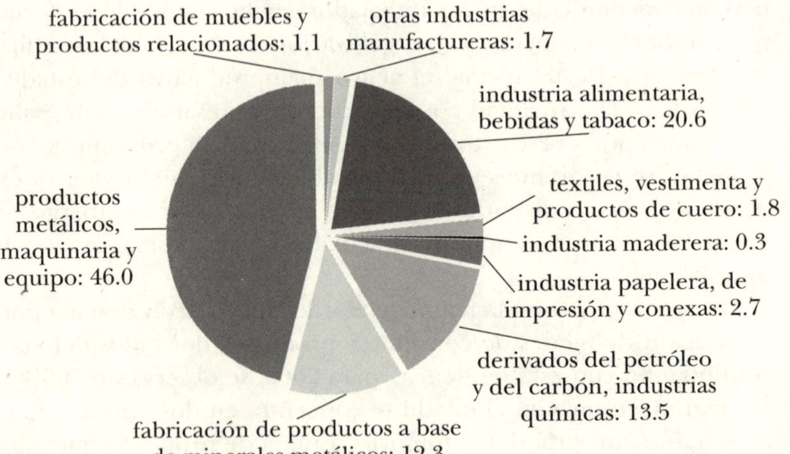

FUENTE: INEGI, 2011, *Sistema de Cuentas Nacionales de México* <www.inegi.org.mx>.

ejemplo, en 2003 las remuneraciones medias mensuales por persona ocupada en la industria manufacturera eran casi 30% más altas en Nuevo León que las nacionales y para 2008 esta diferencia era de 21.6%; por su parte, el valor agregado medio mensual por persona (como medida de productividad) estatal en 2003 era 27% más alto que el nacional y para 2008 era 37% más alto (cuadro 11).

La productividad es un indicador importante para conocer el grado de desarrollo de la modernización industrial del sistema productivo; otra forma de medirla la constituye la relación entre la producción y el número de obreros ocupados (P=Prij/Oij).[10]

Con base a este indicador, podemos afirmar que la productividad global de la industria manufacturera de Nuevo León disminuyó al pasar de producir 901 300 pesos (de 2003) anuales por persona en 1988 a 405 500 en 2008, es decir, una pérdida de productividad de 55% en el periodo 1988-2008. Esta tendencia global se manifiesta en todas las ramas de actividad manufacturera; la rama industrial más afectada es la de textiles, ya que de una productividad de 543 700 pesos anuales en 1988 pasó a 140 900 pesos anuales en 2008, una

CUADRO 11. REMUNERACIONES MEDIAS MENSUALES Y VALOR AGREGADO MEDIO MENSUAL POR PERSONAL OCUPADO, MANUFACTURA NACIONAL Y NUEVO LEÓN, 1980-2003 (CIFRAS EN PESOS A PRECIOS DE 2003)

AÑO	REMUNERACIONES MEDIAS MENSUALES POR PERSONAL OCUPADO		VALOR AGREGADO MEDIO MENSUAL POR PERSONAL OCUPADO	
	Nacional	Nuevo León	Nacional	Nuevo León
1980	9 872.79	12 420.92	21 485.16	25 631.08
1988	6 432.33	8 329.46	21 151.59	27 371.96
1993	7 291.72	9 096.37	19 258.51	22 039.79
1998	5 784.52	7 054.72	17 059.40	20 917.95
2003	6 320.34	8 208.65	20 033.59	25 533.37
2008	6 570.26	7 986.52	27 695.63	37 942.36

FUENTE: tomado de Gutiérrez Garza, 2009 (p. 46) y para el año 2008, *Anuario estadístico por entidad federativa 2011*, INEGI.

[10] También puede medirse mediante el valor agregado por trabajador: P = (VAij/Lij).

pérdida de 74%; le sigue la rama del papel, cuya pérdida de productividad es de 70.9%; mientras que la rama de alimentos tuvo una pérdida de 52.8% en el mismo periodo. La rama de menor pérdida de productividad fue la metálica básica con 25% (cuadro 12).[11]

Si bien este apartado necesitaría de un desarrollo más amplio, por lo menos es importante señalar que la caída de la productividad y su

CUADRO 12. PRODUCTIVIDAD POR RAMA DE ACTIVIDAD INDUSTRIA MANUFACTURERA, NUEVO LEÓN, 1988-2008

	PRODUCTIVIDAD[1]				TENDENCIAS DE LA PRODUCTIVIDAD[2] (%)			
	1988	1998	2003	2008	1988 1998	1998 2003	2003 2008	1988 2008
Total	901.8	787.7	833.4	405.5	–12.7%	5.8%	–51.3%	–55.0%
Alimentos	1 193.9	889.7	840.3	563.8	–25.5%	-5.5%	–32.9%	–52.8%
Textiles	543.7	268.2	214.4	140.9	–50.7%	-20.1%	–34.3%	–74.1%
Madera	249.6	235.5	252.5	128.3	–5.7%	7.2%	–49.2%	–48.6%
Papel	836.7	652.6	632.8	243.7	–22.0%	-3.0%	–61.5%	–70.9%
Sustancias químicas	1 509.1	1 191.9	1 763.9	408.4	–21.0%	48.0%	–76.8%	–72.9%
Minerales no metálicos	670.4	667.5	652.6	369.0	–0.4%	-2.2%	–43.5%	–45.0%
Metálica básica	1 697.2	3 165.8	1 753.8	1 259.8	86.5%	-44.6%	–28.2%	–25.8%
Metal mecánica	711.2	697.5	738.8	362.5	–1.9%	5.9%	–50.9%	–49.0%
Otras	360.5	345.1	296.1	191.1	–4.3%	-14.2%	–35.5%	–47.0%

[1] Producción por persona ocupada en miles de pesos de 2003.
[2] Tasa de crecimiento en el periodo (%).
FUENTE: INEGI, 2011, *Censos Económicos 2009* e información tomada de Gutiérrez Garza (p. 146).

[11] Calderón y Martínez (2004) señalan las mismas tendencias decrecientes de la productividad.

tendencia hacia el estancamiento en la manufactura de Nuevo León tuvieron una relación muy débil con el aumento de los salarios. La tendencia registra que las remuneraciones reales de la manufactura tuvieron un crecimiento de 15.1% para el periodo 1988-2008. Sin embargo, si se considera como desagregado, las industrias del papel y de textiles –las ramas más afectada y desplazadas por la apertura comercial– y la metálica básica, se observa una caída en sus remuneraciones de 21.4%, 15.8% y 13.2% respectivamente. Por el contrario, la industria metalmecánica, núcleo dinámico del modelo exportador, tuvo un aumento de 25% en sus remuneraciones en el periodo 1988-2008. Las ramas distributivas de los ingresos fueron la madera y la química, cuyas remuneraciones aumentaron 57.9% y 48.1%, respectivamente y la de alimentos con un aumento de 18.5% el mismo periodo (cuadro 13). A escala global, la caída de los salarios reales en las ramas ya mencionadas constituyó un importante contrapeso a la tendencia decreciente de los niveles de productividad y en aquellas que los salarios crecieron por encima de la productividad conformaron un factor adicional que se suma a las tendencias del deterioro de la productividad que se verifican en dichas ramas y en la manufactura en su conjunto.

Por lo anterior, las dificultades del crecimiento de la productividad forman parte de procesos muy complejos como la caída de la inversión, la desaceleración económica, la presión del crecimiento de los salarios y el conjunto de políticas macroeconómicas (inducidas por el *Consenso de Washington*) cuando éstas son antagónicas a los requerimientos de la economía real.

Sin embargo, en el plano nacional, la innovación permitió que Nuevo León ocupara el primer lugar en 2007 en la producción de maquinaria y equipo no eléctrico, maquinaria y aparatos eléctricos, equipos y aparatos eléctricos, aparatos electrodomésticos, otros productos metálicos, industrias básicas de hierro y acero, ubicados en la industria metalmecánica y del acero, así como productos sobre la base de minerales no metálicos, como el vidrio y productos de vidrio, y el tabaco y alimentos para animales –este último vinculado al sector agropecuario– (Data Nuevo León, 2009).

La entidad desempeña también un importante papel en el fortalecimiento de las seis subramas sobre las que descansa el modelo económico vigente. Efectivamente, en el contexto del modelo económico de apertura internacional, sobre el cual México basó su

CUADRO 13. REMUNERACIONES MEDIAS ANUALES NUEVO LEÓN, 1988-2003

	REMUNERACIONES MEDIAS ANUALES*			TENDENCIA ACUMULADA DE LAS REMUNERACIONES (%)
Manufactura	1988	2003	2008	1988-2008
	77.3	87.0	91.5	18.5
Textiles	70.8	52.6	59.6	–15.8
Madera	37.2	49.4	58.8	57.9
Papel	97.5	76.9	76.6	–21.4
Química	90.6	116.9	134.3	48.1
Minerales no metálicos	106.4	89.0	113.5	6.7
Metálica básica	147.7	157.8	128.1	–13.2
Metalmecánica	88.2	90.6	110.2	25.0
Otras	43.3	55.8	75.4	74.2
Total Manufactura	90.2	89.8	103.8	15.1
Comercio	62.7	40.5	62.4	–0.4
Servicios	72.4	77.7	100.6	38.9
	1990	2003		1990-2003
Industria Maquiladora	13.9	25	ND	80.4

* Miles de pesos de 2003.

FUENTE: tomada de Gutiérrez Garza, 2009 (p. 149) e INEGI, 2011, *Censos Económicos 2009.*

articulación fundamental en las exportaciones manufactureras de la industria del automóvil, la vocación de la industria metalmecánica –que tiene sus orígenes desde finales del siglo XIX– sirvió de plataforma para que la industria de Nuevo León lograra insertarse dinámicamente en el mercado internacional. Así, la industria del automóvil (incluyendo autopartes), representó 94% de las exportaciones de la industria metalmecánica y 41% del total de las exportaciones manufactureras del estado en 2003 (Secretaría de Desarrollo Económico de Nuevo León, 2009d), contribuyendo a fortalecer de esta forma las tendencias nacionales del modelo económico de apertura internacional (Jiménez, 2008).

Efectivamente, las exportaciones totales del estado crecieron a una tasa promedio anual de 8.6% entre 2000 y 2007, para pasar de 10 266 a 19 813 millones de dólares en dicho periodo (Secretaría de Desarrollo Económico de Nuevo León, 2009d); sin embargo, la competitividad manufacturera en el comercio internacional no es del todo favorable, pues su coeficiente base de exportación,[12] se ubicó, en 2007, en 0.98, ligeramente debajo de la unidad. Desde un análisis desagregado, se observa que el desempeño de la competitividad internacional de las ramas de la manufactura ha sido relativamente heterogéneo.

Por un lado, resaltan ciertas ramas que mantienen una posición competitiva, principalmente la industria del automóvil, cuyo coeficiente base de exportación fue de 2.04 en 2007; la de aparatos eléctricos, con un coeficiente de 1.71; maquinaria y motores, y las manufacturas de hierro y acero con un coeficiente de 1.09 y 1.68 respectivamente. Es decir, son las subramas de la industria metalmecánica, que a lo largo del periodo 1988-2003 mantuvieron un crecimiento positivo de la productividad de 4%, cuyo impacto en el aspecto de la competitividad fue aún mayor, como se demuestra en su coeficiente base de exportación. De estos datos se desprende una lectura positiva: la industria del automóvil generó procesos de integración vertical en la que participaron micros, pequeñas y medianas empresas como proveedoras de insumos de autopartes que generaron un impacto positivo en la balanza comercial.

Por otro lado, se ubican aquellas actividades cuyos niveles de competitividad internacional son muy bajos, como la fundición de hierro y acero, con un coeficiente de 0.44; el aluminio y las manufacturas de aluminio con 0.33 y los productos de plástico con 0.23 (Secretaría de Desarrollo Económico de Nuevo León, 2009d).

La concentración productiva en torno a la industria del automóvil tiene riesgos inminentes. La crisis financiera internacional que inició en Estados Unidos a finales de 2008, la contracción del consumo y en particular del consumo del automóvil, evidenció la debilidad de los sistemas productivos de las empresas líderes estadunidenses, Ge-

[12] Coeficiente base de exportación = exportaciones/importaciones, donde son productivas aquellas ramas o subramas cuyo coeficiente sea mayor que 1; las que se encuentren por debajo de la unidad se encuentran en una situación de baja competitividad.

neral Motors y Chrysler y su desenlace en la crisis antes mencionada. Esta situación ha impactado directamente a la industria nacional del automóvil , no solamente con una contracción del 31% en las ventas internas y de 48% en la producción, sino también en una caída de las exportaciones de 45% en el periodo de junio de 2008 a junio de 2009 (AMIA, 2009) que afectó negativamente al empleo. No es casual que la contracción de la industria manufacturera del estado de Nuevo León haya sido mayor que la de la manufactura nacional en 3.1 puntos porcentuales en 2009. Para 2010, las exportaciones de la industria manufacturera de Nuevo León, muestran una franca recuperación, al reportarse un crecimiento de 27.2% (INEGI, 2011).

Si bien Nuevo León siempre ha destacado por estar en la punta de la modernización industrial, su especialización en unas cuantas industrias orientadas al mercado internacional lo ha colocado en una situación de vulnerabilidad frente a los escenarios internacionales, tal como ocurrió con la reciente crisis financiera internacional. Ello nos lleva a preguntarnos ¿hacia dónde debe el estado orientar sus políticas de desarrollo? La respuesta tendría que ser: hacia la sustentabilidad industrial, es decir, hacia aquellas políticas que permitan e incentiven la existencia de empresas competitivas, cuyos procesos de crecimiento estén basados en los factores que les permitan anticiparse y adaptarse a los entornos externos e internos: la innovación tecnológica y la planeación organizacional centrada en la calidad (Gutiérrez Garza, 2009). En este escenario, la diversificación es fundamental y debe apoyarse, por un lado, en la experiencia y los activos acumulados en el estado desde el siglo XIX y, por otro, encaminarse hacia las tendencias de la nueva economía centrada en el conocimiento.

Industrias transversales difusoras de la sustentabilidad: electricidad, gas y agua

El subsector integrado por las industrias de electricidad, gas y agua, apenas representó 1.3% del PIB estatal en el año 2009. Sin embargo, estas industrias tienen una gran importancia como promotoras de la sustentabilidad, dado que son industrias transversales, tanto en su producción, como en su consumo. Esto les da la posibilidad de llevar a cabo prácticas y procesos de producción "limpia" y consumo "controlado" apoyando así los preceptos de la sustentabilidad y la protección ambiental.

En la actualidad, la infraestructura y métodos de producción de la industria eléctrica y de gas favorecen el viejo esquema de industrialización y servicios creados durante la segunda mitad del siglo XX, caracterizado por una alta concentración urbana e industrial, con gran dependencia de hidrocarburos en la generación de energía, provocando un alto grado de contaminación, así como una enorme carga económica.

Para revertir estos esquemas es necesario aprovechar la oportunidad de potenciar a estas industrias en difusoras de la sustentabilidad a través, por ejemplo, del incremento de la capacidad instalada de energías renovables.

1. Electricidad

Nuevo León es la entidad mejor atendida por el sistema eléctrico. Si bien, en 2009, el estado poseía cinco plantas de turbogas y dos de ciclo combinado, no contaba con otro medio de generación eléctrica.[13] Estas plantas sólo producen un gigawatt y medio por hora (cuadro 14) y se consume casi diez veces más en relación con su producción (cuadro 15). Esto significa que es la entidad mejor cubierta en casi todos los rubros, a pesar de que su producción local es deficitaria. Un ejemplo es la vivienda habitada: para el año 2010, 98.2% de la vivienda disponía de energía eléctrica, cuando la media nacional era de 97.8%.[14]

Así, en 2007 Nuevo León consumió casi 10% de la producción nacional de energía eléctrica (14 719.4 Gigawatts-hora), destinando más de 77% de este consumo al sector productivo (el consumo nacional se ubica en 70.6%), sobresaliendo el suministro de tensión media a este sector (47.7 %) muy por encima del suministro promedio nacional (35.5%). Por su parte, el sector comercial también manifiesta una demanda satisfecha por encima de la media nacional (27.3% contra 23.6%). En resumen, estos dos sectores de la economía (productivo y comercial) y el suministro de tensión media a los mismos están muy por encima de la media nacional (cuadro 16).

[13] En Nuevo León no existen plantas termoeléctricas, hidroeléctricas, geotérmicas, carboeléctricas, eoeléctricas, de diesel o con tecnología dual.

[14] INEGI, Censo de Población y Vivienda 2010.

CUADRO 14. PLANTAS DE GENERACIÓN DE ENERGÍA ELÉCTRICA EN NUEVO LEÓN (2009)

NOMBRE	UBICACIÓN /MUNICIPIO	UNIDADES GENERADORAS	FECHA DE ENTRADA DE OPERACIÓN	TECNOLOGÍA	CAPACIDAD GW/HORA
Universidad	AMM	2	31/10/1970	turbogás	0.012
Fundidora	AMM	1	05/04/1971	turbogás	0.012
Leona	AMM	2	01/03/1972	turbogás	0.012
Tecnológico	AMM	1	01/02/1974	turbogás	0.026
Huinala	Pesquería	6	10/07/1981	turbogás	0.51735
Huinala II (Monterrey II)	Pesquería	2	17/09/2000	ciclo combinado	0.4502
Monterrey III	Pesquería	2	27/03/2002	ciclo combinado	0.449
Total	–	16	1970/2002	turbogás/ ciclo combinado	1.508

FUENTE: elaborado con base en datos de SENER: <www.sener.gob.mx/webSener/2009>.

CUADRO 15. CONSUMO DE ELECTRICIDAD POR SECTORES, NUEVO LEÓN Y NACIONAL 2007

USUARIOS	NUEVO LEÓN		NACIONAL		NL/NAC
	GIGAWATTS-HORA	%	GIGAWATTS-HORA	%	%
Sector productivo (industrial, comercial y agrícola)	11 351.5	77.1	106 183.5	70.6	10.7
Otros sectores (residencial y servicio público)	3 367.9	22.9	44 273.5	29.4	7.6
Total	14 719.4	100	150 457.0	100	9.8

FUENTE: elaborado con base en información de CFE e INEGI, Anuario Estadístico de Nuevo León, 2006, 2007 y 2008/18. Electricidad.

CUADRO 16. CONSUMO DE ELECTRICIDAD POR SUBSECTORES, NUEVO LEÓN Y NACIONAL 2007

USUARIOS	NUEVO LEÓN		NACIONAL		NL/NAC.
	GIGAWATTS-HORA	%	GIGAWATTS-HORA	%	%
Suministro de tensión media al sector industrial	7 025.0	47.7	53 337.4	35.5	13.2
Sector comercial	4 022.5	27.3	35 564.4	23.6	11.3
Sector agrícola de riego	304.0	2.1	7 747.6	5.1	3.9
Residencial	3 159.3	21.5	39 433.1	26.2	8.0
Servicio público	208.6	1.4	4 840.4	3.2	4.3
Total	14 719.4	100	150 457.0	100	9.8

FUENTE: elaborado con base en información de CFE e INEGI, Anuario Estadístico de Nuevo León, 2006, 2007 y 2008/18. Electricidad

Por otra parte, los sectores agrícola, servicio público y residencial se encuentran por debajo del consumo de la media nacional. Esto podría explicarse, por ejemplo, porque el sector agrícola en Nuevo León contribuye poco –debido a la propia geografía abrupta y en parte desértica de la entidad–, con una pequeña participación nacional, además de que este sector concentra sus unidades productivas en espacios reducidos y en algunos casos con energía renovable. Esta misma explicación puede extenderse al servicio público, consumidor en buena medida de energías limpias renovables –alternativas–, como el caso de la bioenergía, utilizada principalmente en el alumbrado público de la zona metropolitana de Monterrey. En esta misma zona, el sector residencial, tiene como resultado una mayor eficiencia en el suministro y la atención a la mayoría de las viviendas.

Energías limpias

La producción de energías alternativas, tales como la eólica[15] y solar, es casi inexistente en el estado. Sin embargo se está desarrollando la producción de biogás (Metano CO_2).

Existe un proyecto de la Sagarpa para generar energía eléctrica y calorífica a partir de la generación de *biogás* producido en las granjas porcícolas.[16] En 2009, cuatro granjas del estado estaban consideradas en el proyecto y se tenían planeadas cinco más.

Por otra parte, Bioenergía de Nuevo León "Don Javier Garza Sepúlveda" (BENLESA),[17] creada en 2003, es la empresa pionera en Latinoamérica que utiliza como combustible el biogás. Esta empresa utiliza el compuesto químico que se produce de forma natural en el relleno sanitario del municipio de Salinas Victoria. BENLESA es el resultado de la alianza estratégica del organismo público descentralizado del gobierno del estado de Nuevo León llamado Sistema Integral para el Manejo Ecológico y Procesamiento de Desechos (Simeprode), el cual posee 47% del capital, y de la empresa privada, subsidiaria del Grupo Gentor, Sistemas de Energía Internacional (SEISA), la cual posee el 53% restante del capital.[18]

[15] La empresa estadunidense Econergy hizo, en el año 2008, estudios de viento en toda la entidad y detectaron que en el municipio de Santa Catarina, a la altura del Sesteo de las Aves, se genera la carga más fuerte de aire en todo el estado. Esta empresa propuso al gobierno municipal, la instalación de nueve torres que generarían 2.5 megawatts cada una. El gobierno de este municipio manifestó su interés en autorizar su instalación y en consecuencia la compra de electricidad generada por esta empresa a fin de destinarla al alumbrado público. Este proyecto aún no se ha llevado a cabo.

[16] El sistema se basa en biodigestores que generan y controlan el gas. En este proceso se separan los sólidos por medio del agua cuyo producto de desecho sirve para abonar pastizales y como alimento de peces en criaderos entre otros usos. El gas metano se colecta por tubería de pvc y se conduce a un medidor que sirve para corroborar el volumen de producción a fin de generar el certificado o bono de carbono por el gas quemado. De acuerdo al protocolo de Kyoto, este gas pertenece al productor quien a su vez lo vende a la CFE. En Nuevo León, cada granja porcícola genera 5 mil bonos de carbono equivalentes a 150 mil dólares. <www.lukor.com/videos/producci-biog-generaci-energ/2hdGDqFdYF4&feature=youtube_gdata/>.

[17] Nombre del fundador y presidente del Grupo Gentor, quién fuera un importante promotor de la generación de energía eléctrica de capital privado.

[18] <www.nl.gob.mx/?P=simeprode_bioneregia>.

Desde su fundación, BENLESA ha mitigado más de 1.16 millones de toneladas de CO_2, por lo que ha sido reconocida mundialmente por su contribución a la disminución de gases tipo invernadero.[19] En mayo de 2007 esta empresa firmó un convenio con el Fondo de Carbono de Dinamarca –a través del Banco Mundial–, con el compromiso de ampliar su planta y mitigar un millón de toneladas de CO_2 en concordancia con el Mecanismo de Desarrollo Limpio del Protocolo de Kyoto.

La energía que produce,[20] se entrega a un precio por debajo del mercado a todos los municipios del área metropolitana de Monterrey para uso de alumbrado público, del Sistema de Transporte Colectivo Metrorrey, al DIF de Nuevo León y a las oficinas de Agua y Drenaje de Monterrey y del Gobierno de Nuevo León.

Este es el mejor ejemplo del camino a seguir para avanzar hacia el uso sustentable de los recursos naturales. Aprovechar estas energías limpias que han logrado ser exitosas en la entidad (por ejemplo, la producción de biogás) y explorar la generación de energía eólica y solar.

2. Gas[21]

Nuevo León, y en particular el AMM es una de las regiones mejor dotadas por la infraestructura que da acceso a los hidrocarburos: existe una extensa red de oleoductos, poliductos y gasoductos. El proceso de industrialización favoreció y exigió el acceso irrestricto a los hidrocarburos, en particular al gas. En un principio el gas provino de Texas, para posteriormente ser surtido desde el extremo sur de México (Cactus, Chiapas) y últimamente de la Cuenca de Burgos, situada en los estados de Nuevo León, Coahuila y Tamaulipas.

Históricamente, el desarrollo de la metalurgia en el AMM se benefició de manera indudable por la disponibilidad de los hidrocarburos. Lo mismo ocurrió en otras ramas industriales predominantes en la zona (cemento, minero-metalurgia, papelera, sustancias químicas, derivados del petróleo, productos de hule y plástico, automotriz,

[19] <http://www.giresol.org/>.

[20] Esta empresa posee un volumen de extracción de biogás de 7 800 m3/hr, en 465 pozos distribuidos en un área de 100 hectáreas, donde se depositan 15 millones de toneladas de residuos sólidos y se generan 12.72 MW.

[21] En este subsector del PIB se contabiliza el suministro de gas por ductos y en minería, la extracción de gas.

entre otras) para las que ha sido crucial la oferta suficiente de este energético.

Desde una época muy temprana, Monterrey ha contado con el abastecimiento de gas: en 1909, la compañía Tranvías, Luz y Fuerza Motriz de Monterrey, obtuvo una autorización federal para producir y exportar gas como subproducto de la destilación de la hulla. Para ello se construyó el gasómetro de la ciudad de Monterrey y se inició la distribución de gas por medio de tuberías para servicio doméstico en el primer cuadro de la ciudad. Posteriormente, en 1927, se constituyó la empresa Compañía Mexicana de Gas,[22] para el transporte y distribución de gas natural, particularmente para servicio industrial y, en 1946, se creó la empresa Gas Industrial de Monterrey, la cual construyó un gasoducto de Reynosa a Monterrey para importar gas desde Texas. En los años cincuenta, Pemex construyó líneas propias, con lo cual inició el abastecimiento de gas a la ciudad de Monterrey (Flores, 2009).

De esta forma, tanto Pemex como empresas privadas abastecen de gas natural al estado, el cual muestra un amplio abanico de consumidores, los que van desde todos los sectores productivos que están ampliamente dotados de este energético, hasta el sector residencial (cuadro 17).

En 2009, Monterrey es la ciudad que tiene el consumo más grande de gas natural en Latinoamérica, de forma que la empresa multinacional Gas Natural[23] concentra sólo en el AMM, 58.5% de sus clientes de México,[24] pues esta zona es atractiva por su concentración poblacional y de vivienda, así como por sus empresas del sector secundario y terciario.

Además de la empresa Gas Natural, en el estado se encuentran establecidas la Compañía Mexicana de Gas, la Asociación de Distribuidores

[22] Esta empresa era una filial de la *United Gas Company* con sede en Shreveport, Louisiana.

[23] Empresa española de más de 160 años de historia que opera en Monterrey desde 1998 y que centra su actividad en el aprovisionamiento, distribución y comercialización de gas natural en Europa (España, Italia, Francia), Sudamérica (Argentina Brasil, Colombia) y México, con más de 11 millones de clientes. Véase <http://portal.gasnatural.com>. Véase también Asociación Mexicana de Gas Natural (AMGN) <http://www.amgn.org.mx/>.

[24] Datos de 2007, muestran un total de 1 113 713 clientes de la empresa Gas Natural en México, de los cuales 651 687 están en el AMM. Véase <http://portal.gasnatural.com>.

CUADRO 17. SUMINISTRO DE GAS NATURAL AL AMM (2008)

COMPAÑÍA	DUCTOS	USUARIOS	SECTOR
Pemex Gas y Petroquímica Básica	3	57	Industria y Servicios
Gas Industrial de Monterrey	Propios no determinados	20	Industria y Servicios
Gas Natural	Red de tubería propia	651 687 (total de las viviendas, 994 983)	Residencial

FUENTE: con información de Data NL, INEGI, 2007-2008.

de Gas del Nordeste y Pemex. La Compañía Mexicana de Gas pasó a manos de empresarios mexicanos en 1990, convirtiéndose en una empresa con capital 100% nacional; en 1996 se fusionó con las empresas Operadora de Gas Cerralvo, Gas Natural de Santa Catarina y Gas Natural de Apodaca, , las cuales otorgaban servicio doméstico en estas localidades. Por su parte, la Asociación de Distribuidores de Gas del Nordeste es un grupo de distribuidores que concentra el manejo de gas LP dentro y fuera del AMM, que vende y distribuye el gas en estaciones fijas establecidas en todo el estado.

Todos ellos han desempeñado un papel transversal muy importante como abastecedores de un insumo energético fundamental para el desarrollo y tienen en sus procesos de innovación tecnológica un potencial enorme para coadyuvar a la producción de energías limpias que permitan transitar hacia el desarrollo sustentable.

3. Agua

El recurso agua y la infraestructura que se genera para su captación y distribución son elementos clave para el desarrollo económico y social de cualquier región o país. La cobertura de infraestructura hidráulica con la que cuenta Nuevo León se encuentra por arriba de la media nacional, particularmente la dotación de agua potable a la población, que en 2010 fue de 96.5% y 90.9%, respectivamente. Esa misma tendencia también se presenta en la infraestructura de alcantarillado, ya que para ese mismo año Nuevo León registró una cobertura de más de 96%, mientras que el promedio nacional fue de 89.6%. El déficit de agua potable y alcantarillado se localiza en las áreas rurales de la entidad, donde el 73.8% y el 65.4% de la población cuenta con esos servicios, respectivamente (INEGI, 2011).

De acuerdo con la Comisión de Cooperación Ecológica Fronteriza (Cocef) existe una disponibilidad natural media per cápita "baja" y "muy baja" en las tres zonas hidrológicas en las que se localiza el estado;[25] y menciona que el grado promedio de presión sobre el recurso en el país es de 16%, mientras que en la región norte de México, que se localiza en una zona semiárida, es de más de 40%, lo que afecta principalmente las fuentes de agua superficial, de donde se abastecen a los centros de población (Cocef, 2008). A partir de lo anterior se deduce que el territorio que concentra el 84.5% de la población de la entidad (INEGI, 2011), que es el Área Metropolitana de Monterrey (AMM), igualmente presenta una baja o muy baja disponibilidad de agua.

A pesar de esta situación, desde hace poco más de dos decenios ha sido posible asegurar el abasto de agua a la población, gracias a la infraestructura hidráulica de captación y distribución con la que cuenta la entidad, especialmente la que abastece al AMM.

Nuevo León cuenta con siete presas importantes, de las cuales tres tienen como prioridad cubrir las necesidades de agua para el consumo humano. Entre ellas, se encuentran la presa José López Portillo conocida también como Cerro Prieto, la cual opera desde 1984 con una capacidad de almacenamiento de 300 millones de m^3. La presa Rodrigo Gómez, también denominada La Boca, con almacenamiento aproximado de 40 millones de m^3, opera desde los años 1960. Y la presa El Cuchillo, que empezó a operar en 1993, y que tiene una capacidad de almacenamiento de 1 123 millones de m^3. En total, estas tres presas cuentan con una capacidad de almacenamiento de agua de 1 462.5 millones de m^3 (Servicios de Agua y Drenaje de Monterrey, 2010; Gobierno del estado de Nuevo León, 2005).

Las presas de Nuevo León no sólo cumplen una función social y económica sino que además son utilizadas como espacios recreativos; en ellas se practican diversas actividades acuáticas, desatacando por su importancia la pesca deportiva. Esta actividad se lleva a cabo especialmente en las presas cercanas al AMM, como La Boca, El Cuchillo y Cerro Prieto. De acuerdo con el coordinador de Pesca Deportiva de la Dirección de Parques y Vida Silvestre del gobierno del estado, Nuevo León tiene una de las mejores ofertas nacionales para la práctica de esa actividad, ya que en sus embalses se puede encontrar una amplia

[25] Bravo-Conchos, San Fernando-Soto La Marina y El Salado.

variedad de especies, como la lobina, el bagre, la carpa y la mojarra (Magallanes, 2009), lo cual permite que los campeonatos que se llevan a cabo en el estado sean considerados de escala internacional.

Respecto al tratamiento de agua residual, según lo menciona la Comisión Nacional del Agua, Nuevo León es la única entidad que cuenta con una cobertura de saneamiento de 100% (cifra muy superior a la media nacional, que es de 36 %), este dato se puede corroborar en el cuadro 18.

En dicho cuadro se observa que entre 2005 y 2007 el volumen de agua tratada es superior al volumen de agua potable consumido, lo que se puede explicar por la incorporación de agua desde el drenaje pluvial.

La entidad cuenta con un total de 61 Plantas de Tratamiento de Aguas Residuales (PTAR) municipales y 91 PTAR industriales (Cocef, 2008; Conagua, 2010). Las primeras son manejadas por los sistemas de alcantarillado municipales urbanos y rurales; y las segundas van directamente a los cuerpos receptores de propiedad nacional, como es el caso de la industria autoabastecida. El caudal de aguas residuales municipales tratadas en 2008 fue de 11.65 m^3/s y el de aguas industriales de 3.00 m^3/s (Conagua, 2010).

Probablemente, uno de los factores que más ha influido para que se realice un eficiente tratamiento de las aguas residuales en la

CUADRO 18. RELACIÓN ENTRE CONSUMO TOTAL DE AGUA POTABLE Y VOLUMEN DE AGUA TRATADA (M^3/AÑO) NUEVO LEÓN, 2001-2009

AÑO	CONSUMO TOTAL	VOLUMEN DE AGUA TRATADA	% AGUA TRATADA CONTRA CONSUMO
2001	251 773 247	224 124 899	89.0
2002	262 901 772	256 876 045	97.7
2003	257 835 032	252 978 079	98.1
2004	259 333 113	258 162 949	99.5
2005	261 287 356	295 583 634	113.1
2006	277 577 329	299 553 935	107.9
2007	275 988 288	290 272 266	105.2
2008	295 570 671	262 874 283	88.9
2009	298 827 311	276 263 843	92.4

FUENTE: Dirección Comercial. Servicios de Agua y Drenaje de Monterrey, 2010.

entidad es la existencia del organismo operador del agua, hoy denominado Servicios de Agua y Drenaje de Monterrey (SADM I.P.D.). La historia de este organismo se inició en 1878 con la construcción del primer sistema de agua entubada de Monterrey. Sin embargo, a principios del siglo XX, la construcción y prestación de los servicios de agua potable y drenaje sanitario se concesionaron a una empresa canadiense y fue recién en 1945 cuando la empresa pasó a manos del gobierno del estado. En 1956 el gobierno del estado expidió la Ley con la que se creó esta empresa bajo la figura legal de institución pública descentralizada, con personalidad jurídica propia y cuyo objetivo, en ese momento, era prestar el servicio público municipal de agua y drenaje a los habitantes de la ciudad de Monterrey. Entre las funciones de la empresa se encontraban la operación y administración del sistema de agua y drenaje, y la firma de convenios con los municipios circunvecinos para otorgar esos servicios. Posteriormente se constituyó un órgano de gobierno o consejo de administración, conformado por representantes del gobierno del estado, del Ayuntamiento de Monterrey, de los usuarios, del sector privado, la Cámara de Comercio y la Cámara de Propietarios de Bienes Raíces, entre otros. Actualmente, SADM es el único organismo operador de agua en la entidad y bajo su responsabilidad se encuentra la operación, suministro, desalojo y reúso de agua en todo el estado.

El suministro de agua en cantidad y calidad en Nuevo León, ha sido un elemento vital para el desarrollo productivo y socioeconómico. Asimismo, la generación de infraestructura hidráulica en pequeña y gran escala (drenajes, agua entubada; así como presas y represas, respectivamente) ha contribuido a mejorar la calidad de vida de la población.

2.6 NUEVAS ACTIVIDADES EN LA ECONOMÍA DEL CONOCIMIENTO: LOS SERVICIOS DE ALTO VALOR AGREGADO

No sólo el sector industrial responde a los retos y oportunidades de la globalización caracterizados por los altos niveles de competitividad y desarrollo de actividades propias de la denominada economía del conocimiento, sino que el impacto es global sobre todas las actividades productivas, de negocios y servicios que se desarrollan en el país.

En este contexto surgen nuevas configuraciones socioproductivas. Mundialmente se habla de ciudades globales, las cuales tienen la característica de una sobreconcentración del sector servicios, sobre todo avanzados (financieros, de salud especializados, educativos, culturales y recreativos, así como inmobiliarios) y un declive de su sector manufacturero (Jiménez, 2008; Sassen, 1991, 2001; Beaverstock y Taylor, 2000).

Como se muestra en la gráfica 8, las actividades derivadas del sector terciario (como porcentaje del PIB estatal) han tenido un incremento sostenido desde 2003, a excepción del comercio, restaurantes y hoteles, que tuvieron una caída en 2009, pasando de 18% en 2008 a 16.7% en 2009, posiblemente a causa de la crisis que afectó en gran medida al estado.

Garza (2004; 2008) divide al sector terciario en dos categorías: comercio y servicios al productor; y comercio y servicios al consumidor; de las cuales, la primer categoría es la que mayor crecimiento ha

GRÁFICA 8. ACTIVIDADES DEL SECTOR SERVICIOS COMO % DEL PIB, 2003- 2009

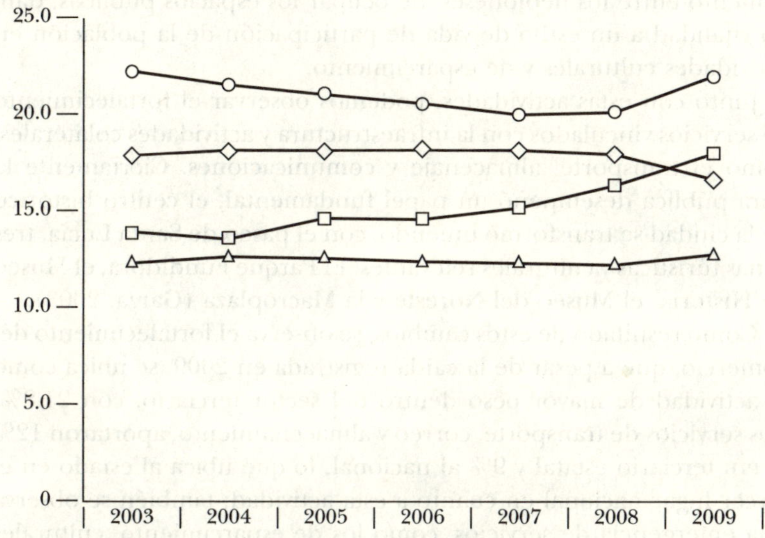

FUENTE: INEGI, 2011, Sistemas de Cuentas Nacionales de México, Producto Interno Bruto por Entidad Federativa 2003-2008, (PIB Base 2003).

registrado. Como ejemplo de ello, la Secretaría de Desarrollo Económico de Nuevo León señala que de los subsectores más dinámicos destaca el de servicios financieros, seguros y bienes inmuebles, que aumentó su participación en más de 3 puntos porcentuales, al pasar de 14.2% a 17.9% entre 2000 y 2009.

a] Consolidación del comercio y emergencia de servicios de esparcimiento

La nueva proyección identitaria, de una ciudad global, requiere de una infraestructura amplia y diversificada que pueda brindar los servicios a sus demandantes. Por ello, de ser una ciudad endógena centrada en sus habitantes, con la edificación de importantes centros comerciales, la ciudad empieza a transformarse para brindar una oferta diversificada de productos; de hoteles (los cuales aumentaron 42% entre 2000 y 2007) para atender al turismo; de restaurantes, para atender tanto a los visitantes como a la población metropolitana; y una actividad innovadora: los servicios culturales y recreativos que tuvieron una radical transformación, no solamente para atender a los visitantes sino también para fomentar una nueva cultura de esparcimiento entre los neoloneses, de ocupar los espacios públicos, dando vitalidad a un estilo de vida de participación de la población en actividades culturales y de esparcimiento.

Junto con estas actividades, podemos observar el fortalecimiento de servicios vinculados con la infraestructura y actividades colaterales, como el transporte, almacenaje y comunicaciones. Ciertamente la obra pública desempeñó un papel fundamental, el centro histórico de la ciudad se transformó uniendo, con el paseo de Santa Lucía, tres zonas turísticas y culturales relevantes: El Parque Fundidora, el Museo de Historia, el Museo del Noreste y la Macroplaza (Garza, 2003).

Como resultado de estos cambios, se observa el fortalecimiento del comercio, que a pesar de la caída registrada en 2009, se ubica como la actividad de mayor peso dentro del sector terciario, con 21.8%. Los servicios de transporte, correo y almacenamiento, aportaron 12% al PIB terciario estatal y 9% al nacional, lo que ubica al estado en el tercer lugar nacional en cuanto a esta actividad; también se observa una emergencia de servicios, como los de esparcimiento, culturales y deportivos, que a pesar de que sólo representaron 0.6% del PIB del sector terciario estatal en 2009, ubicaron al estado en el tercer lugar nacional, con una aportación de 4%.[26] Esto nos muestra el gran potencial de crecimiento que estas actividades representan para el estado, al igual que las actividades relacionadas con los servicios de alojamiento temporal y preparación de alimentos y bebidas, en 2009 aportaron 2.3% al PIB estatal del sector terciario (gráfica 9), y se encuentran en franco crecimiento, tal como lo muestra el número de hoteles que se mencionó anteriormente.

Finalmente, en este subgrupo se incluyen las actividades relacionadas con la información en los medios de comunicación, que aportaron 6.4% al PIB del sector terciario en 2009. Aquí aparecen las actividades vinculadas con la producción, manejo, distribución y procesamiento de información y productos culturales, además de la telefonía celular y la televisión por suscripción, estos últimos dos, son indicadores representativos del nuevo tipo de ciudad que se está configurando.

GRÁFICA 9. PIB DEL SECTOR TERCIARIO (%), NUEVO LEÓN, 2009

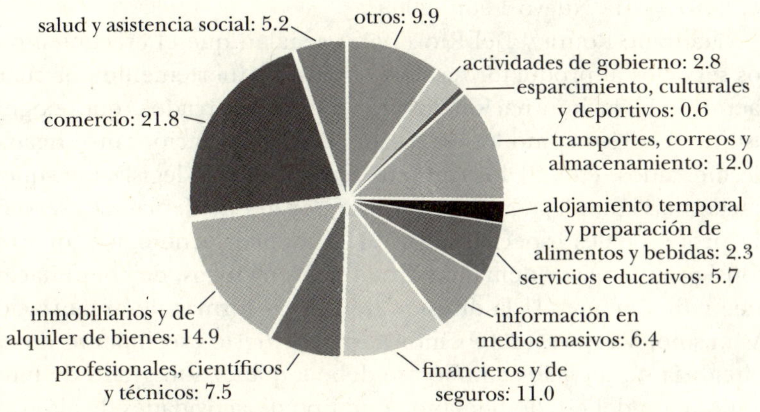

FUENTE: INEGI, 2011, Sistemas de Cuentas Nacionales de México, Producto Interno Bruto por Entidad Federativa 2003-2008, Base 2003.

[26] El DF está posicionado como el primer lugar nacional con 55% y Jalisco en segundo con 4.8% (Data Nuevo León, 2009).

b] Pasos hacia una ciudad global: fortalecimiento de servicios financieros y servicios inmobiliarios

Los servicios financieros y las actividades inmobiliarias y de alquiler (que se ubican en la categoría de servicios al productor) son, sin duda, una de las características de las ciudades globales (Garza y Sobrino, 2009; Jiménez, 2008).

Los servicios financieros se caracterizan por el uso de capital y recursos humanos especializados y se componen de actividades crediticias y financieras y las relacionadas con seguros, fianzas y pensiones. En 2009, 11% del PIB del sector terciario correspondió a esta clase de servicios. Por su parte, los servicios inmobiliarios y de alquiler, los cuales se han ido expandiendo con la ciudad, son actividades necesarias para la operación de la industria productiva y de alto valor agregado (Vásquez, 2009); en 2009 aportaron 14.9% al PIB del sector terciario en Nuevo León. Ambas actividades han ido ganando progresivamente espacios dentro de las actividades económicas del estado, ocupando el segundo y tercer lugar nacional respectivamente en 2007 (Data Nuevo León, 2009).

Cuadrado-Roura y Del Río (1992) señalan que el crecimiento de los servicios al productor ha sido impulsado fuertemente por cuatro factores: 1] la internacionalización de los mercados, que exige el uso de servicios como los de diseño, comercialización, investigación de mercados, etc.; 2] los cambios realizados a la legislación, que la hacen más compleja en su operación por lo que demandan servicios de profesionales especializados; 3] el avance tecnológico, que trae consigo una mayor demanda de servicios técnicos, de computación, etc.; y finalmente, 4] la difusión de nuevas formas de organización. Asimismo, Vásquez (2009) indica que el fuerte crecimiento de esta categoría de servicios también se debe a que el alto grado de industrialización del estado demanda este tipo de actividades de alto valor agregado, de inversión tecnológica y de conocimiento.

c] Salud y educación: los servicios especializados y de alto valor agregado

Como hemos venido mencionando, la nueva economía avanza hacia las actividades basadas en el conocimiento que proporcionan alto valor agregado. Dentro de éstas, los servicios especializados de salud, los servicios educativos de enseñanza media y superior y los servicios profesionales, técnicos y científicos, en conjunto, representaron 18.4% del PIB del sector terciario de Nuevo León en 2009 (ocupando el segundo lugar después del comercio en dicho año).

En el caso de los servicios de salud, se ha dado un rápido crecimiento de la oferta de hospitales, clínicas y otras empresas relacionadas al sector de los servicios de salud especializados, al grado de que se está desarrollando un *cluster* industrial relacionado con la provisión de servicios médicos especializados. En 2006, en el estado existían 630 instituciones de servicios médicos incluyendo hospitales, clínicas, centros de salud, entre otros, de las cuales 579 pertenecen al sistema de seguridad social del estado y 51 son establecimientos particulares. Estas actividades contribuyeron con 4.7% al PIB estatal del sector terciario en ese año, permitiendo que los servicios médicos de Nuevo León ocuparan el segundo lugar nacional aportando 8.3% y sólo por debajo del Distrito Federal, donde se concentra 23% de esta clase de servicios (Data Nuevo León, 2009); para 2009, los servicios de salud aportaban 5.2% del PIB del sector terciario en Nuevo León, confirmando su tendencia a la alza.

Los servicios educativos, por su parte, aportaron 5.7% del PIB del sector y se encuentran en constante crecimiento, sobretodo los servicios de educación superior y especializada. Así, actualmente existen 30 universidades de calidad educativa diferenciada. Aquéllas que destacan y cuentan con un amplio prestigio son la Universidad Autónoma de Nuevo León, el Instituto Tecnológico y de Estudios Superiores de Monterrey, la Universidad de Monterrey, la Universidad Regiomontana, entre otras, que además de carreras profesionales, ofrecen posgrados de calidad internacional. El conjunto de universidades aunado a la existencia de una oferta de más de 200 carreras técnicas, permite atender a más de 150 mil estudiantes al año. A escala nacional, en 2007, el PIB de los servicios educativos del estado aportó el 5.9%, colocándose en cuarto lugar, por debajo del Distrito Federal, del estado de México y de Jalisco, que aportaron 18.04%, 12.25% y 6.08%, respectivamente (Data Nuevo León, 2009).

En estrecha correlación con los servicios educativos, se encuentran los servicios profesionales, científicos y técnicos, es decir, aquellas actividades centradas en, o cuyo componente principal es, el activo intelectual. Dichas actividades requieren para su despliegue eficiente y productivo de personal altamente calificado, donde el nivel de estudios, ya sea profesional o técnico es determinante. Estos servicios profesionales representaron en 2009, 7.5% del PIB estatal del sector terciario. A nivel nacional, en 2007, Nuevo León ocupó el segundo lugar en esta oferta de servicios, con una participación de 17%, detrás del Distrito Federal que aportó 54% (Data Nuevo León, 2009).

d] *Otros servicios*

Finalmente, está un subgrupo de actividades, que aunque está clasificado como "otros servicios", su aportación es muy significativa, 12.7% del PIB del sector terciario en 2009. En este subsector se incluyen las actividades de gobierno (2.8%) y otros servicios, como los de apoyo a los negocios, de reparación y mantenimiento, servicios personales de todo tipo (desde consultoras, asistencia tecnológica, diseño de programas hasta salones de belleza, lavanderías, etc.) y empleados de los hogares (cocineros, jardineros, niñeras, choferes, etc.), que aportaron el restante 9.9%. A diferencia de otros subsectores de la rama de servicios, este subgrupo se caracteriza por el bajo nivel de escolaridad de las personas, implicando esto una brecha de calificación dentro del mismo sector terciario.

Garr (2009) señala que este subsector, sin incluir las actividades de gobierno, se caracteriza porque en él predominan las personas con bajo nivel de educación y, además, por ser de los subsectores más precarios, ya que la mediana de ingresos de las personas ocupadas es de las más bajas del sector terciario y es en el que menos personas ocupadas cuentan con acceso a instituciones de salud públicas. En una revisión hacia el interior del subsector, la participación femenina está sobrerrepresentada, especialmente en el grupo de empleados domésticos en hogares, mientras que este género se encuentra subrepresentado en el grupo de reparación y mantenimiento.

2.7 EL ORDENAMIENTO URBANO TERRITORIAL, ¿CÓMO EVITAR EL CAOS?

Según el Censo de Población y Vivienda 2010 del INEGI, la Zona Metropolitana de Monterrey (ZMM) contaba con una población de

4 241 905 habitantes, equivalente al 91.2% del total de los habitantes de Nuevo León. Esta población estaba distribuida de modo desigual en los 9 municipios conurbados (AMM) que albergaban 3 930 388 habitantes (84.5% de la población estatal): Apodaca, Escobedo, Guadalupe, García, Juárez, Monterrey, Santa Catarina, San Nicolás de los Garza y San Pedro Garza García; más los 13 municipios de la llamada subregión periférica que albergaban 311 517 habitantes: Abasolo, Cadereyta, Ciénega de Flores, Doctor González, El Carmen, General Zuazua, Hidalgo, Higueras, Marín, Mina, Pesquería, Salinas Victoria y Santiago. El grueso de la economía nuevoleonesa se concentra también en esta ZMM. Según datos del censo económico de 2004 casi 87% del PIB de la entidad se concentraba en los 9 municipios conurbados referidos y un mínimo porcentaje en los municipios periféricos y del resto de Nuevo León. Esta macrocefalia urbana y económica de la ZMM respecto de Nuevo León es incluso proporcionalmente superior a la de la megalópolis entorno a la ciudad de México respecto de todo el país. Esto sólo es una demostración del fracaso de las políticas y acciones públicas estatales –incluso federales–, realizadas a lo largo de los últimos tres decenios para intentar impulsar el crecimiento económico y urbano hacia municipios y ciudades alejadas de la ZMM, entre otros, Linares en el sur, Anáhuac en el norte y China-Bravo en el oriente de Nuevo León (García, 2009).

Desde 1944, cuando aparece el primer plan director de desarrollo urbano para Monterrey, hasta 2008, cuando se someten a consulta los proyectos más recientes de los, ahora denominados Plan de Desarrollo Urbano de la Zona Conurbada de Monterrey y Plan de Desarrollo Urbano de la Región Periférica, los gobiernos sucesivos han intentado imprimir un mayor orden urbano al crecimiento físico –primero de Monterrey, luego del AMM y ahora de la región periférica–, lamentablemente con resultados limitados. En efecto, sin desconocer los logros alcanzados particularmente en materia de cobertura de servicios de agua y drenaje, de vialidad maestra y de transporte, así como en ciertos equipamientos terciarios y de regeneración urbana recientes en el centro metropolitano, la dinámica económica, demográfica y urbana de la metrópoli ha desbordado y ha restado efectividad al marco normativo y de planeación metropolitano y regional.

La problemática urbanística de la ZMM se ha agravado en los últimos quince años por la laxitud oficial en la aplicación de la ley de la materia, así como de las normas, reglamentos y planes de desarrollo urbano municipales vigentes sustentados en el artículo 115 de la Constitución mexicana. Todo ello ante un gobierno estatal muy acotado en sus atribuciones en materia urbanística por la propia Constitución y la ley de desarrollo urbano estatal vigente y con limitados resultados en acciones de concertación de políticas públicas y de gestión urbana con los municipios.

En síntesis, el resultado ha sido un doble fenómeno igualmente pernicioso. Por un lado, un fenómeno de acelerada suburbanización, caracterizada por un gran desorden y dispersión, conformando "ciudades dormitorio" con pura vivienda, mayoritariamente popular, desvinculadas del AMM, sin trasporte, equipamientos, comercios, servicios y empleos en los municipios más periféricos en proceso de conurbación de la ZMM. Por otro lado, un fenómeno de desurbanización, con pérdida de población y degradación del centro metropolitano y de muchas áreas y colonias antiguas de las primeras coronas de crecimiento urbano de los años 50, 60 y 70 de la zona conurbada actual, las cuales se encuentran en un proceso de cambio de uso del suelo, así como con diversos grados de deterioro y envejecimiento poblacional y del patrimonio construido. Esto último significa que por falta de políticas y acciones públicas de fomento a la reurbanización, al mejoramiento, al mantenimiento y a la redensificación urbanas se está dejando morir el tejido urbano existente de nuestra metrópoli.

Entraremos más a fondo al primero de los fenómenos referidos, el del crecimiento suburbano periférico disperso, a través de uno de sus indicadores más notables: la densidad bruta de población urbana en un año determinado, expresada en el número de habitantes por hectárea urbana bruta en ese momento. Para ello se hará un repaso de las cifras que al respecto señala un documento oficial muy reciente denominado "Síntesis de la planeación del desarrollo urbano de Nuevo León, 2003-2009" de la Agencia para la Planeación del Desarrollo Urbano del Gobierno del Estado de Nuevo León (2009).

En 1960 la ZMM estaba conformada por sólo 4 municipios y su población era de 695 604 habitantes alojada en una superficie urbanizada de apenas 8 148 hectáreas. Esto arrojaba una densidad de 85.37 habitantes por hectárea bruta. Para 1976, la zona estaba conformada por 6 municipios con una población de 1 641 730 habitantes, viviendo en una superficie urbana de 18 911 hectáreas. Esto significaba una densidad de 86.81 habitantes por hectárea bruta. En

1983 eran ya 7 los municipios que la integraban, los cuales estaban poblados por 2 148 087 habitantes, radicados en una superficie urbanizada de 30 910 hectáreas. Lo anterior hizo bajar la densidad de población a sólo 69.49 habitantes por hectárea bruta.

Para 1995 la ZMM estaba conformada por 9 municipios con una población de 2 988 081 habitantes, alojados en una superficie urbanizada de 43 049 hectáreas. La densidad se mantuvo constante en ese año con 69.41 habitantes por hectárea bruta. Esta cobertura en 1995 coincide con lo que ahora se conoce comúnmente como Área Metropolitana de Monterrey (AMM), es decir, el área urbana conformada por los 9 municipios conurbados y oficialmente incorporados en el Plan de Desarrollo Urbano Metropolitano vigente hasta 2009 (Secretaría de Desarrollo Urbano y Obras Públicas, 1995, 2001).

No obstante, en el año 2000 el AMM se desborda y nace la incipiente ZMM, conformada ya por 12 municipios con una población total de 3 374 361 habitantes residiendo en una superficie urbanizada de 55 882 hectáreas. Esta circunstancia hizo caer la densidad de población a solo 60.38 habitantes por hectárea bruta. Ello en virtud de la incorporación de tres nuevos municipios de la subregión periférica al fenómeno de conurbación. Este fenómeno fue impulsado por la pulverización del modelo de crecimiento urbano y la gran cantidad de baldíos especulativos dejados entre los desarrollos habitacionales, que se empezaron a autorizar por los municipios y a construir cada vez más alejados de la zona conurbada, desvinculados del tejido urbano existente y con muy elevados costos en la prestación de los servicios municipales de vigilancia y recolección de basura, entre otros costos. Este modelo provoca además el deterioro en la calidad de vida de la población residente al carecer ésta de servicios y equipamientos educativos, asistenciales y recreativos suficientes, así como de fuentes de empleo en su entorno urbano, lo que obliga a incurrir en costos de trasportación prolongados y elevados para todas las actividades de la población.

En efecto, este modelo de crecimiento disperso y desarticulado de la ZMM, que ubica a la población alejada de todos los satisfactores urbanos requeridos tiene impactos muy graves principalmente en la movilidad y el trasporte. Lamentablemente el gobierno no sólo desatiende los planes de desarrollo urbano vigentes, sino que suele confundir y reducir la movilidad urbana de la ZMM a un simple problema de demasiados vehículos e insuficiente vialidad y pasos a desnivel, cuya solución es la realización de más vialidad y más pasos a desnivel para el creciente número de autos individuales o automotores diversos, y, a veces, a más metro o más autobuses. Las autoridades no piensan tampoco en que las necesidades de movilidad de una población están en relación directa con el modelo de desarrollo urbano disperso que se ha venido implementando y, consecuentemente, que estas necesidades de movilidad son en alto grado una resultante de éste. Según datos del Consejo Estatal de Trasporte y con cifras referidas para 2005 en la zona se realizaban más de 8 millones de viaje-persona-día, de los cuales, alrededor de 41% se realizaban en auto individual y un poco mas de 45% en trasporte colectivo. En ese mismo año circulaban más de 1 400 000 vehículos, con el consecuente impacto negativo en los índices de contaminación ambiental (López, 2009).

En casi ningún sector urbano del AMM la población encuentra la satisfacción de sus necesidades básicas de trabajo, educación, salud, consumo y recreación, ni los servicios y equipamientos diversos en la cercanía de su residencia, para que así su necesidad de movilidad fuese menor y esta población no requiriese realizar largos recorridos en auto, en taxi o en transporte colectivo. Tampoco se ha pensado que las modalidades de transporte para los desplazamientos cortos o medianos de la población –que son la inmensa mayoría de los viajes cotidianos– pueden realizarse en modalidades de trasporte más sustentables como la bicicleta, el velomotor o, incluso, a pie. Si se pensara más en el ciudadano de a pie y menos en el conductor de automóvil (y en el buen negocio y corrupción que significan las grandes obras viales), nuestra metrópoli contaría con una inmensa red de ciclovías y de amplias banquetas arboladas, cómodas y accesibles a cualquier persona, incluso en sillas de ruedas.

En 2004 el fenómeno de dispersión urbana continuó y la densidad siguió bajando hasta llegar a sólo 48.9 habitantes por hectárea bruta en la ZMM. En ese año la población había aumentado a 3 734 738 habitantes pero la superficie urbanizada en los 22 municipios que integraban en ese año la ZMM se había disparado a 76 380 hectáreas. El proceso de pulverización urbana en los municipios de la subregión periférica continuó y se aceleró enormemente entre 2004 y 2009, y constituyó la contraparte negativa del disparo de 166% en el incremento en los créditos para la construcción de vivienda de interés social en Nuevo León, entre 2003 y 2009, según datos del Instituto de la Vivienda de Nuevo León (2009). En efecto, estos créditos habían alcanzado la cifra de 315 000 a septiembre de 2009 y la mayoría habían sido aplicados para adquirir viviendas construidas entre 2004 y 2009 en municipios periféricos de la ZMM.

Así, sin desconocer los beneficios coyunturales que para la economía en general y para las familias adquirentes en particular, pudieran significar las más de 300 000 viviendas construidas en el sexenio 2004-2009, la realidad es que los costos sociales de la dispersión urbana de la ZMM se seguirán pagando por los adquirentes y los municipios de manera permanente. Producto de lo anterior fue la caída en picada de la densidad de la ZMM que alcanzó su clímax para 2008. Para ese año los 22 municipios que integran esta zona alcanzaron una población estimada de 4 205 957 habitantes, pero la superficie urbanizada se disparó a 96 010 hectáreas totales. Esta relación arrojó una densidad de sólo 43.81 habitantes por hectárea bruta. Se presentan en este periodo los casos críticos de la construcción de enormes fraccionamientos aislados y desvinculados del tejido urbano existente, verdaderas "ciudades dormitorio en el desierto", en los municipios de Zuazua, Ciénega de Flores, García, Pesquería, Cadereyta y Juárez, entre otros, con la cauda de problemas sociales, urbanísticos y de transporte ya aludidos anteriormente. El mismo Instituto Estatal de la Vivienda de Nuevo León reconoce este problema de la dispersión urbana en la ZMM al señalar en un documento oficial lo siguiente: "El persistente crecimiento en la edificación de viviendas genera necesidad de tierra urbanizable, lo cual a su vez propicia un encarecimiento continuo del suelo urbano y una propensión por parte de los desarrolladores a buscar tierra más barata fuera de la zona ya urbanizada y consolidada del área metropolitana, produciendo así un fenómeno de dispersión y pérdida de densidad que se inicia décadas atrás, pero que se ha acelerado notablemente en los años recientes..." (Instituto Estatal de la Vivienda, 2009). Según este mismo documento, la densidad de la ZMM es muy baja –al igual que ocurre con Guadalajara y la ciudad de México cuyas densidades oscilan también los 40 habitantes por hectárea bruta–, sobre todo si se contrasta con las principales metrópolis europeas que promedian densidades de 135 habitantes por hectárea bruta, y más aun con las aglomeraciones japonesas que alcanzan densidades de 270 habitantes por hectárea.

El problema de la caída en la densidad no es atribuible al hecho de haber integrado a los 9 municipios metropolitanos los 13 municipios de la región periférica, hasta conformar la ZMM con 22 municipios en total. De hecho, la situación de la densidad no era mucho más elevada si solo analizamos los nueve municipios centrales de la llamada Área Metropolitana de Monterrey: Apodaca, Escobedo, Guadalupe, García, Juárez, Monterrey, Santa Catarina, San Nicolás de los Garza y San Pedro Garza García. En efecto, en 2007 el área urbanizada de estos 9 municipios era de 71 871 hectáreas y la población total era en ese año de 3 763 523 habitantes. Esta relación arrojaba una densidad de sólo 52 habitantes por hectárea bruta. Cabe subrayar que esta metrópoli ha tenido en los últimos quince años un crecimiento más bien moderado en términos relativos con tasas de crecimiento que oscilan 2% anual, al igual que Guadalajara y la ciudad de México. Podríamos decir que nuestras metrópolis nacionales están en proceso de consolidación poblacional –lejos ya del explosivo crecimiento demográfico de los decenios pasados– y este crecimiento demográfico moderado facilitaría ordenar su crecimiento, sin embargo estamos dejando pasar la oportunidad de hacerlo.

En conclusión, una ZMM dispersa no es ni social, ni económica, ni ecológicamente sustentable. Es impostergable replantear el modelo de crecimiento disperso y cambiarlo por un modelo de desarrollo urbano más consolidado y compacto. No obstante, el actual paradigma de crecimiento urbano periférico disperso y encarecedor de servicios públicos y el paulatino deterioro del centro metropolitano y de las áreas antiguas de los municipios conurbados sólo pueden replantearse mediante planes, programas y acciones de ordenamiento territorial que tengan pleno sustento en las leyes de la materia. Resulta básico contar con el necesario sustento jurídico y normativo para hacer una ciudad gobernable, socialmente justa, económicamente viable y ecológicamente sustentable. El proceso de crecimiento urbano de las ciudades y especialmente de las metrópolis debe dejar de ser una especie de "botín urbano" de unos cuantos, para transformarse en la palanca de un desarrollo urbano y social genuino, autofinanciado y sustentable, que merece la población que las habita. Las ciudades son sin duda los más complejos artefactos generadores de riqueza. Generan riqueza por su industria, por su comercio y por sus servicios; pero también por su propia dinámica de crecimiento urbano. En efecto, las plusvalías generadas por el desarrollo urbano sobre los bienes raíces son cuantiosos y derivan de la suma de esfuerzos públicos y privados, a través de la obra pública y del mismo proceso de urbanización.

Al ser México un país mayoritariamente urbano y Nuevo León un estado urbano-metropolitano muy dinámico, somos en consecuencia una de las colectividades potencialmente muy ricas. No obstante, al igual que sucede con la distribución del ingreso en México, la riqueza urbana también está muy mal distribuida, pues las plusvalías que se generan y se legitiman mediante los procesos de planeación y gestión pública urbana, así como por la obra pública, tienden a concentrarse mayoritariamente en unos cuantos beneficiarios del desarrollo urbano. La colectividad, llámese estado o municipio, recibe un muy bajo porcentaje de estas plusvalías a través de los derechos e impuestos aplicables.

¿Cómo evitar el caos? Entre otras acciones, resulta indispensable que la Constitución de la República sea reformada para dar cabida a los conceptos de área y zona metropolitana y, sobre todo, que ahí se establezca la obligatoriedad de la coordinación en materia de planeación y gestión urbana entre federación, estados y municipios involucrados en dichos fenómenos urbanos. Es absurdo, por ejemplo, que con sustento en el artículo 115 constitucional actual, el territorio de la ZMM sea planeado y administrado como si sus municipios integrantes fueran feudos de poder sin vinculación ni corresponsabilidad alguna en el fenómeno metropolitano. Asimismo, la actual Ley de desarrollo urbano de Nuevo León debe ser revisada a la luz de tales reformas constitucionales y complementada con los reglamentos indispensables bajo principios de racionalidad social, económica y medioambiental de largo plazo. Por un lado, esta ley estatal urbana y sus reglamentos deberían contener las disposiciones jurídicas indispensables para lograr distribuir con mayor equidad las cargas y los beneficios del proceso de urbanización entre los actores del desarrollo urbano en nuestro estado. Por otro lado, la ley de la materia debe incorporar las bases para la creación de organismos y demás instrumentos de fomento al desarrollo urbano que permitan a la colectividad, municipios y estado, tener un papel rector y proactivo de las acciones en materia urbana en coordinación con el sector privado.

Un tema que urge reforzar también en ese marco jurídico es el relativo a la participación ciudadana efectiva en los temas del desarrollo urbano en Nuevo León. Convendría evaluar si los actuales órganos de participación ciudadana establecidos por la Ley de Desarrollo Urbano vigente pudieran convertirse en entes mandatorios con atribuciones de "Contraloría social", vinculados quizás con una "Procuraduría del Desarrollo Urbano", ante la cual los ciudadanos pudieran exigir el cumplimiento de la ley y de los planes en toda acción urbana que afecte los intereses comunitarios. Hasta hoy la participación comunitaria a través de los llamados "Consejos Ciudadanos de Desarrollo Urbano", tanto los municipales como el estatal, han sido en ciertos casos sólo espacios para la "catarsis social" de algunos consejeros ciudadanos inconformes y –en otros casos extremos– han sido solo simples comparsas de acompañamiento y legitimación política de las decisiones ya tomadas por la autoridad.

No obstante, no se trata de volver a un estatismo ya superado. Al contrario, el "hacer ciudad" debe continuar siendo un buen negocio, pero un negocio que con sustento en un marco jurídico moderno propicie un proceso de "ganar-ganar" en el cual todos salgamos beneficiados ahora y sobre todo a futuro. No una ley mediante la cual los beneficios y las plusvalías las cosechan unos pocos y las colectividades sólo reciben migajas y sobre todo problemas a futuro al cargar con los enormes costos sociales y de inseguridad que conllevan los corazones urbanos centrales abandonados y sobre todo las áreas de crecimiento habitacional urbano periférico, incomunicadas, amorfas, desordenadas, dispersas y carentes de equipamiento; en síntesis, carentes de espacios mínimos y de diseño urbano-arquitectónico y de condiciones dignas para una vida comunitaria sana. Sólo un marco jurídico y normativo de la materia, con visión social y de largo plazo, permitiría que el proceso de urbanización en México y en Nuevo León se pueda traducir en un genuino desarrollo urbano en beneficio de todos. Un marco jurídico así permitiría elevar los niveles de competitividad y atracción económica de Nuevo León y de la Zona Metropolitana de Monterrey, como principal palanca de un desarrollo verdaderamente sustentable. Pues al final de cuentas, si el desarrollo no es sustentable, no es desarrollo.

Tal como se ha venido observando en este apartado, "Detonadores potenciales para el desarrollo sustentable", el estado de Nuevo León está transitando por un proceso de reconversión de su perfil económico hacia la economía del conocimiento. Este proceso requiere de una sociedad participativa, altamente calificada, con oportunidades de acceso al saber y al conocimiento universitario, con ingresos que avancen progresivamente hacia la distribución equitativa y que en su conjunto fortalezca los mercados de trabajo capaces de brindar mejores niveles de bienestar social, cultural e institucional. Requiere, también, que las industrias transversales de la electricidad, gas y agua, aceleren la transición hacia las energías alternativas –las dos primeras– y la cultura del agua, con tarifas competitivas pero también con criterios distributivos progresivos. Por último, para frenar el desordenado proceso de urbanización es necesario impulsar un ordenamiento territorial sustentable con participación ciudadana de los más de cuatro millones de habitantes que viven en la ZMM y le dan vitalidad a la capital del estado. Este dinámico sector económico que en su conjunto aporta 7.6% al PIB nacional, tiene la peculiaridad de crear las condiciones estructurales para destacar, tanto con altos niveles medios de bienestar social, como también ser un polo de desarrollo regional con una tasa importante de migración. Sin embargo, no por ello escapa al patrón inequitativo y de desigualdad social que prevalece en el país, y si bien la desigualdad social es menor que la nacional, las posibilidades de crear un espacio social más equitativo son más altas a las que se observan actualmente, como se desarrolla en el siguiente apartado, "Equidad social, acciones para el cambio".

3. EQUIDAD SOCIAL, ACCIONES PARA EL CAMBIO

Si bien Nuevo León es uno de los estados que cuenta con los ingresos per cápita más altos del país, aún tiene muchas acciones que emprender para disminuir la desigualdad social y avanzar hacia la equidad. Nuevas instituciones de carácter ciudadano deberán de crearse para coordinar de manera constructiva la definición de políticas públicas que impulsen la justicia social y contribuyan al fortalecimiento de los principios de la solidaridad intra e intergeneracional; uno de los objetivos del desarrollo sustentable.

3.1 PERFILES DEMOGRÁFICOS Y MIGRACIÓN

El Censo de Población y Vivienda 2010 (INEGI, 2011) señala que en el país habitan en total 112 336 538. Según los datos, el Estado de México es el más poblado con 15 175 862, mientras que Baja California Sur es el que cuenta con menos población, con apenas 637 026 habitantes. El estado de Nuevo León ocupa el octavo lugar con 4 653 458 habitantes, lo cual incluye 2 331 382 mujeres y 2 322 076 hombres. El incremento en el total de habitantes se aprecia mejor si consideramos que en 1930, en Nuevo León residían sólo 417 491 personas, cantidad que llegó a 3 098 736 en 1990 y a 3 834 141 en 2000, como se puede observar en la gráfica 10.

Cabe resaltar que en Nuevo León la mayor parte de la población se concentra en el Área Metropolitana de Monterrey (AMM), que comprende nueve municipios conurbados: Monterrey, San Pedro Garza García, Santa Catarina, San Nicolás de los Garza, Apodaca, General Escobedo, Guadalupe, García y Juárez. En el 2010, 84.5% de la población, es decir, 3 930 388 personas, vivía en esta área.

La disgregación de la población según su grupo de edad muestra que existe en el estado un mayor porcentaje de población en edad productiva (entre 15 y 59 años) en 2010 que en 1970, como se puede apreciar en la gráfica 11.

GRÁFICA 10. POBLACIÓN TOTAL EN EL ESTADO DE NUEVO LEÓN, 1930-2010

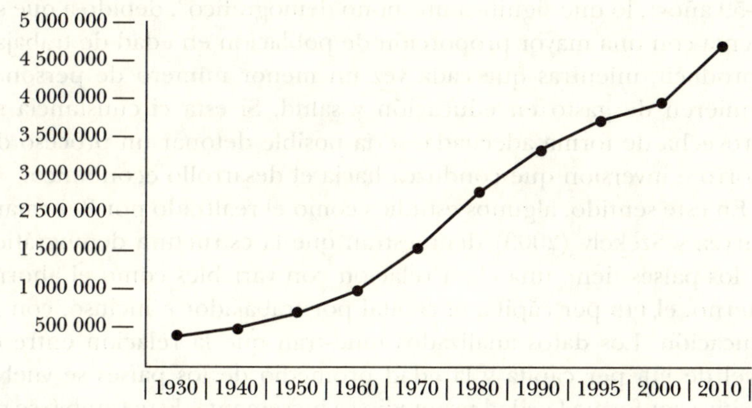

FUENTE: INEGI, 2011.

GRÁFICA 11. DISTRIBUCIÓN DE LA POBLACIÓN DE NUEVO LEÓN POR GRUPOS DE EDAD, 1970 Y 2010

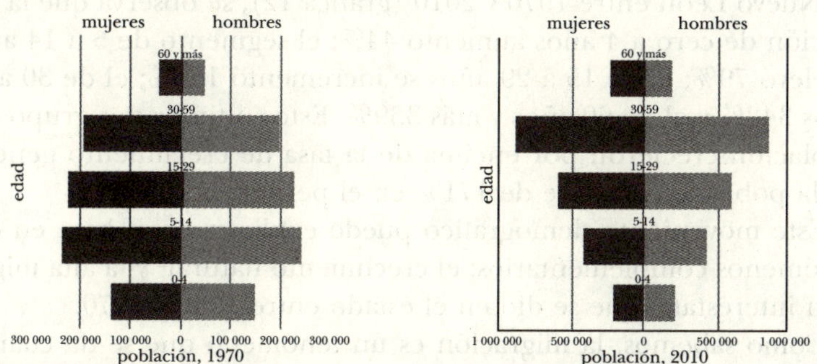

FUENTE: INEGI, *Censo de Población y Vivienda 2010*; INEGI, 2009e, *Estadísticas históricas del estado de Nuevo León*, 2011.

Los datos muestran que en 1970, cuando la población en el estado era de 1 694 689 personas, 45% tenía 14 años o menos (17% de cero a 4 años y 28% de 5 a 14 años); 5% tenía 60 años o más y el restante 50% se encontraba en edad productiva (27% entre 15-29 años y 23% entre 30-59 años).

Para 2010, cuando la población en la entidad aumentó a 4 653 458 personas, 27% de la población tenía 14 años o menos (9% de cero a

4 años y 18% de 5 a 14 años); 9% tenía 60 años o más y el restante 64% oscilaba entre los 15 a 59 años (26% entre 15-29[1] y 38% entre 30-59 años), lo que significa un "bono demográfico", debido a que se cuenta con una mayor proporción de población en edad de trabajar y producir, mientras que cada vez un menor número de personas requieren de gasto en educación y salud. Si esta circunstancia se aprovecha de forma adecuada, sería posible detonar un proceso de ahorro e inversión que conduzca hacia el desarrollo económico.

En este sentido, algunos estudios como el realizado por Behrman, Duryea y Székely (2003) demuestran que la estructura demográfica de los países tiene una clara relación con variables como el ahorro interno, el PIB per cápita, el capital por trabajador e incluso, con la educación. Los datos analizados muestran que la relación entre el nivel de PIB per cápita y la edad promedio de los países se vuelve positiva conforme la edad promedio se incrementa. Este cambio se da en el momento en que la tasa de dependencia económica se reduce a consecuencia del aumento en la proporción de población económicamente activa y la reducción en el porcentaje de población inactiva.

De las tasas de crecimiento de la población por grupos de edad en Nuevo León entre 1970 y 2010 (gráfica 12), se observa que la población de cero a 4 años aumentó 44%; el segmento de 5 a 14 años se elevó 79%; el de 15 a 29 años se incrementó 165%; el de 30 a 59 años 342% y el de 60 años y más 339%. Estos últimos dos grupos de población crecieron por encima de la tasa de crecimiento general de la población que fue de 171% en el periodo.

Este movimiento demográfico puede explicarse con base en dos fenómenos complementarios: el crecimiento natural[2] y la alta migración interestatal que se dio en el estado entre 1940 y 1970.

Como sabemos, la migración es un fenómeno que se da cuando las personas se encuentran en edad productiva y su objetivo principal suele ser el de mejorar la situación económica propia y de la familia. Se define como la capacidad que algunas personas tienen para desplazarse y establecerse haciendo uso de su libertad para alcanzar mejores alternativas de vida (Livi-Bacci, 1995), "generando bienestar

[1] La población que se encuentran entre 15-29 años se puede denominar "bono demográfico juvenil".

[2] El crecimiento natural de la población se define como la variación que se presenta como resultado de los nacimientos menos las defunciones.

GRÁFICA 12. TASAS DE CRECIMIENTO DE LA POBLACIÓN DE NUEVO LEÓN, POR GRUPOS DE EDAD 1970-2010.

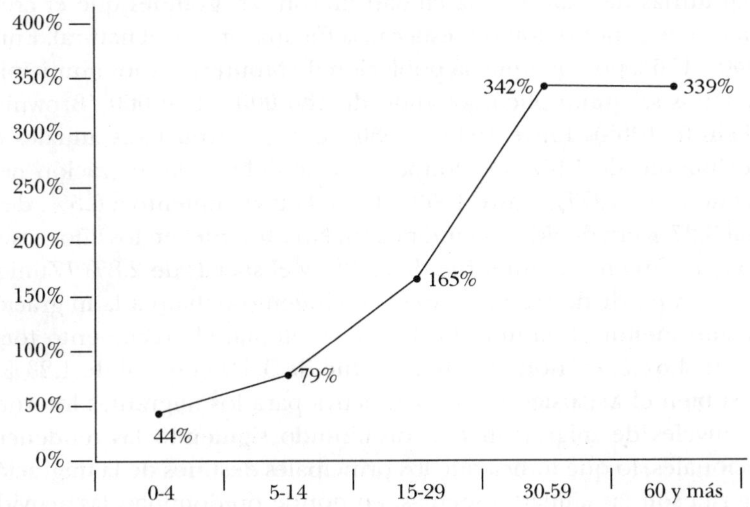

FUENTE: INEGI, 2009, 2011.

tanto a quienes cambian su lugar de residencia como en las zonas de origen y destino" (PNUD, 2007). Vista de esta manera, la migración es una oportunidad para el desarrollo que debe ser capitalizada.

En muchos países la migración ha sido una estrategia que los hogares empobrecidos emplean para superar su condición (Corbett, 1988). Ello fue lo que ocurrió en México entre los años cuarenta y sesenta, cuando la pobreza expulsó a enormes contingentes del campo a las ciudades; sin embargo, hoy sabemos que los niveles de ingreso y educativo de los migrantes internacionales, por ejemplo, suele ser mayor que aquel de los no migrantes, y que a escala nacional los principales flujos migratorios internos del país son de ciudad a ciudad (Escobar *et al.*, 1999). En este sentido, el perfil migratorio nacional e internacional ha cambiado profundamente.

En el AMM ha sucedido un fenómeno similar, toda vez que la intensidad de los flujos migratorios y el perfil de los inmigrantes eran distintos decenios atrás. Entre 1940 y 1960, en la época de las grandes olas migratorias que contribuyeron al proceso de metropolización de la ciudad (Pozas, 1990), los inmigrantes eran en su mayoría campesinos empobrecidos provenientes principalmente del altiplano de San Luis Potosí y Zacatecas. Siguiendo las tendencias nacionales, estas olas migratorias del campo a la ciudad fueron tan grandes que el crecimiento de la población por esta causa fue mayor que el natural. Entre 1940 y 1965, por ejemplo, la población de Monterrey y los municipios aledaños se quintuplicó, pasando de 186 000 a 950 000 (Browning y Feindt, 1968). Entre 1940 y 1950, se registraron tasas anuales de crecimiento de 5.9%, en donde 3.6% se debía a la migración neta (Balán *et al.*, 1977). Entre 1950 y 1960, la tasa aumentó a 6.3%, de la cual 3.27% era debido a la migración. No obstante, en los años sesenta el crecimiento natural fue de 3.39% y el social[3] de 2.8% (Zúñiga, 1995). A partir de ese decenio el crecimiento debido a la migración ha sido menor al natural. En los años setenta, el crecimiento total[4] fue de 4.67%, en donde el natural fue de 3.4 y el social de 1.23%.

Si bien el AMM sigue siendo atractiva para los migrantes internos, los niveles de migración han disminuido siguiendo las tendencias nacionales, lo que indica que los principales destinos de la migración interna son las ciudades medias, en donde predominan las actividades de la maquiladora y la industria turística (PNUD, 2007).

Siguiendo estas tendencias, en los años recientes, se observa que para 2000 los habitantes de Nuevo León de 5 años de edad o más que vivían en otra entidad federativa en 1995 eran el 3.8% (Censo de Población y Vivienda 2000); mientras que en el Censo de Población y Vivienda de 2010, esta población representó 3.2%, proviniendo principalmente de San Luis Potosí (15.8%), Tamaulipas (14.8%), Veracruz (12.9%), Coahuila (10.3%), Distrito Federal (8.1%) e Hidalgo (4%). Las cifras del censo del 2010 muestran que en el estado 1% de los habitantes de 3 años o más habla alguna lengua indígena, es decir, 40 528 personas, predominando el náhuatl (54%), huasteco (14.7%), otomí (3.5%), zapoteco (2.2%), mixteco (1.4%), totonaca (1.1%) y mazahua (1%), reflejando esto último la necesidad de moverse de sus lugares de origen.

Aunque de manera marginal, la migración hacia Estados Unidos también forma parte de las movilidades que involucran a los habitan-

[3] El crecimiento social considera la diferencia entre las personas que llegan menos las que salen de un lugar determinado, por lo tanto esta diferencia puede ser positiva o negativa.

[4] El crecimiento total es el resultado de la suma del crecimiento natural y el social.

tes de Nuevo León, de acuerdo con estimaciones de CONAPO, en 2000 sólo 2.6% de los hogares del estado recibían remesas y 1.91% tenían migrantes en Estados Unidos. Por esta razón, Nuevo León es clasificado dentro de los estados con bajo y muy bajo grado de intensidad migratoria al país del norte. En este contexto, se estima que sólo 23 mil habitantes del AMM emigraron entre 1995 y 2000, y que los principales municipios que expulsan población hacia Estados Unidos son Los Ramones, Hualahuises y Agualeguas (Contreras, 2007).

Los datos anteriores muestran que Nuevo León ha sido un estado receptor de población que busca principalmente oportunidades de un mejor empleo. Esta migración ha contribuido con su trabajo al crecimiento económico del AMM, al emplearse en los diversos sectores productivos que potenciaron la economía industrial y comercial estatal desde finales del siglo XIX. No obstante, la tendencia decreciente de la migración puede tener entre sus causas la disminución de la cantidad y calidad de los empleos que la entidad ofrece, como veremos a continuación.

3.2 CAMBIOS Y PERSPECTIVAS DEL EMPLEO: ENTRE LA PRECARIZACIÓN Y EL TRABAJO DECENTE

La temprana industrialización de Monterrey y posteriormente de algunos de los municipios de su área metropolitana, convirtió a la zona en uno de los más importantes mercados nacionales de trabajo, atrayendo flujos migratorios intermunicipales e interestatales que se establecieron gracias al ambiente de creación de empleos con remuneraciones y prestaciones por encima de la media nacional y la estabilidad laboral que propició dicha industrialización. El empleo manufacturero, particularmente el ligado a la gran empresa de capital regiomontano y a las secciones locales de industrias nacionales, se convirtió en una connotada característica laboral e identitaria, gracias a la socialización de una cultura laboral hegemónica y a la relativa seguridad ocupacional y salarial de la que gozaron algunos sectores de trabajadores hasta finales de los años setenta (Palacios, 2007). Pero, junto al relativo bienestar de algunos sectores obreros y de clase media, subsistieron otros en condiciones similares de pobreza a otras entidades con menor desarrollo. Posteriormente, fenómenos como las sucesivas crisis económicas que han golpeado a la nación desde aquel decenio, la apertura económica y la globalización, han hecho más compleja la estructura del trabajo y han polarizado aún más las condiciones laborales, como se verá más adelante.

Características del mercado laboral

El AMM concentra casi la totalidad de la actividad económica. De acuerdo al Censo Económico 2004 (INEGI), el área reúne 94% del empleo estatal, 90% de las empresas, 95% de la producción bruta y 95% del valor agregado. Los municipios con mayor presencia de empresas y que ofrecen más empleo dentro del AMM son Monterrey, San Nicolás de los Garza y Guadalupe. Los tres municipios agrupan 69% del empleo y 75% de las empresas (INEGI, Censo Económico 2004 y ENOE 2004).

Tal concentración de la fuerza de trabajo genera una desigualdad territorial que provoca el acaparamiento de recursos de todo tipo y subordina las actividades económicas y sociales de los otros municipios del estado. Además, la concentración del empleo en pocos municipios del AMM induce un crecimiento de la población en forma concéntrica que va distribuyendo a las familias de los trabajadores recién formadas, en los municipios periféricos del AMM, alejándolos más de sus centros de trabajo, debilitando el poder de compra de sus salarios, afectando su calidad de vida, a lo que se suma el uso no sustentable de energéticos para transportarse.

En el segundo trimestre de 2008, la población económicamente activa (PEA) de Nuevo León era del 47% (2 040 813 personas) del total de la población. Para ese mismo periodo, la tasa de desocupación fue de 4.3% lo que equivale a cerca de 89 000 personas sin empleo. Cabe destacar que la población ocupada en el estado es mayoritariamente asalariada con 77% del total; además, 4% son empleadores, 16% trabajadores por cuenta propia, y el restante 3% son trabajadores subordinados no remunerados (INEGI, ENOE 2008).

Respecto de la distribución del empleo por sectores económicos, destaca el sector terciario o de servicios al absorber 64.8% de la población trabajadora de la entidad, le sigue el secundario con 33.4% de la población ocupada, la cual se divide en 9.6% en el sector de la construcción y 23.8% en manufactura; y por último el primario o agropecuario que representa 1.8% de la población ocupada (gráfica 13).

Esta distribución sectorial es evidencia de la transformación de la estructura económica y del empleo que se ha venido desarrollando en los últimos decenios en el estado.

En el cuadro 19 se observa cómo la ocupación en los sectores primario y secundario de la entidad se han venido reduciendo de manera importante. El empleo en el sector agropecuario pasó de una proporción de 3.5% en 2000 a 1.8% en 2008; mientras que en el sector secundario se redujo de 37.7% a 33.4%, donde la industria manufacturera registró una caída de 4.9 puntos porcentuales en la ocupación, al pasar de 27.9% en 2000 a 23% en el 2008.

La tendencia decreciente de la ocupación en estos primeros dos sectores de la economía contrasta con el ascenso registrado en el sector terciario o de servicios, que pasó de una proporción de 58.8% en 2000 a 64.8% en 2008, es decir, aumentó seis puntos porcentuales en ese periodo. Sin embargo, es importante destacar que el impulso que ha recibido este sector tiene que ver principalmente con el fuerte crecimiento de la ocupación que se ha dado en los rubros de: servicios profesionales, financieros y corporativos, cuya participación pasó de 6.6% a 10.4%; en restaurantes y alojamiento, que aumentó 1.7 puntos porcentuales hasta 5.8% y; en el comercio, donde la población ocupada se incrementó en medio punto porcentual, a 19.5%.

GRÁFICA 13. POBLACIÓN OCUPADA POR SECTOR ECONÓMICO, NUEVO LEÓN, 2008

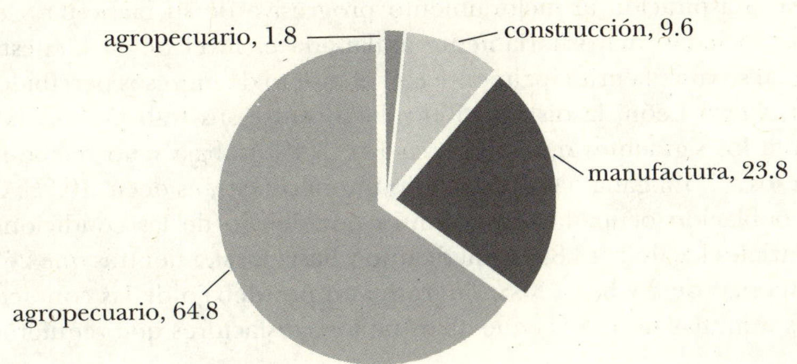

FUENTE: Infolaboral, INEGI, *Datos del segundo trimestre*, 2008.

CUADRO 19. POBLACIÓN OCUPADA POR SECTOR DE ACTIVIDAD ECONÓMICA NUEVO LEÓN, 2000 Y 2008 (EN PORCENTAJES)

SECTOR	2000	2008
Primario	3.5	1.8
Agricultura, ganadería, silvicultura, caza y pesca	3.5	1.8
Secundario	37.7	33.4
Industria extractiva y de la electricidad	0.7	0.7
Industria manufacturera	27.9	23.0
Construcción	9.1	9.7
Terciario	58.8	64.8
Comercio	19.0	19.5
Restaurantes y servicios de alojamiento	4.1	5.8
Transportes, comunicaciones, correo y almacenamiento	6.6	6.5
Servicios profesionales, financieros y corporativos	6.6	10.4
Servicios sociales	8.2	8.0
Servicios diversos	11.1	11.2
Gobierno y organismos internacionales	3.2	3.3
Total	100	100

FUENTE: Infolaboral, INEGI, *Datos del segundo trimestre*, 2008.

Toda persona que se emplea lo hace para procurar su subsistencia con la aspiración al mejoramiento progresivo de su bienestar y en una sociedad mayoritariamente asalariada el nivel de su bienestar social se vincula principalmente con el monto de ingresos percibidos. En Nuevo León, la distribución salarial entre sus trabajadores presenta los siguientes datos (gráfica 14): 3.4% trabaja y no recibe ingresos y 7.5% gana hasta un salario mínimo (SM), es decir, 10.9% de la población ocupada se encuentra por debajo de las condiciones salariales legales;[5] 13.8% gana de uno y hasta 2 SM, mientras que 26% gana más de 2 y hasta 3 SM, ingreso aún por debajo de las condiciones mínimas necesarias que abarque los satisfactores que requiere

[5] Las cifras incluyen a los que perciben un salario mínimo, debido a que así lo presenta el INEGI.

GRÁFICA 14. POBLACIÓN OCUPADA POR NIVEL DE INGRESOS, NUEVO LEÓN, 2008 (%)

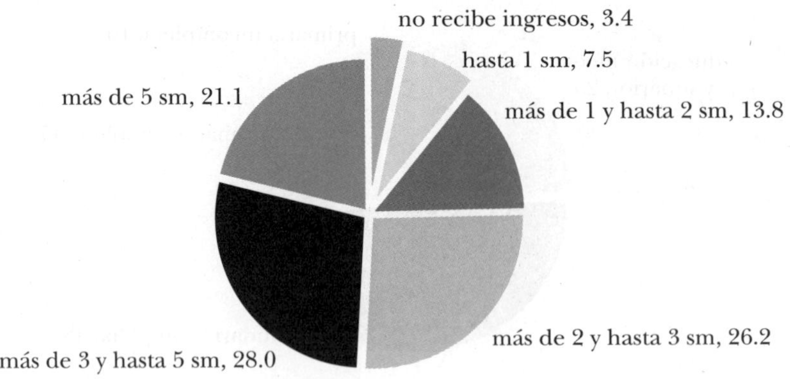

FUENTE: INEGI/ENOE, *Datos del segundo trimestre*, 2008.

una familia, como más adelante lo presentaremos; 28% percibe ingresos mayores a 3 y hasta 5 SM y 21.1% obtiene más de 5 SM diarios. Esto significaría una segmentación a partes iguales del mercado laboral en la distribución salarial, donde 51% del total puede ganar hasta 3 SM, es decir, menos de 153 pesos diarios, y 49% de los trabajadores restantes, cuenta con ingresos mayores a los 3 SM lo que les posibilita mejores condiciones de vida que al primer grupo de población.

En cuanto al nivel de instrucción, los trabajadores nuevoleoneses se caracterizan por contar con alta escolaridad. De acuerdo a las estadísticas de INEGI, del segundo trimestre de 2008, solamente 10% de los trabajadores tenía primaria incompleta, mientras que 17% contaba con primaria completa, 48% con secundaria y 25% con educación media superior y superior (gráfica 15).

Considerando estadísticas de 1995, se puede observar cómo se ha venido incrementando el nivel de instrucción en la población ocupada, pues en 2008 los trabajadores con secundaria y algún tipo de educación media superior y superior, representaban 73% del total, mientras que en 1995 la proporción era de 45% (ENE-INEGI, 1995). Esta fuerza de trabajo de alta calificación donde participan hombres y mujeres en proporción creciente, constituye un valioso

GRÁFICA 15. POBLACIÓN OCUPADA POR NIVEL DE INSTRUCCIÓN, NUEVO LEÓN, 2008 (%)

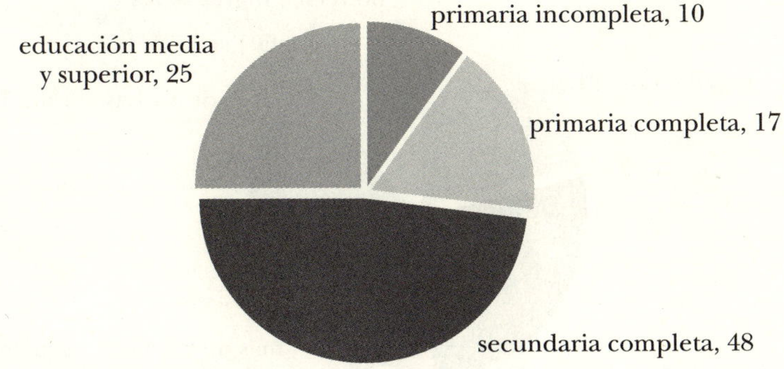

FUENTE: INEGI/ENOE, *Datos del segundo trimestre*, 2008.

activo intelectual que está favoreciendo el crecimiento de actividades productivas y de servicios que demandan trabajadores para la economía del conocimiento. Esta situación a su vez revela nuevas complejidades del mercado de trabajo, donde se combinan el conocimiento, la flexibilidad, sectores específicos laborales e incluso ventajas histórico-geográficas, que igualmente mezclan beneficios y perjuicios en la calidad de vida de los trabajadores, como lo sugieren estudios recientes sobre nuevas modalidades del empleo profesional entre los dentistas (Jurado, 2009), o de los jóvenes bilingües ocupados como teleoperadores en *call centers* (Da Cruz y Fouquet, 2009).

El trabajo decente: procesos cualitativos del mercado laboral

Una forma de analizar la calidad de las condiciones laborales de los trabajadores en la entidad es a través del enfoque de *trabajo decente*, propuesto por la Organización Internacional del Trabajo (OIT) desde 1999 con el propósito de contar con un indicador de carácter general que permita la comparación desde lo local, lo nacional y entre países.

La noción del *trabajo decente* se define como el "trabajo productivo en condiciones de libertad, equidad, seguridad y dignidad, en el cual

los derechos son protegidos y que cuenta con remuneración adecuada y protección social" (OIT, 1999).

Este enfoque surge en el marco del proceso de formación de una nueva cultura civilizatoria donde teoría e historia han ido configurando nuevos escenarios de conocimiento y realidades sociales. La propuesta del trabajo decente de la OIT se enmarca en la corriente de enfoques que comparten las mismas preocupaciones sociales de respeto a los derechos sociales del hombre y particularmente se nutre de los principios éticos de la teoría del desarrollo humano propuesta por Amartya Sen (2000). Este cambio en el campo de las ideas fue de tal intensidad que, desde finales de los años ochenta, el Programa para el Desarrollo de las Naciones Unidas (PNUD) convocó a un panel de expertos, entre ellos el propio Sen, con el propósito de construir una forma alternativa para medir el desarrollo, centrada en el ser (bienestar y capacidades humanas) y no en el tener (dinero y mercancías) y que en los hechos se constituyera en un indicador alternativo y complementario del indicador tradicional del desarrollo conocido como el producto interno bruto (PIB). El resultado de esta convocatoria del fue la propuesta del índice del desarrollo humano (IDH) que se empezó a publicar desde 1990 en el conocido Informe sobre Desarrollo Humano.

En el marco de esta nueva forma de valorar el desarrollo, la OIT presenta la propuesta de *trabajo decente* con el propósito de promover las condiciones que brinden las oportunidades para que los hombres y las mujeres puedan conseguir un trabajo digno y productivo en condiciones de libertad, equidad, seguridad y dignidad humana.

De acuerdo a la OIT, el trabajo decente debe orientarse a cuatro objetivos estratégicos: a] la promoción de los derechos laborales; b] la promoción del empleo; c] la protección social contra las situaciones de vulnerabilidad; y d] el fomento del diálogo social.

A partir de que se dio a conocer el concepto de trabajo decente han surgido diferentes propuestas para medirlo, sin embargo, no se ha llegado a un consenso. En este espacio se presenta una propuesta más para su medición.

Definición de indicadores

El trabajo decente se integra por cuatro dimensiones: empleo, derechos laborales, prestaciones y diálogo social. En este caso, nos preocupa conocer para toda la población ocupada en Nuevo León cuáles son las oportunidades de contar con un trabajo que reúna dichas características. Dado que el diálogo social, entendido como la presencia sindical y de mecanismos de formación de acuerdos y consensos, sólo se presenta en el sector de los asalariados (excluyendo a los asalariados que figuran como personal de confianza), en esta ocasión no vamos a incluir este aspecto pues nos ocuparemos del total de la fuerza de trabajo ocupada que incluye tanto a los asalariados, como a los trabajadores por cuenta propia y a los empleadores.

Por lo tanto, el *trabajo decente* de la población ocupada en Nuevo León se define por la interrelación de los siguientes indicadores:

a] Tasa de empleo durable (TED)
Este indicador se refiere a la capacidad de una sociedad de crear los empleos suficientes para la población en edad de trabajar y constituye un indicador de la capacidad de generación y fortalecimiento del tejido social de los mercados de trabajo. También tiene que ver con que los empleos sean de calidad, es decir, que constituyan una oferta de trabajo en condiciones legalmente codificadas, constituyendo el tope inferior a partir del cual ningún empleo debe de traspasar.

La tasa de empleo durable se obtiene[6] restando, al total de la población ocupada, la población ocupada menor de 18 años para excluir el trabajo infantil (de entre 12 y 17 años). Aunque desde 1919 la OIT estableció la edad mínima para trabajar en 14 años, referencia que posteriormente se adoptó en México a través de la Constitución Política de los Estados Unidos Mexicanos y la Ley Federal del Trabajo; el país ratificó en 1990 la Convención sobre los Derechos del Niño, auspiciada por la Comisión de Derechos Humanos de la ONU en 1989, que señala que un niño es todo ser humano menor de 18 años de edad. Si bien el convenio no es vinculante, pues hasta la fecha no se han modificado las leyes, para nosotros, la edad de 18 años marca la frontera que separa a la niñez de la juventud. También se le resta la población ocupada que percibe ingresos menores de un SM y el trabajo no remunerado. El resultado se divide entre la población económicamente activa real (PEAR), que es suma de la

[6] Fórmula de cálculo: TED = PO/PEAR. Donde TED = tasa de empleo durable; PO = población ocupada mayor de 18 años y con ingresos superiores a 1 SM; y PEAR = PEA + PNEA disponible.

población económicamente activa (PEA), es decir, el personal ocupado y desocupado que buscó empleo activamente; y la población no económicamente activa (PNEA) disponible para trabajar, integrada por la población que en el periodo de referencia de la encuesta de empleo manifestó que no tenía trabajo, ni buscó activamente uno por considerar que no tenía oportunidad para ello, pero que señaló tener interés para trabajar.

Una vez realizados los cálculos, la tasa de empleo durable para Nuevo León y nacional, en el segundo trimestre del 2008, presentó los siguientes valores (cuadro 20).

Los datos muestran que en el estado de Nuevo León la tasa de empleo durable fue de 77%, aunque lo ideal sería que todos los empleos generados en la sociedad fueran en condiciones legalmente codificadas. Habrá que señalar que la cifra obtenida es más alta que la registrada a escala nacional, que es de 57%.

b] Tasa de población ocupada remunerada con salario suficiente (TOSS)

Este indicador descansa en la idea de que las personas no sólo requieren trabajar sino percibir un ingreso que les permita vivir con libertad y tranquilidad, condición que otorga el salario suficiente. Para calcular este indicador nos basamos en los estudios del Centro de Análisis Multidisciplinario (CAM) de la Facultad de Economía de la Universidad Nacional Autónoma de México (UNAM), que se realizan periódicamente para definir el valor monetario de la canasta obrera indispensable (COI). Dicha canasta está integrada por 35 bienes y servicios básicos: 27 alimentos, 3 productos para aseo personal y del hogar, transporte, energía eléctrica y gas doméstico. Calculada para el uso y consumo diario de una familia mexicana de 5 miembros: 2 adultos, 1 joven y 2 niños, esta canasta no incluye la

CUADRO 20. TASA DE EMPLEO DURABLE PARA NUEVO LEÓN Y NACIONAL, 2008 (%)

Nuevo León	México
77	57

FUENTE: INEGI/ENOE, *Datos del segundo trimestre*, 2008.

renta de vivienda, gastos de educación, salud, vestido, calzado, recreación y cultura (Lozano, *et al.*, 2006). El Centro concluyó que en 1987, el salario mínimo oficial prácticamente correspondía al costo de la COI, pues en ese año una persona que obtenía un ingreso igual a 1 salario mínimo podía adquirir 94% de la COI, y sólo se necesitaba disponer de 1.06 salarios mínimos para comprar la totalidad de la canasta. Convirtiendo a precios de 1987 el SM del 2008 para hacerlo comparativo y conocer su capacidad adquisitiva, se obtuvo que el SM de 2008 representa un poco menos de una tercera parte (un 32%) del SM real de 1987, por lo que en el 2008 se necesitaría ganar 3.2 salarios mínimos para poder consumir la misma COI que en 1987 se adquiría prácticamente con 1 SM. Tomando en consideración lo anterior, se considera que el salario suficiente en 2008 es de 3.2 salarios mínimos.

Para calcular la tasa de población ocupada remunerada con salario suficiente (TOSS),[7] se divide la población ocupada con ingresos mayores de 3 SM, entre la población ocupada total. Haciendo el cálculo para Nuevo León y el país en general, las cifras se ubican en niveles muy bajos, situación que afecta negativamente, como lo veremos más adelante, al índice del trabajo decente (cuadro 21).

En efecto, como se observa en el cuadro 21, aunque en ambos casos menos de la mitad de la población ocupada percibe un ingreso suficiente, es decir, más de 3.2 salarios mínimos en el año 2008, en Nuevo León 44% sí lo obtiene, mientras que el porcentaje nacional es de 29%. Este hecho constata los problemas de inequidad que existen en el país y que también se manifiestan en la entidad como reflejo de las políticas económicas vigentes, las cuales impiden el

CUADRO 21. TASA DE POBLACIÓN REMUNERADA CON SALARIO SUFICIENTE, NUEVO LEÓN Y MÉXICO, 2008 (%)

NUEVO LEÓN	MÉXICO
44	29

FUENTE: INEGI/ENOE, *Datos del segundo trimestre*, 2008.

[7] Fórmula: (TOSS = PO1/POT)*100. Donde, TOSS = tasa de población ocupada con salario suficiente; PO1 = población ocupada con salarios mayores de 3 SM y; POT = población ocupada total.

dinamismo económico. Adicionalmente, las instituciones del bienestar social, debilitadas, no logran una distribución más equitativa de la carga de esta prolongada crisis.

c] Tasa de población ocupada con prestaciones sociales o equivalente (TOPSE)

Este indicador está elaborado considerando que entre los componentes constitutivos del trabajo decente se encuentran las prestaciones sociales y servicios de salud que permitan a los trabajadores una mayor calidad de vida y, por lo tanto, en el empleo. En este sentido, puede hablarse de dos realidades que, si bien se complementan, tienen una importancia diferenciada.

El acceso a los servicios de salud puede considerarse como más importante para la calidad de vida que el resto de las prestaciones (aguinaldo, vacaciones, utilidades, etc.). Por todo ello, se ha construido un indicador compuesto, la tasa de población ocupada con prestaciones sociales o equivalente (TOPSE), el cual está integrado por:

- La tasa de acceso a instituciones de salud (TAIS),[8] que es la relación entre la población ocupada que cuenta con acceso a instituciones de salud, públicas o privadas, y el total de la población ocupada.
- La tasa de población ocupada con prestaciones o ingresos altos (TOPI),[9] que se calcula dividiendo la población ocupada asalariada que percibe prestaciones y la población ocupada que no tiene prestaciones pero obtiene ingresos superiores a los 5 SM diarios, considerando que el tener un ingreso alto permite a las personas una capacidad mínima de ahorro que de alguna forma compensa la falta de prestaciones; entre la población ocupada total.

Al calcular la tasa de población ocupada con prestaciones sociales o equivalente (TOPSE),[10] se obtiene que 58% de la pobla-

[8] Fórmula: (TAIS = POAIS/POT)*100. Donde, TAIS = tasa de acceso a instituciones de salud; POAIS = población ocupada con acceso a instituciones de salud y POT = población ocupada total.

[9] Fórmula de TOPI = ((POP+POSPI)/POT)*100. Dónde, TOPI = tasa de población ocupada con prestaciones o ingresos altos; POP = población ocupada con prestaciones; POSPI = población ocupada sin prestaciones y con ingresos mayores de 5 SM y; POT = población ocupada total.

[10] Se obtiene sumando la tasa de población ocupada con acceso a instituciones

ción ocupada cuenta con prestaciones sociales o equivalente en Nuevo León y nacional sólo 38% (cuadro 22), señalando una vez más la fortaleza de los mercados laborales de la entidad.

Índice de trabajo decente

Una vez descritos y calculados cado uno de los indicadores antes señalados, se aborda la metodología para calcular el índice del trabajo decente (ITD). Primero, cada una de las tasas se convierten en índices a través de la metodología de máximos y mínimos,[11] utilizada por el PNUD en la estimación del índice de desarrollo humano (IDH); posteriormente se suman los tres valores resultantes y se dividen entre tres para obtener el ITD.[12]

CUADRO 22. POBLACIÓN OCUPADA CON PRESTACIONES SOCIALES O EQUIVALENTE (TOPSE), NUEVO LEÓN Y MÉXICO, 2008 (%)

INDICADOR	NUEVO LEÓN	MÉXICO
Tasa de población ocupada con acceso a instituciones de salud (TAIS)	55	36
Tasa de población ocupada con prestaciones o ingresos altos (TOPI)	67	45
Tasa de población ocupada con prestaciones sociales o equivalente (TOPSE)	58	38

FUENTE: ENOE/INEGI, *Datos del segundo trimestre,* 2008.

de salud y la tasa de población ocupada con prestaciones o ingresos altos, ponderadas con 0.75 y 0.25, respectivamente, considerando que aunque ambas prestaciones benefician al trabajador, algo esencial para mejorar la calidad de vida es contar con el servicio de salud por lo cual se le da un mayor peso.

[11] Índice = (valor actual x_i – valor mínimo x_i) / (valor máximo x_i – valor mínimo x_i). Donde: x_i = Indicadores; valor actual xi = el valor del indicador x_i en determinado momento; valor mínimo x_i = es el valor más bajo tomado como referencia para esa variable y valor máximo x_i = es el valor más alto tomado como referencia para esa variable. En este trabajo se tomará en cuenta el valor de 100 por considerar que el objetivo de la OIT es lograr un trabajo decente para todos, además de que en México la gente no puede estar desempleada porque no existen programas de seguros contra riesgo de desempleo.

[12] Índice de Trabajo Decente (itd) = (Índice de Empleo durable + Índice de población ocupada remunerada con salario suficiente + Índice de población ocupada con prestaciones sociales o equivalente)/3

Siguiendo el criterio que emplea el PNUD para el IDH, el rango de 0 a 1 del ITD puede ser clasificado como: cuando el valor del índice se ubica entre 0-0.49, las condiciones de trabajo decente son bajas; de 0.50-0.79 las condiciones de trabajo decente son medias; y de 0.80-1.00 las condiciones de trabajo decente son altas.

Como se puede observar en el cuadro 23, en el segundo trimestre de 2008 el índice de trabajo decente para Nuevo León fue de 0.59, que de acuerdo a los rangos establecidos arriba corresponde a un nivel medio, aunque muy cerca del nivel bajo, lo cual sugiere que existe un área de oportunidad muy grande para impulsar la equidad. El índice obtenido para México refleja un nivel aún menos favorecedor, un índice de 0.41 de trabajo decente, lo que hace pensar en la urgente necesidad de impulsar medidas que permitan que las condiciones de trabajo mejoren, empezando por el monto de los ingresos percibidos y la expansión de oportunidades que brinden acceso a los servicios de salud.

Más allá del trabajo decente: la precarización laboral

La población ocupada que ingresa al rango del trabajo decente tiene las oportunidades para desplegar sus capacidades y competencias en condiciones dignas, tanto en los niveles de ingreso como de prestaciones sociales y condiciones que respetan la legislación laboral, pero ¿qué sucede con aquellas personas que trabajan y están fuera de este ámbito de medición?

Un concepto que ayuda a entender lo que sucede con esta población que trabaja en condiciones externas al ámbito del trabajo decente es el de precarización laboral, el cual hace referencia a una mayor inestabilidad e incertidumbre en las condiciones generales de

CUADRO 23. ÍNDICE DE TRABAJO DECENTE PARA NUEVO LEÓN Y MÉXICO, 2008 (%)

NUEVO LEÓN	MÉXICO
0.59	0.41

FUENTE: ENOE/INEGI, *Datos del segundo trimestre*, 2008.

empleo. Éstas están aumentando en el mundo laboral como consecuencia de la aplicación de las políticas del Consenso de Washington en México en sus tres ejes principales: liberalización económica, que con la apertura ha provocado procesos de desindustrialización en las micro, pequeñas y medianas empresas; desregulación laboral, que busca la flexibilización en la contratación; y desregulación financiera que, para garantizar los flujos monetarios, ha utilizado políticas monetarias que mantienen la sobrevaluación del peso (haciendo más atractivas las importaciones que las exportaciones, induciendo a su vez al estancamiento) y la inactividad de las reservas internacionales. Estancamiento, desindustrialización y flexibilización laboral tienen como resultado la ampliación de lo que en el marxismo se conoce como el *ejército industrial de reserva,* y recientemente, con los trabajos de la OIT, el mercado informal del trabajo (Cervantes, 2009).

Los empleos precarios refuerzan las condiciones de pobreza y la exclusión en la población, fenómenos que deberían disminuir en un entorno de equidad, por lo que es importante cuidar que este tipo de empleos no vaya en aumento.

Un indicador que permite conocer la precariedad laboral es:

- *La tasa de trabajadores en riesgo de pobreza.* Mide la proporción de trabajadores que perciben ingresos por su trabajo, ya sea remunerado o por su cuenta, menores a 60% del ingreso mediano nacional o estatal. En México el ingreso mediano por trabajo, de acuerdo a la ENOE, fue de $3 612 mensuales, equivalente a 2.4 SM,[13] y en Nuevo León fue de $4 730, es decir, 3.1 SM. Para conocer el ámbito de riesgo a la pobreza de los trabajadores, necesitamos saber el número de ocupados que ganan menos de 60% del ingreso mediano. Éste se ubica en $2 167.20 mensuales a escala nacional, es decir, 1.4 SM. En Nuevo León es de $2 838, equivalente a 1.8 SM. Estos datos configuran los entornos de riesgo de la pobreza y su diferencia se explica tanto por las condiciones económicas e institucionales existentes, las diferencias salariales y la carestía de la vida, donde el AMM destaca como una ciudad cara.

[13] En el 2008, el salario mínimo general promedio en México fue de 50.84 pesos <www.conasami.gob.mx>.

CUADRO 24. TASA DE TRABAJADORES EN RIESGO DE POBREZA, MÉXICO Y NUEVO LEÓN, 2008, (%)

NUEVO LEÓN	MÉXICO
17	25

FUENTE: ENIGH/INEGI.

Los resultados muestran que la proporción de trabajadores que percibe ingresos menores a 60% del ingreso mediano representa una cuarta parte de la población nacional ocupada, 25%, mientras que en el estado el porcentaje se ubica en 17% del total de la población ocupada (cuadro 24), cifra menor que la nacional, pero también muy significativa ya que Nuevo León es unos de los estados que cuenta con una sólida infraestructura económica y un destacado desarrollo institucional, pero, como lo demuestra este dato, los beneficios no logran filtrarse con dinamismo a toda la población.

Aunado a este dato, el que nos muestra la precarización laboral, existe aún un sustrato menor de la población ocupada que analizamos anteriormente. Nos referimos, a las personas que trabajan pero no perciben ingreso y a las que lo hace recibiendo como pago menos de un salario mínimo legal; en el caso de Nuevo León este tipo de población representa 3% y 8%, respectivamente, es decir, es un sector de extrema vulnerabilidad social que se encuentra dentro del segmento de riesgo de pobreza.

Desarrollo laboral como medida de bienestar

Otro indicador que considera las condiciones laborales y la calidad del empleo de la población ocupada en una región, al igual que el índice de trabajo decente de la OIT, es aquél propuesto por el PNUD-México, conocido como índice de competitividad social (ICS). De acuerdo al PNUD, el ICS es el indicador de coyuntura más cercano a la norma de evaluación laboral de toda estrategia de desarrollo, por lo que puede utilizarse como una medida de desarrollo laboral, y de esta forma conocer la calidad del empleo y composición del mismo en una zona o área específica. Este ICS plantea la noción de que los componentes que lo conforman tienen como fin último la generación de bienestar para hogares. De ahí su carácter social y su utilidad para usarse como medida de desarrollo. Asimismo, este indicador puede ser utilizado para medir el grado de sustentabilidad, desde el punto de vista laboral y, como consecuencia, el desarrollo regional.

El ICS se obtiene del promedio simple de cinco indicadores normalizados, en cuatro dimensiones básicas del bienestar: educación, salud, ingreso y condición laboral del trabajador. Los indicadores que lo integran son los siguientes: *ausencia de trabajo infantil*; *formalidad en el empleo*; *acceso de los individuos a servicios de atención médica*; *duración de la jornada laboral semanal* y *ausencia de pobreza salarial*. Cada uno de estos indicadores formaría parte de las libertades laborales que integran el desarrollo y que ayudarían a impulsarlo (Sen, 2000). Un índice cercano a la unidad llevaría a estar cerca de las condiciones óptimas laborales.

En la dimensión relativa a la salud se utiliza el indicador *acceso a servicios de salud* (X_{SS}), el cual tiene como objetivo captar la población ocupada que cuenta con atención médica para el trabajador y su familia, y se obtiene restando de la población ocupada total aquellas personas que no tienen acceso a atención médica como prestación de su actividad laboral, finalmente el resultado obtenido se divide entre la población ocupada total.

En cuanto a la dimensión de educación, el indicador considerado es el de *ausencia de trabajo infantil* (X_{TI}), en el cual se detecta a la población ocupada con edad fuera de atender el nivel de educación básica y que no tienen que combinar el trabajo con el estudio. Este indicador se obtiene restando a la población ocupada total aquellos individuos que tienen entre 12 y 15 años, e igualmente se divide entre la población ocupada total.

En el caso de la dimensión del ingreso, el indicador utilizado es el de *ausencia de pobreza salarial* (X_{PS}), en el cual se capta a la población ocupada con ingresos que permitan tener un nivel de vida relativamente digno, y la forma de obtenerse es restando a la población ocupada total aquellas personas que tienen un salario mensual en o por debajo de la línea de pobreza de capacidades,[14] para después dividir este resultado entre la población ocupada total.

[14] Pobreza de capacidades se refiere a la insuficiencia del ingreso disponible para adquirir el valor de la canasta alimentaria y efectuar los gastos necesarios en salud y educación, incluso utilizando el ingreso total de los hogares nada más que para estos fines. El cálculo se hace considerando la línea de pobreza de capacidades

Para determinar la dimensión de condición laboral del trabajador, los indicadores utilizados *son la intensidad de la jornada laboral* (X_{IL}) *y formalidad en el empleo* (X_{FE}). El primero de ellos tienen como objetivo mostrar a la población ocupada que tiene una jornada de trabajo con una duración razonable, y se mide restándole a la población ocupada total aquellas personas que laboran fuera del rango de entre 25 y 48 horas, dividiendo el resultado entre la población ocupada total. El segundo de los indicadores tiene como objetivo captar a la población ocupada laborando en establecimientos que den un mínimo de certeza jurídica, y la forma de medirlo es excluyendo de la población ocupada total aquellas que laboran en establecimiento sin registro de formalidad o razón social, dividiendo el resultado entre la población ocupada total.

Una vez obtenidos los valores para cada uno de los indicadores, se realiza el cálculo correspondiente para obtener el valor del ICS.[15]

Las fuentes de información para estimar los valores del ics son la *Encuesta Nacional Empleo* (ENE) y *Encuesta Nacional de Ocupación y Empleo* (ENOE) del INEGI, con las cuales se puede obtener los valores del ICS para las entidades federativas, así como para las principales ciudades y con esto poder hacer un comparativo del desarrollo laboral regional en México.

Al aplicar esta propuesta, del PNUD-México, para conocer el desarrollo y calidad de las condiciones laborales tanto en México como para el estado de Nuevo León, nos refiere que el ICS para la entidad se ha venido reduciendo, pasando de un valor de 0.781 en el año 2000 a 0.696 en el año 2010, lo cual refiere que el desarrollo laboral y la calidad del empleo en la entidad han empeorado, trayendo una situación de menor competitividad social del empleo en la entidad. Cabe mencionar que esta reducción también es nacional, sin embargo, cuando se hace un comparativo entre la entidad con lo registrado a escala nacional, el ICS para el estado, durante el periodo de 2000-2010, se ubica por encima de éste. El estado de Nuevo León se ubica en la posición 3 con mejor valor del ICS en el año 2000 y en la 5 en el 2010.[16]

---

rural y urbana cuyos datos para 2008 eran de $835.52 y $1 164.41 mensuales respectivamente, menos de un salario mínimo en ambos casos.

[15] ICS = (XTI+XSS+XIL+XPS+XFE)/5.

[16] Junto con el estado de Nuevo León, Chihuahua y Baja California son las otras entidades que ambos años, 2000, y 2005 y 2010, se mantienen dentro de las primeras

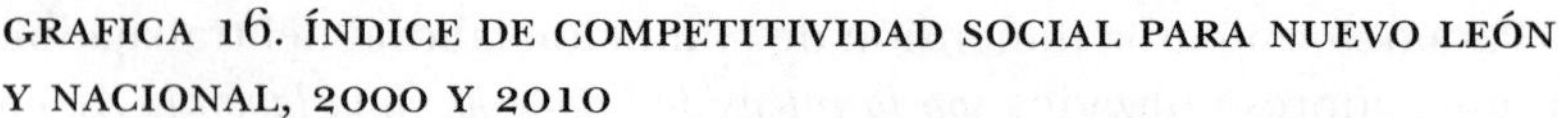

GRAFICA 16. ÍNDICE DE COMPETITIVIDAD SOCIAL PARA NUEVO LEÓN Y NACIONAL, 2000 Y 2010

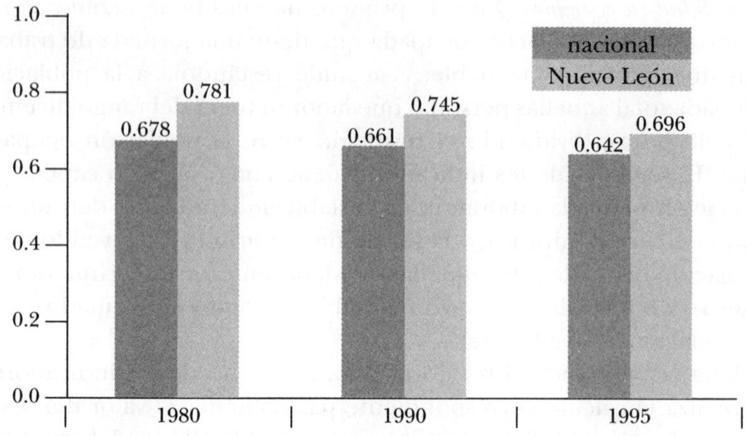

FUENTE: elaboración con información de la base de microdatos de la *Encuesta Nacional de Empleoy Encuesta Nacional de Ocupación y Empleo*, INEGI, 2011. *Datos referidos al segundo trimestre de cada año.

Cuando se compara los valores estimados del ICS con los obtenidos a través del índice de trabajo decente, se tiene que los del ICS son relativamente mayores a los de este último, lo cual se debe en general a la forma metodológica de la estimación de los índices y de manera particular a las siguientes consideraciones:

- Por un lado, en el cálculo del indicador de *ausencia de trabajo infantil* del ICS, y que podría ser el equivalente al de la *tasa de empleo durable* del índice de trabajo decente, se considera como trabajo infantil a las personas con edades de entre 12 y 15 años, mientras que en el segundo, el rango de edad considerado es de entre 12 y 17 años. Es decir, para el ICS las personas ocupadas de 16 y 17 años son consideradas como adultas. De la misma manera, mientras que la propuesta del trabajo decente busca promover los derechos laborales de los trabajadores y por ello, quienes no perciben ingresos o perciben ingresos menores a un salario mínimo quedan fuera, el ICS los integra a su indicador. En suma

---

cinco estados con mayor valor para el ICS.

mientras que el ICS solo mide el empleo, el idt mide la calidad y la dignificación de los mismos.

- Por otro lado, en el cálculo de la *tasa de población ocupada remunerada con salario suficiente* en 2008, del índice de trabajo decente, y que equivaldría al indicador de ausencia de pobreza salarial del ICS, el parámetro utilizado para considerar el personal ocupado con ingresos suficientes, fue excluir a aquellas personas con ingresos inferiores a 3.2 salarios mínimos, mientras que en el indicador de *ausencia de pobreza salarial*, el parámetro utilizado fue la línea de pobreza de capacidades que estima el CONEVAL, el cual fue de menos de un salario mínimo para el mismo 2008. Esto lleva a que el número de excluidos sea menor en el indicador del ICS, y por consiguiente el número de pobres sea mayor para el indicador del trabajo decente. Aquí se observa una sustancial diferencia, mientras que el ICS reconoce al salario mínimo como un ingreso que en los hechos cumple con la norma constitucional, en la propuesta del IDT su objetivo es conocer cuál es el monto que en los hechos le permita a una familia satisfacer los derechos del hombre en lo relativo a alimentación vivienda, salud, educación y con ello, tener la capacidad de llevar una vida con dignidad. Este rango corresponde a 3.2 salarios mínimos de 2008. De tal suerte que, mientras el ICS mide como estamos, excluyendo a los niños menores de 16 años y a quienes ganan menos de un salario mínimo, el ITD busca medir hacia dónde debemos aspirar y qué debemos hacer para escapar de la precarización laboral.

Al promediar estos dos indicadores de ausencia de trabajo infantil y ausencia de pobreza salarial con el resto de las que conforman el ICS, hace que los valores que se obtengan para ICS se incrementen.

Aunque con ambas propuestas se puedan conocer las condiciones laborales de una región y además la coincidencia en algunos elementos, la metodología que se utiliza para su medición no es la misma. Asimismo, los objetivos para los cuales fueron diseñados cada uno los indicadores son diferentes. Por un lado, el objetivo de la creación de ICS de acuerdo al PNUD-México, fue observar la capacidad que tiene una sociedad de generar bienestar a partir del desempeño laboral, como una alternativa de medición de la competitividad de una región. Por otro lado, como se señala en el apartado de trabajo decente, los objetivos de éste giran en torno a conocer las condiciones laborales para transitar a la obtención de empleos dignos y de calidad.

Fenómeno sobresaliente: la creciente participación femenina

El aumento de la participación femenina en el mercado laboral es un fenómeno que va de la mano con la irrupción de la crisis económica y de las mutaciones de los patrones culturales de participación y de relaciones de género desde los años ochenta en el entorno de la globalización. Según Pozos (1995), de 1980 a 1985 se da una combinación vinculada con la necesidad familiar de aumentar el número de miembros trabajadores, con el fin de contrarrestar el desempleo o subempleo masculino y, con una reestructuración económica que significó la quiebra de numerosas empresas instaladas en el AMM y un peso mayor en la creación de empleos en los subsectores servicios personales, sociales y productivos. Otro factor que ha alentado la inserción laboral femenina es el aumento de escolaridad media superior y superior de las mujeres, lo que junto con los procesos culturales en torno a las relaciones entre géneros, tiende a modificar algunos patrones culturales entendidos tradicionalmente como aspiraciones de género.

Tanto en los diferentes grupos de edad como en los diferentes niveles de escolaridad, se dio un aumento en la participación femenina, lo que nos permite observar que creció la participación de las solteras y casadas, sin distinción del grado de escolaridad (Pozos, 1995; Jurado, 2004). No obstante, uno de los grupos que más impacto ha dejado en los últimos años, es el de la categoría esposa, cónyuge o compañera, cuya participación laboral creció en 247.6%, mientras que la participación de los jefes de hogar lo hizo 80.5% y de los hijos 60.1%.[17]

La fuerza laboral femenina en el estado representó 36% de la población ocupada (707 588 mujeres) en el segundo trimestre del 2008, ubicándose principalmente en el sector servicios, donde trabajaba 78.5% del total de las mujeres ocupadas, mientras que en el sector secundario se empleaba 21% y en el sector agropecuario 0.5% (ENOE/INEGI, 2008).

[17] Se etiqueta en femenino debido a que la mayoría, más de 90%, que se ubica en el papel de cónyuges, compañeras(os), esposos(as) del jefe de hogar, son mujeres.

Algunos autores que han escrito sobre las relaciones de género en el AMM, mencionan que a pesar de esta gran participación de las mujeres casadas en el mercado laboral, no ha sido suficiente para que los papeles de los miembros familiares se ajusten a los tiempos de las trabajadoras, implicando la doble jornada en sus actividades (Ribeiro, 2004; Jurado, 2004).

Sin embargo, hay otros estudios que sugieren que con la entrada de las mujeres al mercado laboral, éstas han logrado un mayor empoderamiento, el cual tiene que ver con un mayor control sobre su propia vida, es decir, disfrutan de una mayor autonomía, además de que han logrado un mayor poder de toma de decisiones, acceso y control de recursos económicos; así como la disminución de la violencia en contra de ellas.

En suma, el aumento en la participación laboral de las mujeres es complejo y heterogéneo, con tendencias de precarización y vulnerabilidad, esto conforma ya un importante pilar de la economía estatal, lo que está abriendo otras posibilidades de cambios a futuro en las relaciones de género, la equidad y la participación social de las mujeres.

3.3 CALIDAD DE VIDA: LOS RETOS DE UNA SOCIEDAD CON OPORTUNIDADES

La calidad de vida es una expresión de los niveles económicos, sociales, ambientales y de patrones culturales de la población de un país, así como de las políticas públicas y del marco normativo de las libertades sociales existentes. Así, este concepto constituye una vertiente de conocimiento transversal que es el resultado de un conjunto de condiciones económicas, de las características de los mercados laborales, de la formación y consolidación de las instituciones y de manera sobresaliente de la visión cultural y la participación política de la ciudadanía. Es decir, no solamente implica que la población cuente con condiciones materiales esenciales para su realización personal, sino que ésta pueda vivir y convivir en entornos sociales, políticos, culturales y ambientales que brinden satisfacción y posibilidades de crecimiento personal. Un aspecto relevante de la calidad de vida se relaciona con el entorno ambiental y sus características, como la calidad del aire, del agua, del suelo y en general con ecosistemas bien conservados, que faciliten vivir en armonía con la naturaleza humana y natural, puesto que el uso indiscriminado de los recursos naturales renovables y no renovables (minerales y combustibles fósiles), plantea el problema de su agotamiento y los efectos indirectos de su explotación, como es la contaminación.

En el aspecto social, según Sen y Nussbaum (1993), la calidad de vida da cuenta de los niveles de bienestar de una sociedad y de su impacto en la equidad. Hace referencia a las condiciones de vida como la salud, la educación, la vivienda y demás servicios, así como a los ingresos. Pero también da cuenta de las oportunidades que distintos sectores de la población tienen respecto de los demás. De tal forma, la igualdad de oportunidades y de inclusión a las estructuras socioproductivas y de participación política y social en grupos específicos, como las mujeres y los jóvenes, por ejemplo, forman parte la agenda para mejorar la calidad de vida en una sociedad. Son múltiples los indicadores que se pueden utilizar para analizar la calidad de vida en el aspecto social (salud y servicios médicos, educación, recreación, dignidad en el trabajo, remuneración laboral, libertades sociales y políticas). En nuestro caso hemos seleccionado las siguientes características: infraestructura sanitaria, índice de desarrollo humano (IDH), profundizando en sus tres componentes: salud, educación e ingresos y el problema de la desigualdad y marginación social, que nos parecen importantes para la comprensión de la calidad de vida de la población neolonesa. También hemos incluido el problema de la exclusión social que agravia a la sociedad y particularmente a ciertos grupos vulnerables: las mujeres y los jóvenes.

Con este análisis pretendemos elaborar un diagnóstico de algunos de los aspectos sociales más relevantes para la comprensión de la problemática de la calidad de vida y las políticas institucionales que pueden realizarse, para asumir el compromiso de aumentar y mejorar las oportunidades de equidad en el estado de Nuevo León.

Diagnóstico de la infraestructura sanitaria

La infraestructura sanitaria constituye un indicador del grado de desarrollo social con el que cuenta una sociedad en beneficio de la población que la constituye. La inversión pública en infraestructura que se realiza en Nuevo León tiene la particularidad de ser muy dinámica y extensiva, particularmente en su área metropolitana, donde los niveles de bienestar social y de oportunidades de empleo favorecen la inversión económica y el flujo migratorio. Sin embargo, las tendencias en las zonas rurales del estado son opuestas, registrándose carencias preocupantes que apuntan a la desigualdad de oportunidades para ese sector poblacional.

En general, la infraestructura sanitaria del estado es de alta cobertura. En 2010, 96.6% de la población contaba con el servicio del agua potable, 99.7% con electricidad, 95.8% con drenaje y 98.0% de las viviendas con piso de cemento (gráfica 17). La diferencia de esta cobertura estatal se ubica principalmente en el ámbito rural, particularmente en la zona sur, donde "la vida concentrada en poblados o dispersa en zonas abiertas es austera [...] Sus carencias son graves, muestra de ello es la limitada cobertura de los servicios públicos básicos. Por lo regular los poblados campesinos no cuentan con drenaje ni agua potable entubada, llegando a recibir el suministro en pipas o recolectándola en tanques y en vasos que la captan en pequeñas presas" (Zebadúa, 2009).

GRÁFICA 17. COBERTURA DE INFRAESTRUCTURA SANITARIA NUEVO LEÓN, 1990-2010

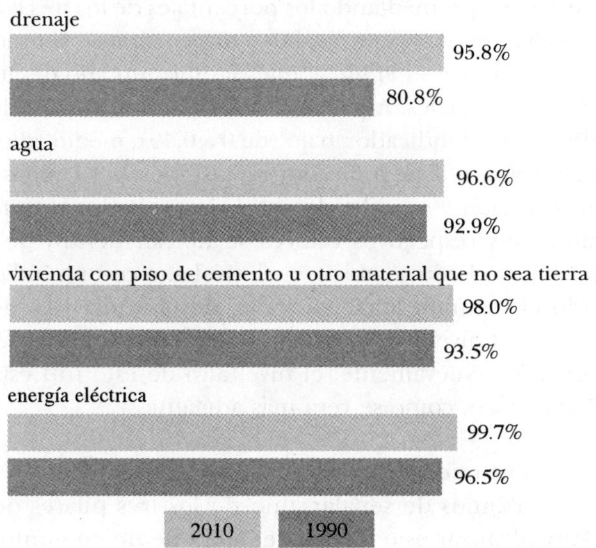

FUENTE: INEGI, *Censos de Población y Vivienda de México, 1990 y 2010*, 1991, 2011.

La infraestructura sanitaria es, consecuentemente, un factor contribuyente para el desarrollo sustentable e impacta positivamente en aspectos esenciales de la vida humana, como lo son la salud, la vivienda digna y segura y el bienestar. Se observa que en aquellas regiones con amplia cobertura sanitaria se logran abatir algunos riesgos de enfermedades ligados a la pobreza, lo que permite impactar positivamente en la formación del idh, uno de los indicadores más utilizados en relación a la calidad de vida.

El índice de desarrollo humano

Como lo señalamos anteriormente, el Programa de las Naciones Unidas para el Desarrollo (PNUD) elaboró a partir de 1990 un indicador alternativo al producto interno bruto (PIB) para medir el desarrollo de la población denominado índice de desarrollo humano (IDH). Éste cuantifica tres condiciones fundamentales: la salud, representada por la esperanza de vida al nacer; la educación, considerando la tasa de alfabetización de los adultos y la tasa bruta de escolarización para todos los niveles; y el nivel de vida, representado por el PIB per cápita. Este índice se calcula promediando los porcentajes de los tres componentes del IDH (salud, educación y nivel de PIB per cápita). Considera valores entre 0 y 1, donde 1 es el ideal, que significa un alto desarrollo en las oportunidades sociales. A partir de estos valores, se han determinado tres niveles para el indicador, bajo (de 0 a 0.49), medio (de 0.50 a 0.79) y alto (de 0.80 a 1).Este indicador de las Naciones Unidas ha logrado una alta adhesión y es utilizado por países, estados y municipios que elaborando sus respectivos índices se ubican dentro de una escala mundial. Nuevo León se ubica en el nivel alto con un índice de 0.867, ocupando el segundo lugar nacional, después del Distrito Federal y por encima del nivel medio nacional que es de 0.815 en 2005 (PNUD-México, 2007). Nuevamente, el nivel alto de este IDH estatal se concentra en el AMM, como se verá más adelante.

a] Salud, oportunidad para la vida

Como lo acabamos de señalar, uno de los tres pilares del IDH es la salud. Para alcanzar este bien se requiere de un conjunto de oportunidades brindadas por la sociedad, dentro de las cuales resalta el acceso a los servicios de salud en el estado. El acceso implica la cobertura que ofrecen las instituciones públicas como IMSS, ISSSTE, Hospital Universitario, Secretaría de Salud y Seguro Popular, entre otras instituciones de seguridad social públicas. Otra modalidad creciente en el AMM son las instituciones de salud privada para los sectores de ingresos medios y altos de la población, que gozan de atención médica a través de seguros médicos privados.

Nuevo León cuenta con un alto número de centros especializados del sector público, por ser la sede de la delegación regional norte del Instituto Mexicano del Seguro Social. En 2006, en el estado existían 630 establecimientos de servicios médicos entre hospitales, clínicas, centros de salud, entre otros, de los cuales 579 pertenecían al sistema de seguridad social del estado y 51 eran establecimientos particulares de atención médica en la entidad (SINAIS, 2006).

El IDH y la esperanza de vida

Como ya lo señalamos, el IDH considera la esperanza de vida al nacer, como el indicador representativo de la calidad de vida en salud. Nuevo León es uno de los estados más avanzados en ese campo, posicionándose en el tercer lugar nacional, después de Baja California y el Distrito Federal. De este mejoramiento progresivo de la salud de los neoloneses da cuenta la esperanza de vida al nacer, la cual pasó de 67.2 años de 1970 a 76.8 años para el año 2007, por encima de la esperanza de vida promedio del país (gráfica 18).

GRÁFICA 18. ESPERANZA DE VIDA AL NACER EN MÉXICO Y NUEVO LEÓN, 1970-2007, AÑOS DE VIDA

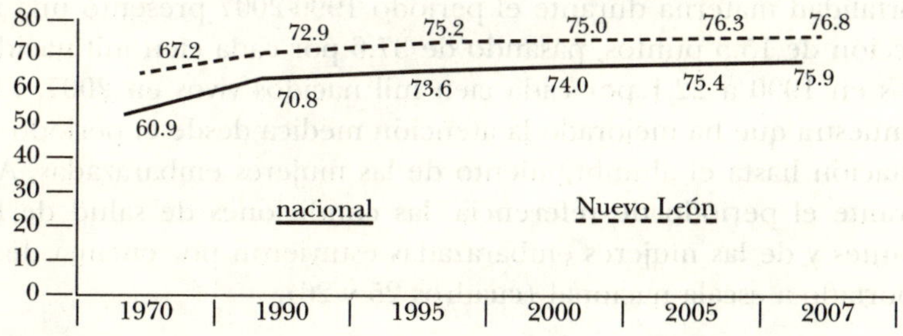

FUENTE: INEGI Y SINAIS, 2008.

Los objetivos del milenio: salud, mortalidad infantil y materna

Aunado a la extensión del promedio de vida que refleja este dato, otros aspectos importantes de medición internacional en relación con la salud se plasmaron en los objetivos del desarrollo del milenio (ODM), que acordaron más de 190 países en la Cumbre del Milenio, realizada en Nueva York, también convocada por las Naciones Unidas en 2000. Constituye una plataforma para la acción orientada a mejorar las condiciones socioeconómicas y ambientales de los países para el mejoramiento de la calidad de vida de sus poblaciones.Se promulgaron ocho objetivos que servirían de referencia para las políticas a seguir en todos los países, con el fin de avanzar hacia una mejoría cuantificable de las condiciones de calidad de vida de la población en 2015. De los objetivos cuarto: *reducir la mortalidad infantil* y del quinto: *mejorar la salud materna* se desprenden dos indicadores que pueden mostrar el avance en la salud y consecuentemente de la calidad de vida de la población infantil y de las mujeres en periodo de gestación. Nos referimos a la tasa de mortalidad infantil (por cada 1 000 nacidos vivos) y la tasa de mortalidad materna (por cada 100 000 nacidos vivos).

En Nuevo León se han mejorado estos dos indicadores; por ejemplo, en 1990 la tasa de mortalidad infantil[18] era 27 por cada mil nacidos vivos y en 2007 bajó a 11 por cada mil nacidos vivos. Esto refleja que existe un mejoramiento en el acceso a los servicios de salud y la atención médica, principalmente en las zonas urbanas, que beneficia no sólo a los derechohabientes de la seguridad social, sino también a la población abierta de aquellos estratos de población que viven en condiciones socioeconómicas precarias. Asimismo, la tasa de mortalidad materna durante el periodo 1990-2007 presentó una reducción de 15.5 puntos, pasando de 37.6 por cada cien mil nacidos vivos en 1990 a 22.1 por cada cien mil nacidos vivos en 2007. Ello demuestra que ha mejorado la atención médica desde el periodo de gestación hasta el alumbramiento de las mujeres embarazadas. Así, durante el periodo de referencia, las condiciones de salud de los infantes y de las mujeres embarazadas estuvieron por encima de lo reportado a escala nacional (cuadros 25 y 26).

[18] Niños menores de un año.

CUADRO 25. OBJETIVOS DEL DESARROLLO DEL MILENIO: TASA DE MORTALIDAD INFANTIL EN MÉXICO Y NUEVO LEÓN, 1990-2007

	México					Nuevo León				
Objetivo 4: Reducir la tasa de mortalidad infantil	1990	1995	2000	2005	2007	1990	1995	2000	2005	2007
Tasa de mortalidad infantil (por cada 1 000 nacidos vivos)	36.2	27.6	23.3	18.8	15.7	27.0	21.0	18.0	14.0	11.0

FUENTE: Sistema de Información de los Objetivos del Desarrollo del Milenio, INEGI.

CUADRO 26. OBJETIVOS DEL DESARROLLO DEL MILENIO: TASA DE MORTALIDAD MATERNA EN MÉXICO Y NUEVO LEÓN, 1990-2007

	México					Nuevo León				
Objetivo 5: Mejorar la salud materna	1990	1995	2000	2005	2007	1990	1995	2000	2005	2007
Tasa de mortalidad materna (por cada 100 000 nacidos vivos)	89	83.2	72.6	61.8	55.6	37.6	22.4	n.d.	25.6	22.1

N.D. Dato no disponible.
FUENTE: Sistema de Información de los Objetivos del Desarrollo del Milenio, INEGI.

La inequidad: el coeficiente de Gini en salud

Tanto el IDH y los indicadores ODM que acabamos de presentar, son promedios generales y debido a ello no abordan la cuestión de la desigualdad presente en las localidades de los estados, de los municipios o de las pequeñas comunidades.

Una medida ampliamente utilizada para representar la magnitud de la desigualdad es el coeficiente de Gini, propuesto por él en 1912 (Sen, 2001) el cual se deriva de la curva de Lorenz.[19] Este índice se ha utilizado sobre todo para estudiar las desigualdades en la distri-

[19] La curva de Lorenz es una útil herramienta para ilustrar gráficamente el grado de dispersión del ingreso o cualquier otra variable. Ésta representa la relación entre las proporciones acumulativas de la población y las proporciones acumulativas del ingreso o de la variable de estudio. El coeficiente de Gini tendera a 0 conforme se acerque la curva de Lorenz a la línea de 45° (que representaría la igualdad) y a 1 conforme se aleje. Por lo tanto, el Coeficiente de Gini resultaría de multiplicar dos veces el área A, que es el área que se forma entre la línea de 45° y la Curva de Lorenz. Curva de Lorenz.

bución del ingreso, pero también se ha utilizado en el estudio de las desigualdades en salud (Wagstaff y Van Doorslaer, 1992).

Para cuantificar la desigualdad en la salud podemos aplicar la metodología del coeficiente de Gini en las variables, tasa de mortalidad de menores de cinco años y tasa de mortalidad materna, para profundizar en el conocimiento de la equidad en la salud que prevalece en el estado.

Para calcular el coeficiente de Gini nacional y para Nuevo León de cada uno de los indicadores propuestos, primero se calcula a escala municipal cada una de las tasas antes mencionadas.[20] Cabe señalar que existe una limitante importante en nuestro análisis debido al subregistro en las estadísticas de defunciones, tanto infantiles (principalmente en los menores de un año) como de las mujeres embarazadas y en periodo de posparto. Según el coeficiente de Gini,[21] a medida que el valor obtenido se acerque a 1 existe mayor inequidad en servicios de salud y falta de oportunidades de salud en los grupos vulnerables y lo contrario ocurre si se dirige hacia el 0. A continuación presentamos los resultados promedio de las tasas de mortalidad de menores de cinco años y de la mortalidad materna y sus respectivos coeficientes de Gini (cuadros 27 y 28).

Como podemos observar en el cuadro 27, aún cuando la tasa de mortalidad mejoró significativamente, tanto nacional como en Nuevo León, disminuyendo progresivamente durante el periodo de análisis, una tendencia opuesta se verificó simultáneamente en términos de desigualdad. El coeficiente de Gini se movió en 13% hacia la desigualdad a escala nacional y 24% en Nuevo León. Esto significa que los logros se están concentrando en los sectores urbanos de ingresos suficientes, mientras los sectores marginados urbanos y la población

[20] Cabe señalar, que la información relacionada a los nacidos vivos se refiere solamente a los registrados al nacer; sin embargo, para disminuir la subestimación de estos datos esta información se complementó y ajustó por las estimaciones del Consejo Nacional de Población (CONAPO) de México de los nacidos vivos.

[21] La fórmula del coeficiente de Gini (CG) que se aplicará para cada uno de los indicadores de salud propuestos, es la siguiente donde:

CG_j = al coeficiente de Gini del indicador de salud j.

Y_i: Proporción acumulada del indicador en salud del municipio i.

X_i: Proporción acumulada de la población de nacidos vivos del municipio i.Como se mencionó, este índice varía entre 0 y 1, donde 0 se refiere a igualdad completa y 1 a desigualdad máxima.

CUADRO 27. TASA DE MORTALIDAD DE MENORES DE 5 AÑOS Y COEFICIENTE DE GINI DE SALUD MÉXICO Y NUEVO LEÓN, 1990-2007

Año	México		Nuevo León	
	Tasa de mortalidad de menores de 5 años	Coeficiente de Gini	Tasa de mortalidad de menores de 5 años	Coeficiente de Gini
1990	40.1	0.372	30.5	0.336
1995	36.5	0.452	28.8	0.409
2000	30.8	0.443	20.9	0.421
2005	25.9	0.412	17.3	0.424
2007	25.1	0.419	17.5	0.417

FUENTE: *Estadísticas Vitales de Nacimientos y de Mortalidad,* INEGI, 1991; 2001; 1995 y 2005; *Censos de Población,* 1990 y 2000; *Conteo de Población,* INEGI, 1995 y 2005 del; *Proyecciones de Población,* CONAPO, y *Base de Datos de defunciones,* Secretaria de Salud.

CUADRO 28. TASA DE MORTALIDAD MATERNA (POR CADA CIEN MIL NACIDOS VIVOS) Y COEFICIENTE DE GINI EN SALUD MÉXICO Y NUEVO LEÓN, 1990-2007

Año	México		Nuevo León	
	Tasa de mortalidad materna	Coeficiente de Gini	Tasa de mortalidad materna	Coeficiente de Gini
1990	71.4	0.341	35.9	0.239
1995	66.9	0.327	29.2	0.248
2000	54.7	0.417	36.9	0.305
2005	52.9	0.416	34.1	0.340
2007	52.6	0.426	31.3	0.337

FUENTE: *Estadísticas Vitales de Nacimientos y de Mortalidad, Censos de Población,* 1990 y 2000; *Conteo de Población,* INEGI, 1995 y 2005; *Proyecciones de Población,* CONAPO, y *Base de Datos de defunciones,* Secretaria de Salud.

rural mantienen los patrones de exclusión que prevalecen en el país y sus regiones. En este caso, se presenta una tendencia mayor a la inequidad en Nuevo León que en país en el rubro de la salud, a pesar de que el estado cuenta con una importante infraestructura hospitalaria y de centros de salud que, como lo mencionamos anteriormente lo ubica en segundo lugar nacional, seguido del Distrito Federal, en capacidad de oferta de servicios médicos y hospitalarios. Así, en México el coeficiente de Gini se desplazó de 0.372 en 1990 a 0.419 en 2007. Para Nuevo León la misma tendencia es mucho más intensa pasando el coeficiente de Gini de 0.336 a 0.417 en dichos años, alejándose desafortunadamente del indicador de equidad de 1990 (0.336), aunque mantiene su tercer lugar en el IDH-Salud a nivel nacional. Este crecimiento de la desigualdad significa que muchas de esas muertes infantiles se habrían evitado si los entornos económicos, sociales, institucionales y culturales se hubiesen fortalecido durante estos años en las regiones más vulnerables del país y en los municipios y sectores marginados urbanos de Nuevo León.

En lo relacionado a la tasa de mortalidad materna, se puede observar, en el cuadro 28, que en Nuevo León es muy baja, 35.9 por cada 100 000 nacidos vivos en 1990, mientras que en el país fue de 71.4 en el mismo año. Para 2007, la situación mejoró, pues la tasa cayó a 31.3 en Nuevo León, una reducción de 12%, mientras que a escala nacional se ubicó en 52.6, es decir, se redujo 26%. De esta manera, se presentó la misma tendencia hacia la inequidad, como lo muestra el coeficiente de Gini, que pasó de 0.341 a 0.426 para el total nacional y con mayor intensidad en Nuevo León, al pasar de 0.239 a 0.337 en el mismo periodo. Estas tendencias, tanto para la mortalidad de menores de 5 años como para la materna, muestran un marcado retroceso en la equidad relacionada con la salud, señalando las áreas de oportunidad que se pueden abrir para impulsar la equidad como detonador del desarrollo sustentable, implementando políticas y acciones específicas en beneficio de los infantes y de las mujeres embarazadas en grupos y regiones vulnerables.

Impulsando la equidad: población abierta

La cobertura de salud en la población abierta es otro dato importante para señalar. De acuerdo con información de CONAPO para el 2007, el 69% de la población está cubierta por alguna de las 630 instituciones públicas o privadas de salud existentes en el estado; por lo tanto, el 31% restante, conocido como la población abierta, entendida como aquélla que no cuenta con ningún tipo de cobertura, constituye el sector más vulnerable y carente de oportunidades para la vida sana. La población abierta encuentra acceso a los servicios de salud a través de la Secretaría de Salud. Cabe señalar que la tasa de cobertura que proporcionó esta Secretaría ascendió a 64% de la población abierta en 2007, quedando el 36% restante en condiciones que no se pueden precisar, dado que algunas de las razones por las que no asistieron en busca de servicios médicos pudo ser la ausencia de enfermedad, la automedicación o cualquier otra circunstancia. Esta tasa de cobertura ha ido fluctuando a través del tiempo, como se observa en la gráfica 19.

Si se suma la población con cobertura en alguna institución de salud pública o privada (69%) a la población abierta que acudió a recibir atención médica en algún centro de la Secretaría de Salud, que representa 20%, se cuenta con una infraestructura institucional que brinda acceso a por lo menos 89% de la población, lo que constituye un indicador muy alto. Este entorno, aunado a las legislaciones laborales y de salud, constituyen los soportes fundamentales en el buen desempeño que han tenido los indicadores aquí presentados. Por todo lo anterior, es importante señalar la agenda pendiente para mejorar la situación de la salud en el estado:

· Atender las condiciones de inequidad y extender las oportunidades de acceso a los servicios de salud en grupos y localidades vulnerables
· Impulsar una estrategia orientada a elevar la calidad de los servicios, logrando que sean más eficientes y elevando la atención no sólo médica sino la psicológica y espiritual
· Resolver el problema de la escasez de medicamentos.

GRÁFICA 19. COBERTURA EN SALUD DE LA POBLACIÓN ABIERTA POR LA SECRETARÍA DE SALUD NUEVO LEÓN, 2000-2007 (%)

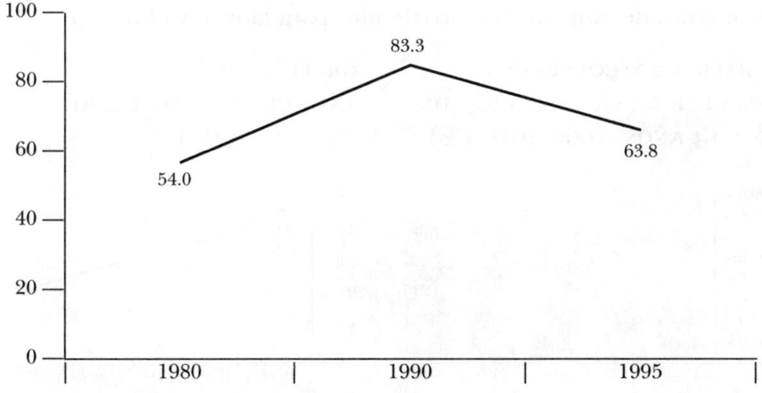

FUENTE: INEGI, 2001, y SINAIS, 2008.

Todos estos aspectos, de ser resueltos, redundarán en crear las condiciones propicias para que la salud, elemento vital para la vida, sea una experiencia cotidiana, que genere el sentimiento de bienestar y de seguridad.

b] Educación, para la construcción de capacidades

El segundo componente del IDH es el educativo, representado por la cobertura en educación básica (tasa bruta de escolarización para todos los niveles) y el promedio de analfabetismo. El Estado, institución constitucionalmente responsable de tutelar el renglón educativo en su nivel básico (preescolar, primaria y secundaria), destina para ello una buena parte de la riqueza socialmente creada. Esto se ha hecho a pesar del prolongado bajo crecimiento del PIB en los últimos 25 años. Como se verá, esta inversión ha dado resultados positivos.

Los niños y los adultos: cobertura en educación básica y analfabetismo

En Nuevo León la cobertura de la población (6 a 14 años) en educación básica (sin incluir el nivel preescolar) ha mejorado progresivamente. En 1990 la cobertura era de 92.7% y en 2010 pasó a 97.0% de la población en dicho rango de edad. Correlativamente, la población analfabeta disminuyó pasando de 4.6% a 2.2% en el mismo periodo (gráficas 20 y 21). Estos indicadores muestran el avance significativo en la capacidad institucional del Estado para que su población alcance los medios de ampliar sus capacidades para la vida y el trabajo.

GRÁFICA 20. COBERTURA ESCOLAR DE LA POBLACIÓN DE 6 A 14 AÑOS, 1990-2010 (%)

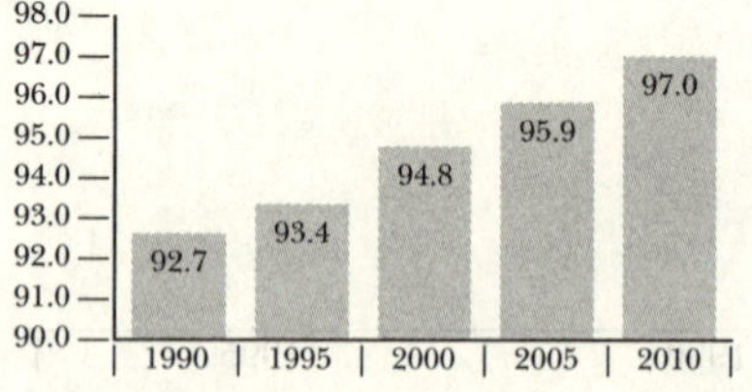

GRÁFICA 21. TASA DE ANALFABETISMO 1990-2010 (%)

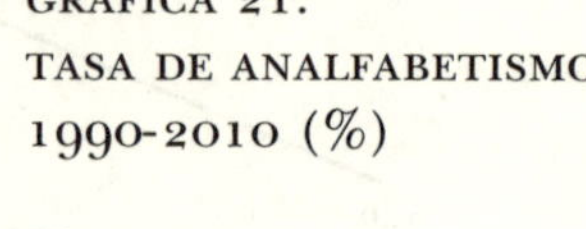

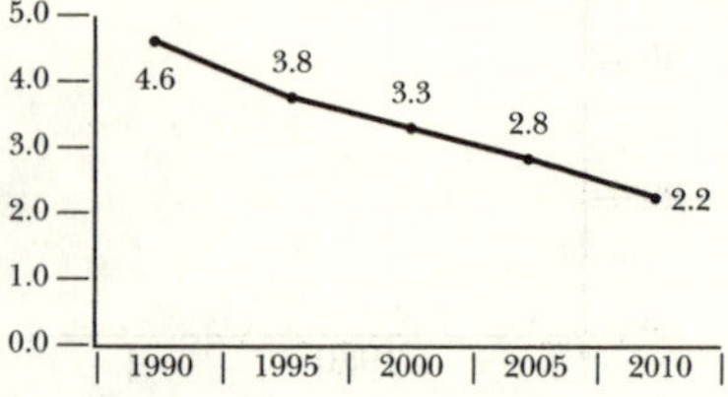

FUENTE: 20] INEGI, 2001 y 2010; 21] INEGI, 2001 y 2010.

Sin embargo, este mejoramiento progresivo no ha tenido la intensidad deseable, ya que si bien en el año 2000 Nuevo León se encontraba en el cuarto lugar de cobertura nacional en educación básica –por debajo de estados como el Distrito Federal y Baja California–, en 2010 ascendió y se posicionó dentro de los tres primeros lugares en este rubro. En lo que respecta al analfabetismo, en 2010 Nuevo León ocupó el segundo lugar como la entidad de menor tasa de analfabetismo, sólo por debajo del Distrito Federal (INEGI, 2001; 2011).

Con relación a la equidad, se presenta una situación parecida al rubro de la salud en cuanto a la desigualdad intermunicipal. Por ejemplo, la tasa de analfabetismo, que para Nuevo León es de 2.2% en 2010, en los municipios de más altos ingresos, como San Pedro Garza García y San Nicolás de los Garza es más baja, 1.4% y 1.2% respectivamente, mientras que para municipios pobres como Mier y Noriega y Aramberri es de 14.2% y 10.7%, respectivamente, para el mismo año. Un aspecto adicional aquí no desarrollado, pero que es importante mencionar, es el relacionado con la calidad educativa, pues, aunque Nuevo León se coloca por encima del promedio nacional según diversas evaluaciones de desempeño, a escala internacional, las pruebas PISA[22] 2006 señalan que el porcentaje de estudiantes en los niveles 0 y 1 (insuficientes[23]) en el estado son altos: 37% en ciencias, 45% en matemáticas y 29% en lectura, que, si bien son menores al promedio nacional, sobrepasan en buena medida al promedio de los países de la Organización para la Cooperación y el Desarrollo Económicos (OCDE) (cuadro 29).

c] El ingreso per cápita, inequidad y exclusión social

El ingreso per cápita es otro indicador que utiliza el IDH y sirve para conocer la capacidad de creación de valor y de distribución promedio que existe en una nación. Si bien el ingreso per cápita nacional fue

[22] El Programa para la Evaluación Internacional de Estudiantes (PISA) de la OCDE consiste en la aplicación de pruebas estandarizadas de habilidades en lectura, matemáticas y ciencias, a muestras de jóvenes de 15 y 16 años que asisten a la escuela, independientemente del grado en el que estén inscritos. Estas pruebas miden habilidades complejas necesarias para la vida en la sociedad del conocimiento (INEE, 2007).

[23] De acuerdo a la descripción de los niveles de desempeño de la prueba PISA, los niveles 0 y 1 son insuficientes para acceder a estudios superiores y para las actividades que exige la vida en la sociedad del conocimiento.

CUADRO 29. PORCENTAJE DE ESTUDIANTES POR NIVEL DE DESEMPEÑO EN LA ESCALA GLOBAL SEGÚN ÁREA PISA 2006, MÉXICO, NUEVO LEÓN, PROMEDIO OCDE

NIVEL	NIVEL 0	NIVEL 1	NIVEL 2	NIVEL 3	NIVEL 4-6
		Área: Ciencias			
México	18	33	31	15	3
Nuevo León	10	27	37	21	5
Promedio OCDE	5	14	24	27	29
		Área: Matemáticas			
México	28	28	25	13	5
Nuevo León	16	29	29	19	7
Promedio OCDE	8	14	22	24	32
		Área: Lectura			
México	21	26	29	18	6
Nuevo León	7	22	32	27	11
Promedio OCDE	7	13	23	28	29

FUENTE: INEE, 2007; PISA 2006 en México.

de 6 mil dólares anuales, para la entidad fue de 10 mil en 2005, incluso 2% más que el registrado en 2000, lo que le permitió ocupar el segundo lugar nacional (al igual que con el IDH), sólo detrás del Distrito Federal (PNUD-México, 2008). Sin embargo, y como ya se mostró anteriormente, la estratificación de la población por ingresos salariales tiene una base muy amplia de sectores mayoritarios con ingresos inferiores a tres salarios mínimos (considerado como el salario suficiente en el año 2008) y una cúspide muy estrecha con ingresos salariales muy superiores a dicho rango.

No obstante que Nuevo León ocupó en 2005 el segundo lugar del IDH (0.87), cuando se desagrega la información se aprecian grandes contrastes, los cuales inciden en los procesos sociales: dos de los municipios del área metropolitana de Monterrey, San Pedro Garza García (0.95) y San Nicolás de los Garza (0.91) figuran entre los diez de mayor IDH de México y con niveles de calidad de vida equivalentes al de países como España y Dinamarca, mientras que los dos municipios de menor nivel de desarrollo se ubican en el lugar 2 162 (Mier y Noriega, 0.67) y 2 218 (Aramberri, 0.66) de un total de 2 454 municipios en el país.

En otras palabras, en términos comparativos México ocupó el lugar 52 en 2005 y el municipio de San Pedro Garza García por su alto IDH podría ocupar el lugar 13 entre los países del mundo (con un ingreso per cápita de 34 mil dólares anuales), apenas detrás de Estados Unidos. Esto mientras que el municipio de Aramberri (con un ingreso per cápita de 3 500 dólares anuales) ocuparía el lugar 123, detrás de Tayikistán. La desigualdad se hace evidente: de manera imaginaria, más de cien países separan a San Pedro Garza García de Aramberri.

Lo anterior demuestra la importancia de rebasar el simple indicador del ingreso per cápita, haciendo preciso recurrir a otras metodologías para abordar el problema de la desigualdad y la marginación social que prevalecen en la entidad. Con este propósito, para observar la pronunciada desigualdad del ingreso de la población en el estado de Nuevo León se ha empleado el coeficiente de Gini. Así, en 1994 este coeficiente fue de 0.430, lo cual indica una desigualdad muy elevada, que aumentó en 2000 para ubicarse en 0.484, se redujo en 2002 (0.366) y volvió a aumentar en 2004 y 2008 (0.426 y 0.490 respectivamente). Es decir, en un periodo de doce años hubo pocos avances en materia de equidad, pues la distribución del ingreso se mantuvo en niveles muy similares a los que había en 1994. Estas tendencias nos revelan la urgente necesidad de impulsar políticas públicas efectivas que reduzcan la desigualdad social de manera consistente y sostenida (gráfica 22).

GRÁFICA 22. COEFICIENTE DE GINI DE LA DISTRIBUCIÓN DEL INGRESO, 1994-2008 (%)

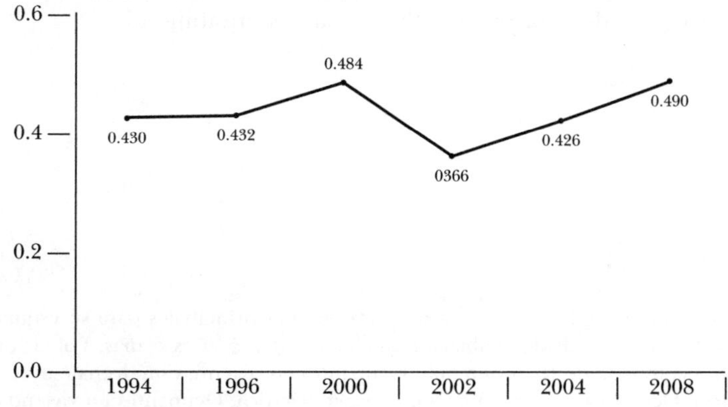

FUENTE: Puente y González, 2008, y CONEVAL.

A efecto de obtener una mejor perspectiva de esta compleja problemática social, el coeficiente de Gini puede complementarse con el índice de marginación[24] propuesto por el Consejo Nacional de Población (Conapo). En éste, Nuevo León también aparece como la segunda entidad de menor grado de marginación nacional pero con los mismos contrastes antes mencionados: municipios de muy baja y de muy alta marginación, estos últimos ubicados principalmente en el sur del estado.

En el mapa 5 se observa que en el estado se demarcan tres zonas con bastante claridad: la zona media, que incluye los municipios del AMM y el corredor de la zona citrícola, los cuales presentan escaso grado de marginalidad; la superior, correspondiente al norte del estado, con un bajo grado de marginalidad y la del sur, con alto grado de marginalidad, donde se encuentran los ya citados municipios de Aramberri y Mier y Noriega. Sin embargo, conviene aclarar que el hecho de que los municipios del AMM tengan un grado mínimo de marginalidad en valores estadísticos, ello no excluye la existencia de estratos donde se concentran grupos de población con alta marginalidad. La diferencia con relación a otras regiones del país se debe al tamaño relativo de esos sectores.

En suma, puede decirse que la calidad de vida en Nuevo León presenta valores satisfactorios para la mayoría de la población, si bien existe un sector importante de la población excluida de las oportunidades institucionales que brinda la entidad, la cual requiere de programas y políticas específicos que atiendan las cuestiones del desarrollo desde una perspectiva de la sustentabilidad.

[24] Este índice aplica la técnica de componentes principales para su estimación y considera en su cálculo: Población analfabeta de 15 años o más, Población sin primaria completa de 15 años o más, Ocupantes en viviendas sin drenaje ni servicio sanitario, Ocupantes en viviendas sin energía eléctrica, Ocupantes en viviendas sin agua entubada, Viviendas con algún nivel de hacinamiento, Ocupantes en viviendas con piso de tierra, Población en localidades con menos de 5 000 habitantes y Población ocupada con ingreso de hasta 2 salarios mínimos.

MAPA 5. GRADO DE MARGINACIÓN EN LOS MUNICIPIOS,[1] 2005

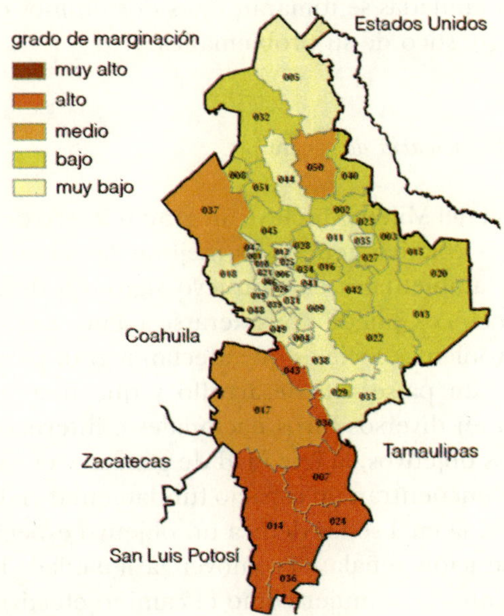

FUENTE: CONAPO, 2006.

[1] Para el año 2005, según el CONAPO (2006) los rangos del índice de marginación son los siguientes: Menor a –1.2 = Muy bajo, de –1.22 a –0.64 = Bajo, de –0.65 a 0.77= Medio, de 0.78 a 1.06= Alto; Mayor a 1.06 = Muy alto.

3.4 PROBLEMAS DE EXCLUSIÓN EN SECTORES ESPECÍFICOS: MUJERES Y JÓVENES

En los últimos decenios, la población mexicana se ha visto inmersa en diversas crisis sistémicas que han impactado tanto la transformación paulatina de usos y costumbres culturales como la composición de los mercados laborales, por mencionar dos ejemplos. Sectores como el de los jóvenes y las mujeres entraron en nuevas dinámicas relacionadas con su mayor participación económica desde los años ochenta, en condiciones de mayor vulnerabilidad laboral. Esto ha implicado que muchos jóvenes queden excluidos de continuar su educación y que las mujeres se vean obligadas a sumar a sus responsabilidades familiares otras de tipo económico. En un entorno en que las expectativas nacionales de mejoría en el empleo y en la educación siguen siendo limitadas se tomarán estos dos últimos casos para presentar un diagnóstico de su problemática.

Las mujeres y la violencia de género

La Declaración del Milenio incluye un gran número de compromisos concretos cuyo objetivo general es mejorar las situaciones sociales, económicas y ambientales en el nuevo siglo. La definición de sus objetivos específicos puede considerarse como una síntesis de los principales problemas sociales que afectan a gran parte de la población que vive en países en desarrollo y que han sido objeto de preocupación en diversos foros nacionales e internacionales. En el marco de estos objetivos, la igualdad de género y el empoderamiento de la mujer encuentran un espacio fundamental en la Declaración del Milenio, en la cual se les dedica un objetivo específico (objetivo 3). Esta declaración señala: "Promover la igualdad de género y el empoderamiento de la mujer como el camino efectivo para combatir la pobreza, el hambre y las enfermedades y estimular un desarrollo realmente sustentable". Este documento sostiene que la igualdad de género no es sólo un objetivo en sí mismo, sino una condición esencial para alcanzar todas las metas de desarrollo. De ahí que se resolvió promover la igualdad de género y la potenciación de la mujer como forma eficaz de combatir la pobreza, el hambre y las enfermedades, así como de estimular un desarrollo sustentable. Cualquier evaluación del progreso hacia la igualdad de género exige una comprensión de los principales factores que modelan nuestro mundo actual.

Las estadísticas describen un panorama aterrador sobre las consecuencias producidas por la violencia de género, tanto sociales como para la salud . Para las mujeres de entre 15 y 44 años de edad, la violencia constituye una importante causa de muerte y discapacidad. En un estudio de 1994 basado en datos del Banco Mundial sobre diez factores de riesgo seleccionados que enfrentan las mujeres en este grupo, la violación y la violencia doméstica se ubicaron antes que el cáncer, los accidentes de tránsito, la guerra y la malaria.[25]

[25] Unifem (2007), Violencia contra las Mujeres. Datos y Cifras, <www.unifem.

La violencia de género se presenta en diversas formas, grados y espacios a lo largo de la vida de las mujeres, y las afecta sin distinción de edad, raza, condición socioeconómica, escolaridad, nacionalidad, creencia religiosa o política, preferencia u orientación sexual, capacidades o cultura; siendo la muerte el culmen de la violencia de género contra las mujeres.

En México, de acuerdo con la Encuesta Nacional sobre la Dinámica de las Relaciones en los Hogares (ENDIREH) 2006, 67 de cada 100 mujeres de 15 años y más han padecido algún incidente de violencia por parte de su pareja o en los espacios laboral, familiar o escolar. En el caso del estado de Nuevo León, la misma encuesta señala que 39.6% de las mujeres de 15 años y más han sufrido violencia emocional, económica, física o sexual por parte de su pareja, novio o amigo. Las mujeres alguna vez unidas (divorciada, separadas y viudas) señalaron mayores niveles de violencia en la vida conyugal (55.2%) que las mujeres actualmente casadas o unidas (37.6%) y que las solteras (37.1%), lo que sugiere que la violencia en el seno de la pareja es un factor condicionante de su disolución. Los datos de la encuesta dan a conocer que de cada cien mujeres de 15 años y más, que tienen o tuvieron una relación de pareja, 33% han padecido violencia emocional (menosprecios, amenazas, prohibiciones, etc.), 24% violencia económica (les niegan o condicionan el gasto, les prohíben trabajar, les quitan su dinero o bienes, etc.), 18% violencia física (empujones, patadas, golpes, agresiones con armas, etc.) y 7% violencia sexual (les obligan a tener relaciones sexuales o a realizar actos en contra de su voluntad, etc.).

En el mismo sentido, los datos de la violencia contra las mujeres, según la edad, muestran que en Nuevo León, de cada 10 mujeres, cerca de 2 en el rango de 30 a 39 años son agredidas y una en el rango de mayores de 55 años. Por el contrario, en el rango de 15 a 19 años la violencia es mayor en el estado que la nacional con el 4 y 5% respectivamente de las jóvenes que han padecido algún tipo de violencia. Es de llamar la atención la violencia que aún persiste en mujeres de la tercera edad y que se observa tanto en el país en general como en nuestra entidad (gráfica 23).

---

org/attachments/gender_issues/violence_against_women/facts_figures_violence_against_women_2007_spa.pdf>.

GRAFICA 23. MUJERES EN CONDICIÓN DE VIOLENCIA EN MÉXICO POR GRUPO DE EDAD, 2006 (%)

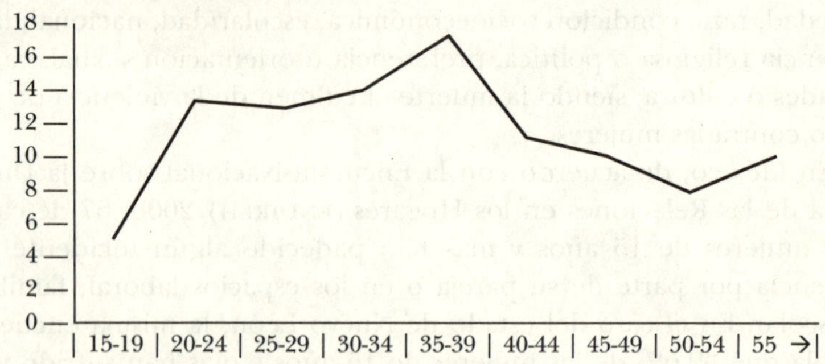

FUENTE: *Encuesta Nacional sobre la Dinámica de las Relaciones en los Hogares- 2006*, INEGI, 2007.

Además, la situación de violencia hacia las mujeres según sea el ámbito, rural o urbano, muestra diferencias. En México, las mujeres en las zonas rurales sufren mayor violencia que en el medio urbano (cuadro 30).

CUADRO 30. VIOLENCIA HACIA LAS MUJERES POR ÁMBITO, RURAL Y URBANO, 2006

TIPO DE VIOLENCIA	RURAL %	URBANO %
Emocional	83	79
Económica	60	57
Física	26	25
Sexual	22	11

FUENTE: *Encuesta Nacional sobre la Dinámica de las Relaciones en los Hogares, 2006*, INEGI, 2007.

Según los datos de la ENDIREH 2006, 83% de las mujeres de la zona rural en México sufrieron violencia emocional en 2006, mientras que en el sector urbano esta cifra se ubicó en 79%, patrón que se repite para los diferentes tipos de violencia. La violencia contra la mujer se percibe como uno de los sufrimientos sociales más graves y tiene costos elevados, directos e indirectos, no sólo para quien la sufre, sino para sus familias, la sociedad y el estado. Entre esos males se encuentran pérdida de recursos humanos, vidas destrozadas, dolor crónico, sufrimiento, miedo y depresión, así como la prostitución forzada (Acharya, 2008).

Los jóvenes: los riesgos de la desatención

La globalización no ha traído beneficios simétricos para todos los sectores poblacionales. En los países desarrollados, son los jóvenes los que presentan la más alta tasa de desempleo, en tanto que en los países en desarrollo, actualmente conocidos como economías emergentes, la situación es aún más dramática para dicho sector poblacional (OIT, 2005). En particular, países como México, que han abrazado hasta la fecha el decálogo del Consenso de Washington,[26] han sido inducidos al estancamiento económico. El PIB ha crecido 2.5% promedio anual en el periodo 1982-2007,[27] lo que implica una insuficiente capacidad de generación de empleos, viéndose afectada la población joven, que se encuentra con la estrechez en los mercados laborales incapaces de recibir a la población que busca su primer empleo. Al mismo tiempo, el gasto público en México, si bien ha mantenido equivalentes los rubros en salud y educación básica, ha descuidado la inversión en educación media y superior (OCDE, 2010). Esto último, quizá justificado por la estrechez de los mercados laborales, sin que se comprenda el hecho de que es preferible un desempleado joven capacitado con educación media y superior orientado hacia la economía del conocimiento que una población joven descalificada orientada a la economía extensiva de actividades productivas de bajo valor agregado.

Las políticas, en particular del sector público, han adolecido de una visión humanista que atienda el derecho de los jóvenes de acceder a su formación en el conocimiento y la capacitación, la cultura, el deporte y el empleo en condiciones de dignidad, que los pueda

[26] Propuesto por Estados Unidos en 1989, el Consenso tenía como propósito establecer una gestión de política pública integral, sistémica, capaz de concretar estrategias de liberalización económica de las naciones latinoamericanas (Guillén Romo, 1997; Ramos, 2003). El consenso propuso la apertura global de los mercados, la liberalización financiera, la privatización del sector público, una flexibilización laboral de libre contratación y despido sin compromisos de indemnización y costos salariales a la baja, entre otras cosas.

[27] Cifra calculada con datos del Banco de México, 2008.

incorporar al mundo del trabajo y los negocios. No es suficiente atender la cobertura educativa a nivel básico, la atención debe de continuarse hasta que los jóvenes accedan por edad a la vida adulta, ya sea a través de un empleo o mediante un programa educativo. La trayectoria de vida de los jóvenes debe ser cuidadosamente protegida por instituciones que brinden oportunidades para el despliegue de sus capacidades educativas, culturales y laborales. El acceso a la calidad de vida no puede ser excluyente para este valioso sector poblacional. La *Agenda 21* establece que "Todos los países deberían [...] examinar la manera de asegurar a todos los jóvenes la protección jurídica, los conocimientos técnicos, las oportunidades y el apoyo necesario para que realicen sus aspiraciones y posibilidades personales, económicas y sociales" (Agenda 21, Sección III, Cap. 25). Este espíritu ha sido ratificado y ampliado por la Organización Iberoamericana de Juventud y plasmado en el documento sobre los Derechos de Jóvenes en el año 2005 (Convención Iberoamericana de Derechos de los Jóvenes, 2005).

En Nuevo León, según la Encuesta Nacional de Juventud 2005 del Instituto Mexicano de la Juventud (2007), existían 346 509 jóvenes (que representaban 26% del rango de edad de entre 12 y 29 años) que no estudiaban ni trabajaban, de los cuales 293 701 (22% del total) declaraba haber perdido el interés por transformar esta situación (cuadro 31). Muchos jóvenes se lamentan de no encontrar trabajo, otros se quejan de ser explotados y muchos más son rechazados en los sistemas de educación tecnológica, media y superior. Frente al creciente problema de las adicciones, esta situación de desempleo y abandono escolar se ha convertido en el caldo de cultivo ideal para el reclutamiento de jóvenes en el tráfico de drogas, así como para su consumo.

Con ello se descuida una de las mejores riquezas con la que cuentan los países como México, a la que se ha denominado el *bono demográfico.* Se conoce como *bono demográfico* al periodo en el que la relación de dependencia desciende a medida que aumenta la población en edad potencialmente productiva y disminuye el de las personas en edades potencialmente inactivas. Durante este periodo, se crea un contexto favorable para el desarrollo al abrir oportunidades para incrementar las tasas de crecimiento per cápita y los niveles de bienestar. Sin embargo, los beneficios asociados a este periodo no se dan de manera automática, sino que dependen de la adopción de políticas que incentiven la inversión productiva, aumenten las oportunidades de empleo y promuevan un ambiente social y económico estable. En particular, requieren de fuertes inversiones en el activo intelectual, sobre todo en la educación de los jóvenes, para que puedan aumentar su productividad (CEPAL, 2008). Todo ello en la perspectiva de brindar a los jóvenes acceso al conocimiento y al mercado laboral con un trabajo decente.

CUADRO 31. POBLACIÓN JUVENIL (12-29 AÑOS), NUEVO LEÓN, 2005

CATEGORÍA	JÓVENES	%
Total	1 342 401	100
Estudian	597 139	44
Trabajan	398 753	30
No estudia y no trabaja	346 509	26
Está buscando empleo	30 785	2
No le interesa ni el estudio ni el trabajo	293 701	22

FUENTE: *Encuesta Nacional de Juventud,* 2005; *Jóvenes de Nuevo León,* Instituto Mexicano de la Juventud, 2007.

a] El acceso al conocimiento

La igualdad de oportunidades de acceso a la educación técnica y universitaria, constituye un elemento central para el desarrollo sustentable y la economía del conocimiento. En la actualidad las sociedades se diferencian por el activo intelectual humano que posee su población y las oportunidades y potencialidades de aplicación del conocimiento en todos los ámbitos de la vida. Una sociedad que no es capaz de ofrecer a los jóvenes oportunidades de acceso a la educación superior, iniciará irremediablemente procesos decrecientes de pérdida de valores, cohesión social y de competitividad económica. Para evitar esta tendencia y no sacrificar a una generación arrojándola a los escenarios de la exclusión social es necesario revertir la tendencia y capturar la oportunidad de aprovechar el bono demográfico con el que cuenta el país y el estado de Nuevo León. Por ello, es importante resolver la desatención de los jóvenes, tanto por el sector público como el privado, que ha conducido a la mayoría de ellos a la exclusión de oportunidades educativas. Para observar este problema, proponemos un indicador que mide el acceso al saber técnico y universitario (astyu) de los jóvenes[28] de 16 a 24 años de edad en

[28] La Encuesta Nacional de Juventud considera a los jóvenes en el rango desde

el estado de Nuevo León. Este indicador muestra la proporción de jóvenes respecto al total de población en dicho rango de edad que se encuentra estudiando. Para 2008, este indicador se ubica en un nivel muy bajo, pues sólo 32% de los jóvenes en dicho rango de edad se encuentra estudiando, como se observa en el cuadro 32.

CUADRO 32. PROPORCIÓN DE JÓVENES (16-24 AÑOS) QUE SE ENCUENTRAN ESTUDIANDO, 2005-2008

AÑO	POBLACIÓN TOTAL (16-24 AÑOS)	TOTAL DE ESTUDIANTES (16-24 AÑOS)	ASTYU (%)
2005	680 457	213 646	31.4
2006	703 893	239 971	34.1
2007	717 281	235 348	32.8
2008	731 064	234 955	32.1

FUENTE: Encuesta Nacional de Ocupación y Empleo, INEGI, 2009b.

b] El encuentro con el mundo del trabajo

El horizonte de ingreso al mundo del trabajo es para la mayoría de los jóvenes un camino lleno de dificultades. Muchos se ven orillados a buscar una oportunidad en el mercado laboral ante la falta de oportunidades en el sector educativo; otros más lo hacen obligados por las condiciones económicas de su familia. Sin embargo, sea cual fuere el motivo que hace que jóvenes en edad de cursar estudios de niveles medio superior y superior (16 a 24 años) intenten integrarse al mercado laboral, tengan que enfrentar otra serie de obstáculos como la falta de educación y de experiencia, que les impide obtener un empleo con características de trabajo decente (salario suficiente, prestaciones y acceso a la salud). Así, muchos jóvenes declaran ingresar a cierto trabajo porque es el único que consiguieron, aunque no cumpla con las características idóneas, se sientan explotados y no obtengan satisfacción en ese primer encuentro con el mundo del trabajo (Instituto Mexicano de la Juventud, 2007).

Con el objetivo de observar y resaltar estos problemas, se elaboró un indicador de las condiciones de trabajo decente en la población

los doce años, que corresponde a los estudios de formación básica a nivel de la secundaria y lo extiende hasta los veintinueve años. En los indicadores de juventud que propone este trabajo se considera el rango de edad de entre dieciséis y veinticuatro años.

ocupada de entre 16 y 24 años. El índice de trabajo decente de los jóvenes (INTRADEJ) es un indicador compuesto que siguiendo la metodología del IDH, se calcula promediando los índices de tres componentes del trabajo decente (Gálvez, Gutiérrez y Picazzo, 2011).

El INTRADEJ, está integrado por los siguientes índices:

· Índice del componente salario suficiente
· Índice del componente prestaciones laborales
· Índice del componente acceso a la salud

De acuerdo con los resultados del INTRADEJ, calculado con datos de la Encuesta Nacional de Ocupación y Empleo del INEGI, se observa que entre 2005 y 2008, las condiciones de trabajo decente de los jóvenes pasaron al nivel medio, de 0.49 en 2005 a 0.54 en 2008,[29] aunque se ubican muy cerca del nivel bajo.

c] La deuda social: la desatención a los jóvenes

Los costos de desatender a los jóvenes son inmensos, como también lo son los beneficios de afrontar su atención; se dice que invertir en los jóvenes es invertir en la sociedad, ya que el trabajo decente tiene un efecto multiplicador en toda la economía. En cuestión de costos, el desempleo y el subempleo de los jóvenes pueden afectar permanentemente los ingresos y el acceso a los puestos de trabajo de calidad y de la misma forma pueden constituirse en una fuente de inestabilidad social, consumo de drogas y delincuencia. Como lo señalara la Organización Internacional de Trabajo, "Los costos de desatender a los jóvenes pueden medirse en relación con la disminución del capital humano y social. Se pierden oportunidades de crecimiento económico, hecho que se incrementa a medida que esa gran cantidad de personas envejece sin adquirir experiencia en la fuerza de trabajo" (OIT, 2005).

En una sociedad moderna, con igualdad de condiciones y en camino hacia la sustentabilidad, los jóvenes deberían poder insertarse en forma oportuna y en condiciones adecuadas en el tejido social. Es decir, los jóvenes entre 16 y 24 años deberían ser atendidos por

[29] Siguiendo la metodología del IDH, el indicador se puede ubicar entre 0 y 1 y puede estar en el nivel bajo, medio o alto: Bajo = (0 a .049), Medio = (0.50 a 0.79) y Alto = (0.80 a 1).

la sociedad en forma prioritaria, ofreciéndoles las oportunidades de acceso al saber técnico y universitario y después de los 18 años la oportunidad de acceder a un empleo, debiendo tener este empleo las condiciones de un trabajo decente.

Para conocer el grado de atención a los jóvenes entre 16 y 24 años en Nuevo León, se elaboró un indicador compuesto llamado índice de atención generacional (INAGE), el cual, siguiendo la metodología del IDH, se calcula promediando los índices de acceso al saber técnico y universitario (ASTYU) y el índice de trabajo decente de los jóvenes (INTRADEJ).

Para 2008, el indicador compuesto INAGE, sería de 0.43, es decir, la atención a los jóvenes por parte de la sociedad y su inserción en ella cae en el rango bajo, lo cual indica que se está desaprovechando el bono demográfico; esto es, se está desatendiendo a un amplio sector de jóvenes a los cuales no se les brinda la oportunidad de estudiar o trabajar, o si trabajan no lo hacen en condiciones de trabajo decente. Esta situación puede apreciarse con mayor claridad si tomamos en cuenta el siguiente dato de por sí alarmante: en 2008 los jóvenes de entre 16 y 24 años que no estudian ni trabajan son 163 512, que representan 22% en ese rango de edad, los cuales se encuentran en la desatención absoluta en el estado de Nuevo León. A este sector debe de sumarse a los jóvenes que trabajan sin contar con un empleo decente, ocupando algún tipo de empleo precario.

De esta forma queda de manifiesto la deuda social con este sector de población, que enfrenta condiciones de marginación social y falta de oportunidades para insertarse en la sociedad, lo cual cuestiona dramáticamente la sociedad que los adultos le están heredando.

3.5 CIENCIA, TECNOLOGÍA Y EDUCACIÓN

De todas las creaciones humanas, la ciencia es la que permite el control más completo del medio, cualquiera que sea su dimensión o aspecto. La ciencia también es, en sí misma, una compleja construcción con varios niveles y modos de apropiación de la realidad. Y uno de sus aspectos más relevantes de este sistema es la formación de científicos y la transmisión de los conocimientos para su uso. Las instituciones educativas son el principal instrumento de esta transmisión, especialmente las llamadas de educación superior, dado que allí se forman de manera especial quienes se desempeñarán como científicos en la sociedad.

En las modernas sociedades la participación del conocimiento en la producción social se hace cada vez más importante y ello ha llevado a algunos a acuñar la expresión "sociedad del conocimiento" o también "economía del conocimiento" para hablar de las sociedades que basan su dinámica productiva en las habilidades y competencias de las personas, adquiridas en procesos educativos de alta calidad. Esas personas así formadas deberán ser capaces de analizar la información disponible, generar nuevos conocimientos, ser capaces de tomar decisiones adecuadas para resolver los problemas que enfrentan y estar siempre en disposición de asimilar nuevos conocimientos, provenientes del espacio escolar o de fuera de él. Estos procesos, además de la aplicación de los recursos humanos adecuados, deben complementarse con un impulso de las inversiones pública y privada en los campos de ciencia y tecnología, todo lo cual constituye la estructura que facilita, fomenta, usa y aplica las capacidades de innovación.

Esos procesos se hacen manifiestos en dos perspectivas: en el producto final y en los procesos. El producto es el elemento que incorpora la ciencia y la tecnología, el proceso es el resultado de los sistemas educativos y de formación de recursos humanos de una sociedad. Se trata, además, de impulsar la innovación, es decir, de no repetir ni los productos ni los procesos. La materia prima de la innovación está integrada por varios componentes; entre los principales se cuentan recursos humanos, materiales y financieros. Otros no menos importantes son las políticas nacional y local de ciencia y desarrollo, los incentivos para los agentes e instituciones del sistema y las interrelaciones entre todos estos elementos.

Formación de recursos humanos en Nuevo León

El desarrollo del talento en actividades científicas es un proceso dinámico y en la actualidad, probablemente, donde mayor es la dinámica migratoria: ya sea que se forme en el extranjero, ya que formado en nuestro país sea tentado a emigrar, los científicos son quienes poseen las mejores condiciones de movilidad geográfica en el mundo actual. Pero eso también se da en la región: las instituciones educativas de nivel superior están formado recursos humanos de alto nivel que provienen de otras regiones del país o del extranjero y en muchos casos regresarán a sus lugares de origen o tomarán otros destinos o, en el caso de los nativos, que se dirigirán a otros lugares del mundo para ejercer su talento. De manera que uno de los elementos más importantes a considerar es la creación de condiciones para que la industria pueda introducir y desarrollar los aspectos innovadores que permitirán ejercer esos talentos. En algunos casos estos flujos alcanzan altos niveles de contradicción, como se da en la formación de personal de sanidad (médicos y enfermeros) en los países tropicales centroamericanos, donde la mayoría del personal formado con gastos de los recursos del país emigran a los países más desarrollados, aumentando las condiciones de desigualdad en la atención de salud en su país de origen.

El primer paso para la formación de científicos en una sociedad es el pasaje por la escuela primaria. Allí se forman los hábitos y actitudes esenciales con relación al conocimiento y la ciencia, de manera que debe prestarse atención especial a este nivel. Como ya lo dijera Bourdieu (2001), la práctica científica es el producto de un hábito científico y de un sentido práctico que poseen mucho de arte, es decir de conocimiento que no se puede trasmitir por vías lógicas.

La universidad suele ser el espacio donde se consolida la formación científica. El número de estudiantes de tercer nivel en Nuevo León se muestra en el cuadro 33. Puede verse que la proporción relativa de estudiantes de posgrado es, en Nuevo León, superior a la de los alumnos de licenciatura, lo cual sería una demostración de que el estado es un polo de atracción para la formación de recursos humanos de alto nivel. De hecho, ésa es una de las dinámicas más nuevas en el proceso de formación de científicos, la de la constante movilidad geográfica.

CUADRO 33. ESTUDIANTES UNIVERSITARIOS POR NIVEL EN MÉXICO Y NUEVO LEÓN, PERIODO ESCOLAR 2007-2008

	LICENCIATURA UNIVERSITARIA Y TECNOLÓGICA			POSGRADO		
	ALUMNOS	DOCENTES	ESTABLECIMIENTOS	ALUMNOS	DOCENTES	ESTABLECIMIENTOS
Nuevo León	122 717	8 655	120	11 840	1 818	71
México	2 232 189	224 637	3 126	174 282	35 897	1 595
Nuevo León %	5.5	3.8	3.8	6.8	5.1	4.4

FUENTE: con datos de la Secretaría de Educación Pública <www.sep.gob.mx>.

Las carreras de licenciatura más buscadas son derecho, medicina, psicología, contador público y administración de empresas, las que representan casi la cuarta parte de la matrícula escolar (23.2%); mientras que en posgrado: administración, educación superior, psicopedagogía, administración educativa y administración de negocios toman más de la tercera parte de la matrícula (34.5%). En los últimos tiempos, la línea de formación de recursos humanos de alto nivel que más se ha desarrollado es la de administración de negocios y Nuevo León cuenta con una de las escuelas de más alto prestigio internacional en este rubro. Los índices y demás elementos con que se evalúan las universidades pueden ser discutidos, pero sin duda uno de los factores que marcan esa evaluación es uno de los males endémicos de la universidad mexicana: el aislamiento internacional.

Si se tiene en cuenta la matrícula por origen básico de los recursos (públicos/privados) los datos se muestran en el cuadro 34. Si se analiza por género, los datos se muestran en el cuadro 35.

CUADRO 34. PARTICIPACIÓN DE LA MATRÍCULA PÚBLICA Y PRIVADA EN EDUCACIÓN SUPERIOR, NUEVO LEÓN Y NACIONAL, PERIODO ESCOLAR 2006-2007

	NUEVO LEÓN (% DE PARTICIPACIÓN)		MÉXICO (% DE PARTICIPACIÓN)	
	MATRÍCULA PÚBLICA	MATRÍCULA PRIVADA	MATRÍCULA PÚBLICA	MATRÍCULA PRIVADA
licenciaturas universitaria y tecnológica	55.0	45.0	67.9	32.1
posgrado	48.7	51.3	54.5	45.5

FUENTE: con datos del Centro Nacional de Evaluación para la Educación Superior, A. C. (Ceneval), <www.ceneval.edu.mx>.

CUADRO 35. MATRÍCULA UNIVERSITARIA POR GÉNERO, NUEVO LEÓN Y NACIONAL, PERIODO ESCOLAR 2006-2007

	NUEVO LEÓN (EN PORCENTAJES)		MÉXICO (EN PORCENTAJES)	
	Hombres	Mujeres	Hombres	Mujeres
licenciaturas universitaria y tecnológica	55.1	44.9	50.9	49.1
posgrado	51.7	48.3	50.9	49.1

FUENTE: con datos del Centro Nacional de Evaluación para la Educación Superior. A. C. (Ceneval), <www.ceneval.edu.mx>.

Los recursos humanos formados en la universidad son la principal fuente de abastecimiento del Sistema Nacional de Investigadores, una institución creada en 1984 con el objetivo de promover a los científicos que en el país se dedican a la investigación. Aun cuando en algunos casos su formación se dio en el extranjero, la mayoría de ellos trabaja en centros de investigación asentados en el país y la presencia de ellos en una región es indicativa de la importancia que adquiere la investigación en ese lugar. Los cuadros 36, 37 y 38 muestran su presencia en el estado y se comparan con la nacional. El cuadro 38 se desdobla, en 38a y 38b, porque el Conacyt modificó a partir de 2008 la presentación de las cifras, publicando datos generales sin especificar los detalles.

Si se toman en consideración los cuatro cuadros de manera conjunta, puede decirse que el número de investigadores en el estado ha venido creciendo tanto en números absolutos como en importancia relativa, aunque ésta parece haberse frenado un poco en el último periodo. También destaca el descenso de investigadores del nivel III en el último ciclo y la siempre importante presencia relativa del campo de conocimiento que Conacyt define como "ingeniería".

CUADRO 36. MIEMBROS DEL SNI EN NUEVO LEÓN, 2002

ÁREA	NIVEL				TOTAL NUEVO LEÓN	TOTAL MÉXICO	% NUEVO LEÓN EN EL TOTAL NACIONAL
	CANDIDATO	I	II	III			
I Ciencia físico-matemáticas y de la tierra	9	5	2	–	16	1 770	0.9
II Biología y química	10	34	4	1	49	1 661	2.9
III Medicina y ciencias de la salud	3	15	2	–	20	926	2.1
IV Humanidades y ciencias de la conducta	6	7	3	1	17	1 552	1.1
V Ciencias sociales	7	18	9	–	34	1 097	3.1
VI Biotecnología y ciencias agropecuarias	5	27	5	–	37	1 011	3.6
VII Ingeniería	18	33	4	2	57	1 182	4.8
Total	58	139	29	4	230	9 199	2.5

FUENTE: con datos del Consejo Nacional de Ciencia y Tecnología (Conacyt), <www.conacyt.mx>.

CUADRO 37. MIEMBROS DEL SNI EN NUEVO LEÓN, 2005

ÁREA	NIVEL				TOTAL NUEVO LEÓN	TOTAL MÉXICO	% NUEVO LEÓN EN EL TOTAL NACIONAL
	CANDI-DATO	I	II	III			
I Ciencia físico-matemáticas y de la tierra	6	14	3	2	25	1 969	1.3
II Biología y química	10	36	2	2	50	1 776	2.8
III Medicina y ciencias de la salud	15	34	6	1	56	1 168	4.8
IV Humanidades y ciencias de la conducta	10	20	5	1	36	1 798	2.0
V Ciencias sociales	24	30	14	1	69	1 369	5.0
VI Biotecnología y ciencias agropecuarias	8	37	7	1	53	1 256	4.2
VII Ingeniería	33	49	6	10	98	1 568	6.2
Total	106	220	43	18	387	10 904	3.5

FUENTE: con datos del Consejo Nacional de Ciencia y Tecnología (Conacyt), <www.conacyt.mx>.

CUADRO 38A. MIEMBROS DEL SNI EN NUEVO LEÓN, POR ÁREA, 2008

ÁREA	NUEVO LEÓN	MÉXICO	% NUEVO LEÓN EN TOTAL NACIONAL
Ciencias físico-matemáticas y de la Tierra	44	2 478	1.8
Biología y química	71	2 443	2.9
Medicina y ciencias de la salud	66	1 445	4.6
Humanidades y ciencias de la conducta	66	2 326	2.8
Ciencias sociales	121	2 187	5.5
Biotecnología y ciencias agropecuarias	55	1 711	3.2
Ingeniería	126	2 091	6.0
Total	549	14 681	3.7

FUENTE: con datos del Consejo Nacional de Ciencia y Tecnología (Conacyt), <www.conacyt.mx>.

CUADRO 38B. MIEMBROS DEL SNI EN NUEVO LEÓN POR NIVEL, 2008

NIVEL				TOTAL NUEVO LEÓN
Candidato	I	II	III	
131	333	72	13	549

FUENTE: con datos del Consejo Nacional de Ciencia y Tecnología (Conacyt), <www.conacyt.mx>.

Procesos científicos y de tecnología

Obviamos la discusión sobre las relaciones y diferencias entre ciencia y tecnología, admitiendo que se trata de un proceso continuo donde en muchas ocasiones es difícil establecer una línea divisoria entre ambos y que sólo las condiciones históricas pueden, aunque sólo en ocasiones, facilitar tal distinción. La investigación se desarrolla en espacios concretos y requiere de recursos financieros; en el caso de Nuevo León, las universidades son uno de los lugares más importantes para ello, pero el Conacyt también tiene instaladas en el estado cinco subsedes de los centros públicos Conacyt: Centro de Investigación Científica y de Educación Superior de Ensenada, B. C., Monterrey (CICESE); Colegio de la Frontera Norte, A.C. (COLEF); Centro de Investigaciones y Estudios Superiores en Antropología Social, Monterrey (CIESAS); Centro de Ingeniería y Desarrollo Industrial, Apodaca (CIDESI); y Centro de Investigación en Materiales Avanzados, S.C., Apodaca (CIMAV).

No debe perderse de vista que el objetivo principal de los sistemas de innovación basados en el progreso científico es el análisis, la comprensión y la solución de los problemas que la sociedad debe afrontar en un momento histórico dado (Olivé 2007, 2008). Uno de los aspectos básicos de una sociedad donde prevalezcan las instituciones organizadas y orientadas democráticamente será el de la participación amplia de todos los sectores de la ciudadanía en el proceso de definir cuáles son los principales y más urgentes problemas a resolver. Hasta ahora, no se han desarrollado los mecanismos que permitan establecer esas jerarquías, de manera que los investigadores se mueven a la deriva en ese proceso de decidir cuáles son las investigaciones que deben encarar de manera prioritaria.

Entre los instrumentos de evaluación sobre el impulso a la actividad científica se cuenta el porcentaje de gasto del PIB en investigación y desarrollo (I+D), así como el gasto en I+D per cápita. Los datos de algunos países seleccionados se presentan en el cuadro 39.

La participación de gasto en I+D como proporción del PIB en México está muy por debajo con relación al resto de los países seleccionados, e incluso del promedio de la OCDE. Esto puede responder a varios factores; entre otros, la presencia de empresas multinacionales o trasnacionales que importan su tecnología y a las técnicas de producción empleadas por los empresarios mexicanos, que prefieren adquirir patentes en el exterior antes de impulsar su propia tecnología. Por lo que aquellas empresas que poseen mayor capacidad de innovación son las que se colocarán en mejores posiciones de competitividad en los mercados (Valenti Nigrini, 2008), y podrán colocarse en una ubicación que les permita aprovechar mejor las condiciones

CUADRO 39. GASTO EN INVESTIGACIÓN Y DESARROLLO (I+D) EN ALGUNOS PAÍSES SELECCIONADOS, 2006

PAÍS	PORCENTAJE DE GASTO DEL PIB EN I+D	FUENTE DE FINANCIAMIENTO (EN PORCENTAJE DEL TOTAL)			GASTO EN I+D PER CÁPITA (EN DÓLARES)
		Empresas	Gobierno	Otras	
Suecia	3.82	65.7	23.5	10.8	1 248
Finlandia	3.45	66.6	25.1	8.3	1 077
Estados Unidos	2.62	64.9	29.3	5.8	1 093
Canadá	1.97	46.7	33.7	19.6	675
Brasil	0.97	39.4	58.3	2.3	72
México	0.47	44.1	47.0	8.9	54
OCDE (promedio)	2.25	62.7	29.5	7.8	661

FUENTE: con datos del Consejo Nacional de Ciencia y Tecnología (Conacyt), <www.conacyt.mx> y de la Organización para la Cooperación y el Desarrollo Económicos (OCDE), <www.oecd.org>.

de intercambio del mercado global, de allí la importancia de la inversión en I+D.

Una sociedad basada en el conocimiento está sometida a un mayor número de cambios constantes que las sociedades tradicionales y por ello la capacidad para adaptarse flexiblemente debe ser fundamental; esta condición depende, como ya se dijo, de la adquisición de nuevas habilidades y competencias por los agentes de la producción, y a la vez de la innovación tecnológica. Por otro lado, las empresas siempre esperan que los sistemas educativos les proporcionen los recursos humanos formados eficientemente en función de sus necesidades, en muchas ocasiones sin realizar ningún aporte a ese esfuerzo.

La combinación de los esfuerzos de innovación tecnológica no puede quedar librada a la acción azarosa de los agentes, sino que debe partir de las políticas apropiadas; por ello, no habrá un desarrollo adecuado de ciencia y tecnología sin que al mismo tiempo se dé una decidida política de promoción en investigación y desarrollo.

3.6. PARTICIPACIÓN SOCIAL, ACCIÓN INDISPENSABLE EN LA SUSTENTABILIDAD

La perspectiva de la sustentabilidad social considera una sociedad civil activa en términos de participación ciudadana, que proporcione a los actores sociales las herramientas para dialogar y discutir constructivamente sobre el tipo de sociedad a la que aspiran y principalmente al tipo de relación que los sujetos sociales deben establecer con su ambiente (Opschoor,1996).

La cooperación y la asociación entre diferentes niveles, organizaciones e intereses son aspectos esenciales que permiten avanzar hacia la sustentabilidad. Estos aspectos tendrían como consecuencia inmediata la disminución de la tendencia de las organizaciones, organismos e instituciones a seguir sus propios programas e intereses indiferentemente del interés público, es decir, del interés de la población. Actualmente, sociedades en el camino hacia la sustentabilidad subrayan la importancia de éstas interacciones entre agentes, además de señalar al aprendizaje práctico (participando) como la herramienta para alcanzar el cambio social.

La participación política de los ciudadanos en la toma de decisiones y en la gestión dará como resultado que las organizaciones y los individuos se involucren en un proceso de aprendizaje y de perfeccionamiento mutuo, dando el primer paso en la vía de la sustentabilidad y evidenciando la importancia de la experimentación. Un objetivo fundamental es crear las condiciones para que la participación se dinamice y abra la posibilidad de la cooperación y la asociación entre los agentes, obedeciendo al hecho de que este vinculo promueve la equivalencia en lugar de la jerarquía autoritaria. Una vez establecida esta cooperación se facilitaría un mejor entendimiento, compromiso social y sentido de responsabilidad.

La participación implica una sincronía entre las acciones y las representaciones sociales de las personas. Su dinámica depende principalmente de la actividad colectiva de resignificación que emprenda la sociedad, es decir, de cómo se la representan, de cómo la piensan.

La participación presenta componentes socio-afectivos, evaluativos y cognitivos, así como la práctica cotidiana o ejercicio que se haga de ella, constituyen su punto medular. Practicar cotidianamente la participación habilitaría a los ciudadanos a reconocer sus problemáticas y necesidades, así como las posibles formas de solución.

Desafortunadamente en México, la participación política y ciudadana ha sido un resultado del corporativismo, del patrimonialismo y del clientelismo político. Se fundamentó un estado autoritario en el que se establecieron culturalmente las líneas a seguir, como la educación de culto a la autoridad, la sumisión, el intercambio y la dominación entre otros (González, 2004). De esta manera, la participación política y ciudadana legítima quedó muy limitada, lo cual reafirma algunas investigaciones donde se señala que la participación se dinamiza según el contexto cultural y social.

Para vislumbrar el perfil político de la ciudadanía, la Segunda Encuesta Nacional de Cultura Política y Prácticas Ciudadanas, ENCUP 2003 (SEGOB, INEGI) muestra información organizada por regiones acerca del comportamiento político; además, identifica las prácticas de participación ciudadana predominantes entre los mexicanos. Los resultados muestran porcentajes muy bajos para la región noreste en relación a la socialización política y el interés por la política. Al preguntarse sobre la participación en discusiones sobre política expresando su opinión, sólo el 15.2% de los habitantes de la región noreste contestan de manera afirmativa, en contraste con la región centro que tiene 34%. Con relación a participar en acciones políticas, la región noreste sólo muestra 11. 8% de respuestas positivas, mientras que en la región centro se llega a 33.7%. En cuanto a si se considera que lo mejor para el país es un gobierno que consulte antes de tomar decisiones, la región noreste sólo presenta 14.4 % de respuestas afirmativas, mientras que en la región centro se presenta 37%.

Los resultados preliminares de la ENCUP 2005 reflejan de igual manera el poco interés de los mexicanos en lo que se refiere a lo público, ya que 9 de cada 10 mexicanos afirman estar poco o nada interesados en conseguir información sobre los asuntos públicos.

Un aspecto muy importante para lograr un cambio hacia una democracia operativamente mejor, es incrementar la asociación y cooperación entre agentes sociales. En este aspecto, los resultados de la ENCUP 2005 muestran 35% de los mexicanos considera difícil organizarse. En lo que respecta a su incorporación a organismos sociales, se encontró que 14% dice pertenecer a una organización de vecinos; 10% a una de ayuda social; 13% a una organización ciudadana y 28% a una religiosa.

En los primeros resultados generales de la ENCUP 2008, con una muestra de 4 383 entrevistados, 60% de los ciudadanos del país dijo tener poco o nada de interés en la política. Lo anterior puede estar vinculado con el hecho de que alrededor de la mitad de los ciudadanos dijeron estar de acuerdo con la idea de que la política es a veces complicada, que las personas no entienden lo que sucede, y que a las personas del gobierno no les interesa mucho lo que las personas piensan.

El Índice de Participación Ciudadana 2005 (IPC) revela que México presenta un alto nivel de participación en comparación con varios países latinoamericanos (Brasil, República Dominicana, Perú, Chile, Bolivia, Argentina y Costa Rica); sin embargo, la participación principalmente se manifiesta en una adhesión a actividades de beneficencia y asistencia, además de actividades vinculadas con organizaciones religiosas, culturales y deportivas. Este índice muestra que la participación en México no ha tenido variaciones y que su estado y evolución es equivalente o parecida a lo que ocurre en República Dominicana. Todos los demás países latinoamericanos considerados en este estudio presentan diferencias respecto de la participación en México.

Para profundizar respecto a lo que sucede con la participación y otros temas vinculados a ésta, centrándonos en el estado de Nuevo León y más particularmente en el AMM, en la investigación sobre la "Precariedad y trayectorias de vida en población de Monterrey y su zona metropolitana" (Ortega y Moral, 2008b; Ortega, 2006), los resultados muestran que las mujeres son más participativas que los hombres en actividades sociales electivas. El 10% de las mujeres, frente al 0% de los hombres, ha votado alguna vez en elecciones de jefe de colonia; 23% de las mujeres, frente al 2% de los hombres, ha votado alguna vez en elecciones de representantes de jefes de familia en la escuela. Sin embargo, 66% de las mujeres y 63% de los hombres han votado, al menos una vez en su vida en elecciones políticas.

Tanto los hombres como las mujeres presentan rasgos de conformidad ante la posibilidad de exigir sus derechos como ciudadano. 86% de los hombres y mujeres nunca han participado en un movimiento de protesta para defender sus derechos. Al valorar si lo harían en el futuro, tampoco hay diferencia por género, ya que 64% de los hombres y las mujeres opina que no. La opción: "sí absolutamente" es escogida por 14% de los encuestados, que son aquellos que ya han participado anteriormente. Elige 22%: "sí, sin duda", que quizá constituiría el potencial incremento de participación en movimientos de protesta futuros.

En la investigación realizada sobre "La Representación social del poder" (Ortega 2006; Ortega y Moral, 2008a) se identifica el contenido y estructura de la representación social del poder en jóvenes de la ciudad de Monterrey y su área metropolitana. Los resultados son impactantes, ya que 90% de los hombres y 50% de las mujeres mencionan que las personas prefieren obedecer a mandar. Este resultado está ligado al temor que conllevan las responsabilidades de participar, dado que 70 % de los hombres y 40% de las mujeres lo relacionan de esta manera. En la investigación sobre "La participación social. Aspectos psicosociales. Un indicador para la sustentabilidad social" (Ortega, 2009) se abordan las representaciones sociales de la participación, las actitudes y motivaciones, entre otros aspectos psicosociales, en los jóvenes del AMM. En sus resultados generales, 55% de las personas asocian a la palabra participación con ayuda, mientras que un 12% piensa que consiste en opinar. La participación gira alrededor de la asistencia a reuniones o actividades religiosas o asistenciales (71%), participar en la toma de decisiones sólo se representa con 23%. En una escala de evaluación (diferencial semántico) de 7 puntos, donde 1 tiene valencia negativa (adjetivo negativo) y 7 valencia positiva (adjetivo positivo), la participación social (asistencial/comunitaria) puntúa en promedio 5.69, mientras que la participación ciudadana se ubica en 4.69 y la participación política en 3.82; es decir, este último tipo de participación es evaluado negativamente.

Estos resultados reflejan la importancia y atención que requiere el estudio de la participación, como una de las vías para lograr la cohesión social y una sociedad democrática. La tarea es encontrar las vías para encaminar a la sociedad hacia un cambio social y generar una nueva identidad ciudadana del mexicano.

El desarrollo sustentable y democrático al que aspira México comprende a la participación social como un aspecto fundamental, pero requiere de una participación organizada de los ciudadanos en la toma de decisiones. La sociedad y sus organizaciones deben tomar parte en la formulación, ejecución y evaluación de las acciones políticas, así como del reconocimiento de los problemas a resolver y de los mecanismos que permitan la movilidad para lograr su solución.

En la actualidad, la característica central de una sociedad desarrollada es constituir una comunidad organizada de individuos que actúen recíprocamente, y cuyas acciones se basen en la búsqueda de objetivos comunes, incluyendo creencias y conductas colectivas. Dado que esta característica debería ser prioritaria de cara a los inminentes problemas sociales que se potencian para el futuro inmediato, el fenómeno de la participación social demanda la intervención comprometida de la ciencia social.

En conclusión, para orientar al estado de Nuevo León hacia el desarrollo sustentable es necesario impulsar la equidad social a través de medidas que aumenten las posibilidades de que las personas tengan acceso a una serie de aspectos básicos que les permitan desarrollar sus capacidades para lograr una mejor calidad de vida.

Por ejemplo, es necesario establecer mecanismos que fortalezcan las instituciones para lograr que cada vez sea más la población que tenga acceso a un trabajo decente, es decir, a empleos que les permita vivir dignamente a ellos y a sus familias. Esto evitaría el aumento de la población que labora en trabajos precarios, los cuales generan pobreza, exclusión y vulnerabilidad social; además, una mayor cantidad de personas tendría acceso a instituciones de salud reduciendo de esta forma las tasas de mortalidad infantil y materna, así como del resto de la población. También, facilitaría la disminución del empleo infantil y aumentaría las posibilidades de que niños y jóvenes continúen sus estudios teniendo de esta forma una mayor posibilidad de que en el futuro puedan desarrollarse y vincularse a la sociedad de una mejor manera que como actualmente sucede, traduciéndose esto en un mejor aprovechamiento del bono demográfico del cual ellos forman parte y, a la vez, estaríamos más preparados como sociedad frente a la economía del conocimiento.

Dicho fortalecimiento institucional también tiene que estar orientado a aumentar la equidad social en la población rural, en las personas que tienen empleos precarios, así como en aquellas que se encuentran fuera de toda posibilidad de allegarse los medios para satisfacer sus necesidades, tales como los minusválidos, los ancianos, enfermos, etcétera. Para ello, es de suma importancia transitar a hacia una mayor empoderamiento de la sociedad de sus instituciones y buscar un mayor grado de gobernanza. Este tema se desarrollará en el siguiente apartado, *Las instituciones de la gobernanza y la democratización.*

4. LAS INSTITUCIONES DE LA GOBERNANZA Y LA DEMOCRATIZACIÓN

No puede haber desarrollo sustentable sin desarrollo político. Un desarrollo sustentable supone un proceso de organización y control por parte de la sociedad y un desarrollo político deberá buscar un control democrático del medio ambiente y la sustentabilidad. Tanto el desarrollo político como el desarrollo sustentable son inseparables de los procesos de gobernanza. Si bien puede decirse que la vida democrática del país y de Nuevo León registran considerables progresos en los últimos años, las instituciones que orientan y norman la vida política presentan todavía una considerable proporción de aspectos fallidos. Junto con esto, importantes sectores de la administración pública parecen coincidir con la idea popular de que "desarrollo sustentable" equivale a política ambiental y, en consecuencia, las decisiones de todas aquellas instancias del gobierno que no están asociadas de manera directa al ambiente (entendido éste también de manera restringida), se toman de manera aislada, sin que quienes así actúan demuestren que deban asumir algún compromiso con las condiciones ambientales. Por lo tanto, se presenta como imperativo que la planeación y el diseño de políticas en todas las esferas de la acción gubernamental, tanto como los mecanismos de implementación y la puesta en marcha de los correspondientes instrumentos jurídicos y administrativos, asuman la sustentabilidad como un objetivo de política transversal, tal como se ha impulsado en el orden federal desde los años noventa.

Un postulado básico es que las instituciones aparecen en todas las sociedades. Las primeras instituciones imaginables –como la familia o, más propiamente, los sistemas de parentesco–, aun cuando no pueda establecerse de manera específica la forma en que surgieron, sí es seguro que respondieron a las condiciones estructurales por las cuales los seres humanos debían encontrar un modo de enfrentar los desafíos de su producción y reproducción. En las primeras formaciones sociales, se trató de instituciones que se construyeron de manera inconsciente para el sistema social y que, sólo a veces, fueron racionalizadas mucho tiempo después, es decir que se elaboraron, *a posteriori*, teorías de distinto nivel de abstracción para explicar el por qué de su acción y existencia. Esas teorías incluyen, a veces, componentes imaginarios que son reificados generalmente a través de mitos y que luego, en otro momento histórico, se presentan como fuertes obstáculos para su modificación. De acuerdo a esto, se puede decir que algunas instituciones aparecen de manera un tanto accidental y otras son la consecuencia de diseños deliberados, con permanente control de su eficiencia y sus logros. Quizá el Estado, tal como surgió a partir de los siglos XVII y XVIII, sea una institución accidental, pero los modernos estados son un conjunto de instituciones que fueron programados deliberadamente, aunque a veces su accionar real no responda al universo imaginario que los impulsó.

En el caso de Nuevo León, la primera Constitución se promulgó el 5 de marzo de 1825, una consecuencia de la Constitución Nacional de 1824. Se establecían diferentes secciones del gobierno estatal, procesos para la selección de gobernantes y funcionarios, facultades otorgadas al Congreso estatal y, entre otras más, la organización del poder judicial. Las fuentes de inspiración de esta norma pueden encontrarse en la ya citada Constitución de 1824 y en la Constitución de Cádiz refrendada por la corona española de la época. También se establecía la división de poderes (elemento clave de las modernas democracias) determinándose que el legislativo no podía recaer en una sola persona y que bajo ninguna circunstancia dos poderes podrían reunirse en uno solo o en una sola persona. El mecanismo para la elección del gobernador pasaba por la obligación de todos los ayuntamientos de proponer al Congreso una lista de cinco ciudadanos; este último debía sesionar de manera secreta para contar los votos y determinar el gobernador, que sería quien obtuviera las mayores menciones. Existía la posibilidad de la reelección indefinida. No se puede desarrollar aquí un análisis de todos los antecedentes que influyeron en el establecimiento de estas normas, pero estos dos elementos combinados, la elección indirecta y la reelección indefinida, han sido en casi todo el mundo una forma de mantenimiento de los regímenes autoritarios. Esa Constitución fue reemplazada por las sucesivas de 1849, 1857 y 1874, hasta la aparición de la de 1917, la que, con modificaciones a veces sustanciales, rige en la actualidad.

La posibilidad de la desaparición del estado ha sido una constante en la teoría política y en los objetivos imaginarios de muchos movimientos políticos y sociales de los últimos siglos. Pero la reacción a estas propuestas nunca debería conducir a la aparición de su opuesto, el estado autoritario. La conclusión es que sólo un estado organizado con el grado máximo de democracia posible es capaz de conciliar y compatibilizar los intereses y necesidades colectivos e individuales (Infante, 2007). La determinación y organización de la autoridad debe derivarse de fórmulas democráticas de convivencia y sus prácticas correspondientes; ésta es la única garantía para evitar los excesos autoritarios.

Por su parte, una administración gubernamental democrática debe tener en cuenta, mínimamente, dos aspectos: la transparencia en la toma de decisiones y sus acciones derivadas y la coordinación interinstitucional de todos los componentes del aparato gubernamental. Asimismo, una democracia que busque acercarse al ideal debería incluir mecanismos de participación efectiva de todos los sectores de la población en las diferentes instancias de toma de decisiones (Cortina y Zorrilla, 2008).

Los criterios que suelen usarse para incluir a una sociedad en el rango de los países democráticos pueden ser discutidos, conceptual y metodológicamente. En el primer aspecto, se trata de establecer una "gramática de la democracia" (Bovero, 2002), que debería conseguirse mediante consenso y no por determinación arbitraria de oficinas burocráticas; en el segundo, de encontrar dimensiones adecuadas de los conceptos cuyos valores puedan medirse, mínimamente, en magnitudes de tipo ordinal. Una lista mínima de estos criterios podría incluir: la evaluación sobre alguna de las formas de expresión de la soberanía popular y la condición de igualdad política básica para todos los ciudadanos; algún análisis sobre la vigencia real de los derechos ciudadanos y del estado de derecho; la calificación de las diferentes formas de participación, que presenten el sufragio universal y otros modos de participación efectiva en los procesos de decisión a través de una ciudadanía informada y con un claro conocimiento de las condiciones necesarias para la vigencia del sistema democrático; la determinación sobre la validez temporal de los puestos y de los acuerdos, las exigencias para el logro de anuencias y consentimientos y las posibilidades para el desarrollo de una oposición no restringida (Schultze, 2006). Además, ninguna de las instancias en las que se divide el poder estatal puede ser marginada de los procesos que promuevan el desarrollo sustentable, sea en la discusión para la formulación y aprobación de las leyes respectivas, sea en las condiciones que garanticen su cumplimiento y sanción. Existen ya varias escalas de medición que pretenden ubicar a los diferentes países del mundo en cuanto al grado de democracia que ostentan. Una de ellas es la creada por la Fundación Konrad Adenauer, de inspiración democristiana, que incluye 31 indicadores agrupados en cuatro dimensiones: condiciones básicas de la democracia, respeto de los derechos políticos y de las libertades civiles, calidad institucional y eficiencia política y ejercicio de poder efectivo para gobernar (Idd-lat, 2009). Otra es la presentada por el Banco Mundial, basada en 6 criterios (Munck, 2003; Isham, Kaufmann y Pritchett, 1997). *The Economist*, la publicación especializada editada en el Reino Unido, elabora un índice de democracia en el que ubica a todos los países del mundo, año con año. El índice se basa en cinco criterios: pluralismo y procesos electorales, funcionamiento del gobierno, participación política, cultura política y libertades civiles. En este último, México ocupó en el año 2006 el lugar 53 entre 167 países del mundo y en el año 2007 bajó al puesto 56.

También el Programa de las Naciones Unidas para el Desarrollo (PNUD, 2004), en su investigación sobre la democracia en América Latina, presenta su lista de indicadores de desarrollo de la democracia, que se compone de seis rubros llamados atributos, los que a su vez se descomponen en varios componentes y subcomponentes: derechos políticos con respecto a la constitución del gobierno (participación electoral, competencia electoral, representación electoral), derechos políticos con respecto al ejercicio del gobierno (poderes clásicos constitucionales, organismos especializados de control, mecanismos de democracia directa), derechos civiles (igualdad y protección frente a la discriminación, derecho a la vida, a la integridad física y a la seguridad, derecho a la justicia, derecho a la libertad de prensa y de información) y derechos sociales (integración social y necesidades básicas).

En los últimos tiempos, el *Institute for Democracy and Electoral Assistance* (IDEA), con sede en Estocolmo, ha propuesto un conjunto de preguntas de evaluación de los sistemas políticos que permiten derivar indicadores específicos para medir el grado de desarrollo y avance de las instituciones democráticas de una sociedad (Landman, 2008). Las áreas se dividen en cuatro apartados básicos: ciudadanía, leyes y derechos; gobierno representativo y transparente; participación popular y sociedad civil y la democracia por afuera del estado. Dado que algunos de los indicadores derivados requieren evaluaciones cualitativas, la elaboración de un sistema de indicadores derivado de esta propuesta requiere de un considerable trabajo de reflexión y análisis.

Si tenemos en cuenta que una democracia debe posibilitar a todos los que participan en ella un verdadero empoderamiento sobre la capacidad de modelar su propio futuro y sobre las acciones conducentes, el marco institucional que regula el campo político de una sociedad democrática debe permitir la expresión de los objetivos deseables y los mecanismos correctivos; todos los agentes políticos deben aceptar que la única forma de alcanzar la satisfacción de sus intereses personales es sólo a través de las disposiciones institucionales y del respeto hacia ellas. Toda sociedad democrática debe asegurar a sus ciudadanos la posibilidad de diseñar y poner en práctica la mejor forma de organización posible para el alcance de sus objetivos comunes y también la existencia de mecanismos democráticos de evaluación que permitan reestructurar las instituciones en la constante búsqueda de una mejor calidad de vida.

El Programa de las Naciones Unidas para el Desarrollo (PNUD, 2002) ha indicado la necesidad de la aparición de seis instituciones básicas en los casos en que se pretenda hacer posible una gobernabilidad democrática:

- Un sistema de representación que funcione a partir de la existencia de partidos políticos y asociaciones de intereses político-sociales que estén consolidadas y organizados con estilos democráticos de funcionamiento interno.
- Un sistema electoral que garantice elecciones libres y ausentes de conflictos, con juego limpio por parte de los participantes y con sufragio universal incluyente.
- Un sistema de controles y balances de la gestión gubernamental basado en el principio de separación de poderes, con sus ramas legislativa y judicial independientes del ejecutivo.
- Una sociedad civil vigorosa, con capacidad para supervisar los negocios privados y públicos y proporcionar formas alternativas de participación política.
- Medios de comunicación libres e independientes.
- Un control efectivo de los sectores civiles sobre las fuerzas armadas, de seguridad y otras fuerzas policiales.

Junto con estas instituciones debe existir un estado que haga posible la existencia y el funcionamiento adecuado de todas ellas, corrigiendo los excesos de empoderamiento de algún agente específico y con los mecanismos que hagan posible aplicar las sanciones a los agentes que no cumplan con los acuerdos establecidos, además de los castigos a las violaciones a la normatividad. Fruto de ello, una sociedad que participe activamente, ya sea en la toma de decisiones de los aparatos estatales, ya mediante la acción de sus propias organizaciones, se constituirá en contrapeso y complemento de las acciones del estado. Uno de los rasgos esenciales de una gobernanza que cuente entre sus objetivos el logro de un desarrollo sustentable es el aumento de la participación de los ciudadanos en los procesos de toma de decisión en los asuntos vinculados al ambiente (Meadowcroft, 2003).

La determinación sobre cuáles son las instituciones que promueven un mejor y mayor desarrollo político o económico constituye un amplio campo abierto de la teoría social, con consecuencias de orden empírico que también pueden ser sometidas a debate. Diferentes autores han apelado a combinaciones de factores cuyas interrelaciones son variables, aunque algunos de ellos utilizan en grado diverso indicadores cuya presencia no siempre puede justificarse, tales como seguridad de los derechos de propiedad y las correspondientes instituciones protectoras, medidas variadas de estabilidad política, formas de evaluación de libertades políticas y civiles, grados de desperdicio de recursos, atención a las ganancias especulativas, niveles de violencia política y de violencia en general y demás.

Debe distinguirse, además, entre gobernanza y gobernabilidad (Mayntz, 2000). Tal como se discutirá más adelante, gobernanza y gobernabilidad son dos expresiones cuya interpretación y contenido semántico varían según los autores y los contextos en que son utilizados.

4.1 LAS INSTITUCIONES, EJES DE POLÍTICAS TRANSVERSALES

Ya desde su origen, los estados modernos han requerido de un aparato instrumental de gobierno a través del cual se pueda cumplir con las funciones y atribuciones asignadas por leyes y reglamentos. Tradicionalmente, la administración pública se define como el conjunto de dependencias y entidades paraestatales adscritas directamente al titular del órgano o poder ejecutivo de un gobierno. A lo largo de la historia, la administración pública ha adquirido progresivamente una mayor complejidad en virtud de las nuevas y variadas atribuciones que se van encomendando al estado y sus órganos. La caracterización que formulara Max Weber (1974) sobre la burocracia es ya insuficiente e incompleta para explicar las dimensiones actuales. No se trata sólo de aplicar leyes, sino de promover y ejecutar políticas en todos los campos, evaluar sus resultados y modificar las acciones en función de ellos. La estructura y funciones de la administración pública se modifican a través del tiempo, en la medida en que la misma dinámica de la sociedad conlleva un aumento de las necesidades y requerimientos de la población y, consecuentemente, de las demandas de satisfactores ante los poderes públicos (Ortega Ridaura, 2007).

A pesar de la importancia que la administración pública pueda tener como uno de los brazos ejecutores de las actividades del estado, no fue sino hasta el momento en que el siglo XX estuvo relativamente avanzado cuando nuestro país ofreció un marco legal que da precisión de manera más o menos detallada a las funciones y atribuciones de sus distintas dependencias. La misma organización del estado, por otra parte, no debe ni puede limitarse a administrar sino que debe abarcar otras funciones y actividades imprescindibles que permitan asegurar el progreso y la mejora continua del sistema social. Una de las condiciones institucionales necesarias para la promoción del desarrollo sustentable es la planificación, una acción controvertida en casi todo el mundo, que sin embargo aparece en todo tipo de organizaciones, desde las más simples hasta las más complejas, como es el caso del Estado; planificar es la única forma de enfrentar la improvisación y la imprevisión, rasgos que a veces suelen aparecer en las actividades de algunos responsables de la gestión del estado mexicano. Algunos autores afirman que la planificación para el desarrollo sustentable es una actividad obligatoria de funcionarios y agencias gubernamentales en la época actual (Meadowcroft, 1997). La planificación gubernamental está asociada al progreso, al control racional y colectivo de medios y recursos, a la mejora creciente de la economía, a la eficiencia, a la igualdad y a la calidad de la democracia. Debe entenderse, además, que planificación no se refiere sólo al campo de la economía sino a toda la vida social, tanto en perspectiva macro como micro.

La primera Ley Orgánica del estado de Nuevo León (LOAPENL) se promulgó en 1975; en ella se pretendía establecer las condiciones que aseguraran una gestión y organización más eficientes. Esta ley promovía una especialización en los servicios, que pudiera responder de manera más adecuada a los retos surgidos como consecuencia de los cambios de las necesidades de los agentes sociales y sus correspondientes transformaciones en la vida social. La ley, sin embargo, recibió modificaciones en los años 1985 y 2003 (Ortega Ridaura, 2005). Podría decirse que hay una tendencia general, al menos en el espíritu, a incorporar ciudadanos en los diferentes niveles de gobierno; las disposiciones del año 1985 fomentaban la creación de órganos administrativos desconcentrados, además de buscar la dedicación más exclusiva de los funcionarios, prohibiendo el desempeño de otros puestos o cargos con excepción de la docencia u otras actividades que pudieran estar vinculadas de manera directa con el cargo. En el año 2003 se incorporaba a los ciudadanos en consejos consultivos y otros niveles de toma de decisiones, aunque no siempre se lograron los objetivos previstos inicialmente. Las fallas pueden ubicarse en diferentes procesos y ámbitos: en primer lugar, la carencia de una cultura ciudadana de participación, por la que los ciudadanos cooptados parecen incorporarse más para satisfacer ciertas necesidades personales (como la de figuración social) que para buscar una solución democrática y efectiva a los distintos problemas; ello aunado al escaso interés de algunos funcionarios por encontrar en los mecanismos de participación una salida a las inquietudes de la población, asumiendo las consecuencias, y no una forma falsa de legitimación; por otro lado, hasta ahora, la consulta sólo permite una participación limitada, ya sea en la toma de decisiones, ya en las acciones efectivas.

La última ley aprobada para la regulación del funcionamiento y atribuciones de la administración pública del Estado, el 1 de octubre de 2009, establece la operación, por primera vez, de una Secretaría de Desarrollo Sustentable, a la que atribuye, en el artículo 32, 61 funciones de acción y responsabilidad, divididas en 25 con relación al desarrollo urbano y 36 sobre la protección del medio ambiente. El gobierno del estado cuenta, además, con otras 13 dependencias con rango de secretarías para desarrollar las actividades de su competencia. En el aspecto urbano, se establece el dominio en la planeación territorial y los asentamientos, así como el desarrollo de programas de equipamiento urbano estratégico. Todos estos procesos se promoverán a través de un Plan Estatal de Desarrollo Urbano, el cual será el marco referencial de las acciones de esta rama. En cuanto a la protección al medio ambiente, se reserva la vigilancia en el cumplimiento de los planes fomento, protección y conservación de los recursos naturales. Atribuye a esta rama la puesta en marcha de programas educación ambiental que fortalezcan la cultura ecológica y la faculta para intervenir en las modificaciones y ampliaciones de los planes de desarrollo urbano, sin prever las soluciones al inevitable conflicto de competencias. También deberá intervenir en los procesos de control y prohibición de todo tipo de agentes contaminantes, cualquiera sea el lugar espacial donde aparezcan, así como en el manejo de residuos de toda clase. La ley atribuye, además, a esta rama o subsecretaría, la capacidad de intervenir en todas las otras instancias que se relacionen con su competencia. En resumen, una ley defectuosa desde el punto de vista de la juridización racional del estado, que además hace aparecer el desarrollo sustentable como responsabilidad de una oficina especial y no como preocupación y agencia de todas las esferas de la gobernabilidad y la gobernanza.

Más allá de las disposiciones legales, un desafío importante a resolver es revertir la concepción que parece predominar en algunos funcionarios y otros líderes de la sociedad civil, en el sentido de concebir los diferentes aspectos del desarrollo sustentable como un obstáculo para la toma de decisiones equilibrada en el campo político. Al parecer, algunos políticos y otros agentes sociales perciben a los impulsores de un desarrollo sustentable como un escollo para la realización de obras importantes de desarrollo económico y sienten como un estorbo que las leyes y otras disposiciones legales deban tomar en cuenta los problemas del ambiente y la sustentabilidad. Uno de los efectos implícitos en la acción del Observatorio que se propone en este texto será el de aportar una comprensión más adecuada de los múltiples lazos que todas las políticas sectoriales tienen con el desarrollo sustentable, el que no puede ser el resultado de la acción específica de un sector o instancia del aparato gubernamental.

Además de los órganos de la administración central, debe tenerse en cuenta que las administraciones de los 51 municipios del estado ejercen de manera continua procesos de toma de decisión que afectan de manera profunda esa dinámica. Puede decirse que "observar la sustentabilidad" es también una observación de la gestión pública. Debe considerarse que los sistemas ecosociales requieren de sistemas institucionales fuertes para poder evitar las perturbaciones derivadas de relaciones inadecuadas entre los usuarios y los proveedores de infraestructura pública (Anderies, Jansen y Ostrom, 2004).

Por otro lado, no existe una normativa desarrollada para el servicio civil de carrera y los ejecutivos y directivos suelen ser los funcionarios o gobernantes determinados por el sistema electoral. Sin embargo, éste sólo provee cargos en la máxima autoridad, depositando en éstos toda la responsabilidad para la elección de sus colaboradores, de manera que estos funcionarios menores sólo se interesan por la aprobación de quien los designó y no por la de la población a la que deben servir. Un sistema que establezca de manera clara las formas de designación para todos los niveles en el que se busque idoneidad para el desempeño del cargo, que establezca responsabilidades y evaluación de su cumplimiento y que a la vez sea independiente del gobernante de turno, constituirá un gran avance en el desarrollo institucional del estado.

Además, hasta ahora, los procesos electorales se han limitado a la elección del cargo superior del ejecutivo y a los legisladores. Siguiendo tendencias universales, la propuesta de los candidatos para estas posiciones se realiza a través de grupos organizados como partidos políticos, sin mayores precisiones sobre sus características hasta el final del siglo XX. No existe una profesionalización apropiada de la política (en el sentido de contar con postulantes a las diferentes posiciones que cuenten con un cúmulo de experiencias y de formación adecuadas y se sometan al juicio ciudadano sobre ellas), ni tampoco profesionalización del servicio civil, que muestre una tradición afianzada en la formación de los funcionarios.

Todo lo anterior lleva a que la integración de los niveles de la administración pública, tal como se da en el momento actual, pase siempre por líneas verticales, sin coordinación horizontal. La gobernanza no es una superestructura organizadora sino un proceso de participación y, por lo tanto, puede y debe presentarse de manera multinivel (Hooghe y Marks, 2003), asumiendo diferentes formas o tipos según el nivel en que se ubique.

4.2 ESTADO DE DERECHO Y CULTURA DE LA LEGALIDAD

En un sistema político moderno, las instituciones están orientadas a mantener la gobernabilidad y expandir la gobernanza. La gobernabilidad debe ser entendida como la capacidad de las instituciones del sistema de gobierno para tomar decisiones y aplicar políticas para alcanzar objetivos programáticos y donde tanto medios como fines sean aceptados por los ciudadanos, es decir que se trata de un sistema unidireccional, donde las líneas de acción fluyen de arriba hacia abajo y donde interesa el consenso pero no la participación de todos los involucrados en la toma de decisiones. La gobernanza, en cambio, supone un proceso de interacción entre las instituciones estatales y las de la sociedad civil para una toma de decisiones coordinada en función de objetivos coincidentes.

Tanto el término democracia como el de gobernanza son utilizados de manera ambigua en la teoría social y se prestan a interpretaciones diferentes sobre su aplicabilidad y su capacidad explicativa (Hirst, 2006), condiciones que se complican cuando introducimos las doctrinas políticas como supuesto de base de su uso y definición. Esto quiere decir que un analista que parte de bases teóricas caracterizadas como neoliberales encontrará distintas perspectivas en el uso de los términos que las que puede hallar quien lo hace desde otra perspectiva. Más allá de estas dificultades, se puede coincidir en que habrá ciertos aspectos permanentes en las relaciones entre democracia y gobernabilidad: el tipo de control democrático que puede y debe ejercerse sobre los representantes y gobernantes electos, las formas que debe asumir la rendición de cuentas y la transparencia, la vigencia y extensión del estado de derecho en las instituciones estatales y de la sociedad civil, los procedimientos administrativos requeridos para el funcionamiento de los subsistemas político, económico, educativo, etc., y la cultura dominante sobre la capacidad efectiva de los sistemas de control y ejercicio de la autoridad. Las diferencias conceptuales tienen un efecto secundario que puede ser importante en este trabajo, ya que de ellas se derivará la opción de los diferentes indicadores y otras formas de medición; por ejemplo, como veremos más adelante, la definición que se dé de corrupción determinará el tipo de indicadores a utilizar.

Por su parte, Guillermo O'Donnell (2004), conciente de las controversias que el concepto de estado de derecho todavía suscita, propone una definición mínima, que incluye entre sus ideas: 1] la ley debe haber sido promulgada a partir de mecanismos aprobados por organismos competentes; 2] ello debe hacerse antes de que aparezcan los acontecimientos para los que se pretende ejercer control y 3] la aplicación de la ley debe ser equitativa por parte de todas las instituciones del poder estatal, no sólo las judiciales. Las leyes, por su parte, deben satisfacer ciertos requisitos, en especial el de que nadie puede pretender la suspensión o nulidad de la ley por su voluntad arbitraria, sino que esas condiciones deben ser resueltas por las jerarquías jurisdiccionales que establecen las propias leyes. La principal debilidad de los países latinoamericanos (donde, debe remarcarse, se encuentra ubicado Nuevo León) parece estar, en general, no en el sistema legal, sino en el poder de las instituciones para asegurar la efectividad en el cumplimiento de las leyes, de manera que tenemos infinidad de leyes que no se cumplen por la incapacidad de los organismos estatales responsables de hacerlas cumplir.

El proceso de cumplimiento de leyes requiere de varios factores: 1] una difundida cultura en la población sobre el valor del cumplimiento incondicional de la ley como medio fundamental de asegurar la convivencia democrática; 2] una cultura ciudadana de respeto hacia el otro y su dignidad fundamental; 3] un sistema eficiente de administración de justicia en todos sus niveles, desde las instancias policiales hasta los más altos órganos judiciales, que cuente con personal profesionalmente capacitado en todos esos niveles; 4] un seguimiento eficiente de la evolución de víctimas y victimarios, incluyendo la asistencia social y psicológica para ambos; y 5] una política decidida de compromiso con la erradicación de todas los modalidades de corrupción.[1]

Las instituciones que pueden apuntalar el desarrollo de la democracia son de diverso tipo y modalidad y, por lo tanto, con variados impactos. Una de ellas es la educación, que en sí misma puede apoyar el proceso por varias vías. Además, un sistema democrático debe preservar siempre las garantías de las libertades individuales, sin por ello perder de vista el logro de mayor igualdad social. La tentación de aceptar las innovaciones de políticas de contenido populista que buscan una pretendida igualdad social a costa de limitar o eliminar las garantías individuales, sólo puede evitarse con la atención perma-

[1] El problema de la corrupción es tratado más adelante, en 4.5.

nente al funcionamiento pleno de las instituciones y a un ejercicio constante del estado de derecho. Cuando los gobernantes aplican la ley de manera discriminada en favor de sus grupos de pertenencia o adscripción o cuando directamente la violan para favorecer a esos grupos, podemos hablar de una gobernabilidad impropia o improcedente.

El Estado de derecho se expresa y se realiza en la norma legal, pero también en la definición y el funcionamiento efectivo de las instituciones, así como en la cultura y las prácticas políticas de los actores. Es un Estado en el que prevalecen las leyes sobre el arbitrio de los seres humanos, al tiempo que se reconocen y garantizan una serie de derechos y libertades fundamentales de los ciudadanos. Debe tenerse en cuenta que el Estado de derecho no se caracteriza sólo por ser el Estado donde rige la ley (Benda, 2006) sino el que se rige por el principio material de garantizar la dignidad humana. Los principios que determinan el funcionamiento del Estado de derecho en la época actual son: 1] la sujeción de todo el aparato estatal y gubernamental a la norma constitucional, 2] la subordinación de los poderes a la legislación, 3] la división y balance de los poderes, 4] la protección de los derechos fundamentales de los seres humanos y 5] la garantía de los derechos individuales frente a cualquier acción estatal que los afecte.

4.3 INSEGURIDAD Y VIOLENCIA

El control de la violencia y el uso de la violencia innecesaria por parte de las instituciones estatales son algunos de los aspectos que actúan negativamente contra el desarrollo democrático: según el Latinobarómetro (2009) en el año 2001, 79% de mexicanos declaró haber sido víctima de delitos, mientras que en el año 2009, este indicador, *Tasa de victimización*, se había reducido al 38%. Dada la pregunta a partir de la cual se compone esta tasa, "¿Ha sido usted o algún pariente asaltado, agredido, o víctima de un delito en los últimos doce meses? ", la cifra debe tomarse como una expresión derivada de la subjetividad, sin profundizar sobre la posible ubicación polisémica del término delito; por ejemplo, las diferentes expresiones de corrupción suelen ser tipificadas como delito, pero si preguntáramos a la población cómo deben ser consideradas, seguramente un alto porcentaje no las ubicaría en esa categoría y algunos, además, las calificarían como una costumbre que ni siquiera merece una sanción moral.

Una de las posibilidades para evaluar la inseguridad es estudiar el número de robos simples (con y sin violencia) denunciados ante la Procuraduría General del Estado de Nuevo León. El cuadro 40 muestra su evolución para los años 2006-2010, donde se aprecia que la cifra mostró un pico en 2007 pero luego baja de manera considerable a partir del año 2009. Las cifras muestran bastante estabilidad a lo largo de los dos últimos años y podemos calcular el índice de robos en 95.3 por cada 100 000 habitantes para el año 2010.

Debe tenerse en cuenta que se trata sólo de un tipo de delitos, el robo simple, pero se tienen estadísticas para varios otros tipos. Por su parte, encuestas realizadas por el Instituto Ciudadano de Estudios sobre la Inseguridad (ICESI) muestran que alrededor del 78% de las víctimas no acude a denunciar el delito por diversas razones, encontrándose entre las principales creer que se trata de una pérdida de tiempo, que no se logrará nada con ello o desconfiar de la autoridad. El miedo (a ser extorsionado o agredido) comienza a ser una causa importante para la inhibición de la denuncia (ICESI, ENSI, 2009; Puértolas, 2010). Según los cálculos del mismo Instituto, el costo promedio por denuncia presentada y ratificada es de 102 pesos con un tiempo promedio perdido de 11 horas. A estos costos deben añadirse las pérdidas o daños derivados del delito mismo, por los bienes sustraídos o deteriorados. Para las víctimas del delito

CUADRO 40. NÚMERO DE DENUNCIAS DE ROBO EN EL ESTADO DE NUEVO LEÓN, 2006-2010

	ROBO SIMPLE												
AÑO	ENE	FEB	MAR	ABR	MAY	JUN	JUL	AGO	SEP	OCT	NOV	DIC	TOTAL
2006	538	537	915	723	854	857	757	914	823	864	835	848	9 465
2007	903	1 148	1 178	1 101	1 142	1 014	1 283	1 255	1 097	1 256	1 224	954	13 555
2008	1 112	1 087	1 076	1 055	977	883	1041	980	1166	1230	1001	817	12 425
2009	487	432	526	459	480	336	408	303	344	313	347	242	4 677
2010	250	325	471	392	469	518	318	399	400	324	274	233	4 373

FUENTE: Dirección General de Averiguaciones Previas. Procuraduría General de Justicia, N. L., <www.nl.gob.mx/?P=proc_general_justicia>.

además, existe un costo no cuantificado en gastos de salud, dado que muchos de ellos deben recurrir a diversos tipos de tratamiento de salud física o mental.

En este campo, la seguridad no se limita al aspecto personal; en el ámbito empresarial, la seguridad jurídica presenta, en México, uno de sus rasgos más atrasados. Un tipo de queja constante entre los inversores (extranjeros o nacionales) es la volubilidad en la sanción de la ley. Sin embargo, a pesar de la aparente generalización, no puede hablarse de un marco común para toda la región latinoamericana. Un estudio de una consultora privada en colaboración con la Universidad Autónoma de Madrid, realizado a partir de las respuestas a 1 000 cuestionarios repartidos entre empresarios, políticos y gobernantes de América Latina, ubicó a México como el país donde se registra el mayor grado de inconformidad con relación a la seguridad jurídica (Lafuente, 2009).

La percepción de los ciudadanos con relación a las cuestiones de seguridad puede no ser coincidente con los datos reales. Existe un imaginario social, favorecido por los medios de comunicación, que tiende a considerar a la inseguridad en constante aumento. Los asesinatos entre narcotraficantes o el número de fallecimientos en enfrentamientos entre éstos y las fuerzas de seguridad tienen una presencia cada vez mayor en los medios impresos y audiovisuales, dando la sensación de que los ciudadanos neoleoneses viven en zozobra permanente. De acuerdo a los datos de las encuestas nacionales sobre seguridad, el porcentaje de población mayor de 18 años que considera a su estado como inseguro se incrementó, desde 54% registrado en 2004 a 65% en 2008 (promedio nacional). Para Nuevo León, las cifras pasaron de 41% a 70% (ICESI, ENSI, 2009).

Con relación a los homicidios, quizá uno de los indicadores más representativos para evaluar el delito y la inseguridad, no parece existir un perfil estable o permanente en México (Escalante Gonzalbo, 2009). Nuevo León se encuentra entre los estados que ostenta una tasa de homicidios inferior a la media nacional, mientras que existe un grupo de estados que muestra tasas que suelen duplicar esa media, como Guerrero, Michoacán, Oaxaca y Sinaloa.[2] Ciertas hipótesis de la teoría sociológica tienden a asociar el incremento poblacional y la tasa de urbanización con el aumento de los homicidios,

[2] Debe tenerse en cuenta que se trabajó con datos anteriores a 2009 y que la dinámica de delitos en el país es muy cambiante.

pero no parece ocurrir así en México, ya que aparecen grandes ciudades con tasas bajas y grandes ciudades con tasas altas, sin que pueda encontrarse a veces una variable adicional que pueda explicar las cifras. La tasa de homicidios en todo el país ha mostrado una tendencia a la baja en los últimos 20 años, con excepción de algunas de las ciudades de la frontera norte, donde se ha incrementado. Existen en México algunos entornos identificables de manera diferenciada, para los que se requerirían explicaciones distintas: las zonas rurales densamente pobladas del centro y sur del país, donde el índice de homicidios disminuye en los últimos años, probablemente asociado a la culminación del reparto agrario y al aumento de los índices de emigración; no parece haber una correlación consistente entre violencia y pobreza, aunque la concentración de jóvenes, el aumento de consumo de drogas y la disminución de oportunidades laborales en ciertas colonias marginales de las grandes ciudades (similar a los que ocurre en Europa y Estados Unidos) muestra un aumento de delitos violentos; por otro lado, las ciudades fronterizas, que han estado creciendo sin capacidad de regulación de ningún tipo, han visto un constante y pronunciado aumento de la tasa de homicidios.

Para el caso de Nuevo León, se tiene en cuenta el número total de homicidios dolosos cometidos en el estado como uno de los indicadores de violencia. Las cifras hasta el momento, para los últimos cuatro años, se muestran en el cuadro 41.

Las cifras, que no mostraban una tendencia definida entre 2007 y 2009, presentan un brusco aumento en 2010, continuando la tendencia

CUADRO 41. NÚMERO DE HOMICIDIOS DOLOSOS COMETIDOS EN EL ESTADO DE NUEVO LEÓN, 2006-2010

AÑOS	ENE	FEB	MAR	ABR	MAY	JUN	JUL	AGO	SEP	OCT	NOV	DIC	TOTAL
2006	14	12	16	11	17	10	15	17	20	14	24	10	180
2007	22	19	38	25	39	19	26	16	23	21	20	15	283
2008	19	34	22	24	20	19	23	13	18	26	23	22	263
2009	20	16	7	26	15	13	24	32	31	26	15	42	267
2010	23	29	73	101	58	102	123	74	60	77	50	58	828

FUENTE: Procuraduría General de Justicia N.L., <www.nl.gob.mx/?P=proc_general_justicia>.

en 2011. La intervención de fuerzas militares y el acrecentamiento de los conflictos entre los grupos de narcotraficantes son las causas manifiestas de este proceso. Deberá hacerse una evaluación profunda de él para intentar comprender mejor lo ocurrido.

4.4 DERECHOS HUMANOS: PIEDRA ANGULAR DE LA SOCIEDAD DEMOCRÁTICA

El respeto efectivo de los derechos humanos es condición necesaria e indispensable para cualquier estado de derecho, ya que garantiza que el ejercicio del poder público se circunscriba a los límites que el mismo ciudadano ha podido fijar a ese poder a través de los controles establecidos en la Constitución. Uno de los indicadores clave para evaluar los sistemas democráticos es el desarrollo y respeto de los derechos humanos. En algunos países se analiza actualmente la inclusión de los llamados derechos de tercera generación, los que incluyen criterios de evaluación, ya no para los individuos sino para las instituciones. Ejemplo de éstos son la imparcialidad de los aparatos de administración y justicia, el trato igualitario ante la ley de todos los ciudadanos y grupos, la ausencia de impunidad para gobernantes y otros funcionarios, la seguridad en el tratamiento de los datos personales a partir de las nuevas tecnologías, el acceso a los bienes medioambientales y otros más.

En casi todos los países occidentales, la administración de justicia de acuerdo a reglas jurídicas formalmente establecidas ha sufrido un cierto retroceso a partir de la "guerra global contra el terrorismo" puesta en marcha por el gobierno de G. W. Bush (Mashaw, 2009). Incluso la ONU ha abandonado alguno de sus compromisos históricos con los procedimientos jurídicos respetuosos de la ley y la vigencia del estado de derecho, para aceptar prácticas dudosas, como la exaltación del secreto de estado, la implantación del juicio sumario sin garantías para los acusados y el otorgamiento de poderes extraordinarios a los aparatos policiales sin contrapartida ni compensaciones legales en cuanto a su control por otros organismos (Infante, 2008). Debería ser posible detener estos procesos que suponen un retroceso y volver a instaurar garantías jurídicas plenas para todos los ciudadanos.

El cumplimiento de las disposiciones establecidas en la Declaración Universal de los Derechos Humanos de las Naciones Unidas sería, por sí mismo, una revolución mundial. Puede encontrarse en casi todos los países del mundo la violación de una o algunas de las normas allí establecidas. La organización internacional Human Rights Watch ha denunciado el deterioro de la condición de respeto a los derechos humanos en algunos países latinoamericanos, en especial Brasil y México (Ballinas, 2009). En el caso de México, las formas de deterioro se presentan en varios frentes o escenarios: en ciertas acciones desempeñadas en el sistema de justicia penal; en el trato a los detenidos; en la justicia concedida a quienes son víctimas de actos delictivos; en la protección adecuada y en el ejercicio de la justicia correspondiente a los defensores de los derechos humanos; en la protección a quienes sufren violencia familiar, de género o de discriminación por otras razones; también en los abusos cometidos por los cuerpos militares en las actividades de seguridad pública. De la misma manera, la asociación Amnistía Internacional ha formulado denuncias similares (Amnesty International USA, 2010), con el agregado de las condiciones de maltrato infringidas a los migrantes mexicanos o extranjeros. Otro aspecto no remarcado por estas denuncias es la violencia que sufren ciertas comunidades indígenas del sur de México por su afiliación religiosa, las cuales son obligadas a abandonar sus hogares y demás bienes por los adherentes de la creencia supuestamente mayoritaria, sin que los organismos del estado acudan para imponer el respeto a la ley.

En Nuevo León, no fue sino hacia finales de la gestión de Pedro Zorrilla (1973-1979) cuando se implantó la primera Ley para la defensa de los Derechos Humanos en el Estado de Nuevo León, que fue publicada en enero de 1979. En virtud de ella, se creó la Dirección para la Defensa de los Derechos Humanos, primera dependencia administrativa en el estado concebida especialmente para tal fin. Diez años después se estableció, con ese mismo nombre, una dirección de orden federal dependiente de la Secretaría de Gobernación federal. Por lo tanto, Nuevo León fue una de las primeras entidades en manifestar un claro interés y una preocupación por asegurar la vigencia y defensa de los derechos humanos, crucial para cualquier sociedad que pretenda profundizar en la institucionalidad democrática. Una ley promulgada en 1992, en el transcurso del gobierno de Sócrates Rizzo García, creó la Comisión Estatal de Derechos Humanos de

Nuevo León (CEDHNL) como un organismo público descentralizado, cuya función es la de proteger la integridad de los derechos humanos reconocidos por el ordenamiento jurídico estatal, la persecución y posible castigo de sus violaciones, las que en el ejercicio de sus funciones cometan las autoridades estatales o municipales.

La CEDHNL recibe un promedio de dos denuncias diarias por abuso de autoridad; estas denuncias se presentan en contra de diversos organismos de seguridad que actúan en el estado, sean policías municipales, ministeriales o incluso de la misma Secretaría de la Defensa Nacional (Sedena). Las distintas formas de abuso incluyen prestación indebida de servicio público, violación a la legalidad y a la seguridad jurídica, detenciones que no se ajustan a las normas de los códigos jurídicos vigentes, lesiones y otras formas de violación a la integridad personal. Estas condiciones llevaron a pensar en dos indicadores: uno a partir del número de denuncias recibidas y otro que considera como factor el número de denuncias emitidas por la CEDHNL y atendidas por los organismos oficiales correspondientes. El número de denuncias o solicitudes de intervención se presentan en el cuadro 42 y la relación entre las recomendaciones emitidas y recomendaciones aceptas o respondidas por los organismos correspondientes en el cuadro 43.

Tenemos dos picos en el primer y el último año y luego una cifra que se mantuvo más o menos similar en los años intermedios. ¿Cuál es el valor óptimo? Idealmente, deber ser 0 (cero), pero podríamos decir que hemos llegado a una situación tolerable cuando no sobrepasara el centenar, condición de la cual estamos muy alejados. Si se

CUADRO 42. SOLICITUDES DE INTERVENCIÓN RECIBIDAS POR LA COMISIÓN ESTATAL DE DERECHOS HUMANOS DE NUEVO LEÓN, 2002-2009

AÑO	2002	2003	2004	2005	2006	2007	2008	2009
Solicitudes de intervención	4 090	2 937	3 370	3 350	3 210	3 730	4 380	721

FUENTE: Comisión Estatal de Derechos Humanos de Nuevo León (CEDHNL), <http://cedhnl.org.mx/> y Observatorio sobre la Calidad del Estado de Derecho en el Noreste de México (OCED), <http://oced.org.mx>.

NOTA: a partir del año 2009 la CEDHNL cambió su metodología para el cómputo de las solicitudes de intervención, por lo que será necesario reformular las categorías y los cálculos.

CUADRO 43. RELACIÓN ENTRE LAS RECOMENDACIONES EMITIDAS POR LA COMISIÓN ESTATAL DE DERECHOS HUMANOS DE NUEVO LEÓN Y LAS RECOMENDACIONES ACEPTADAS, 2007 Y 2008

AÑO	RECOMENDACIONES EMITIDAS	RECOMENDACIONES ACEPTADAS	ÍNDICE
2007	180	59	0.33
2008	160	2	0.01

FUENTE: Comisión Estatal de Derechos Humanos de Nuevo León (CEDHNL), <http://cedhnl.org.mx/>.

toma en cuenta el número de habitantes, tenemos en Nuevo León un promedio de 104 denuncias por cada 100 000 habitantes en el año 2008. Para el caso de los estados vecinos, la cifra fue, para el mismo año, de 418 para Coahuila y 264 para Tamaulipas (OCED).

En lo que hace a las recomendaciones emitidas por la Comisión, se entiende que el ideal de respeto de derechos humanos será que el número sea equivalente y que un valor bajo de recomendaciones aceptadas mostraría un cierto desprecio por el respeto de los derechos humanos. El índice, Respeto a los derechos humanos, elaborado por el cociente entre las recomendaciones aceptadas y las recomendaciones emitidas oscilará entre 0 y 1, siendo 1 el valor ideal.

4.5 TRANSPARENCIA Y RENDICIÓN DE CUENTAS

Componente esencial de toda democracia es la posibilidad de que gobernantes e instituciones de gobierno den cuenta de todas sus acciones a la ciudadanía. Para ello, el acceso a la información que permitirá esa valoración es un factor decisivo. Con la finalidad de hacer accesible la información pública a todo aquel que lo solicite, en 2002 se promulgó la Ley Federal de Transparencia y Acceso a la Información Pública Gubernamental y como organismo encargado de ejecutarla se creó el Instituto Federal de Acceso a la Información (IFAI).

La ley de Acceso a la Información vigente en el estado fue promulgada el 19 de julio de 2008, corrigiendo algunas omisiones y deficiencias de la que había sido aprobada en 2003. La ley establece *sujetos obligados* a proporcionar información, a los componentes del Poder Judicial, el Poder Ejecutivo, las administraciones públicas estatales y municipales, los órganos del Poder Legislativo, los Tribunales Administrativos y los organismos públicos autónomos del Estado, incluyendo las universidades públicas. Para todos ellos, establece la obligatoriedad de presentar en su página de Internet, información sobre su marco normativo, su estructura orgánica, el directorio de los servidores públicos, los planes de desarrollo, los gastos en conceptos de viáticos y de representación de los servidores públicos, la nómina mensual, la relación de pagos hechos a contratistas, proveedores, asesorías, los permisos y licencias, entre otras. Además de estas generales, establece asimismo otras obligaciones para cada uno de los sectores o ramas mencionados; por ejemplo, la Comisión Estatal de Derechos Humanos deberá colocar información sobre las recomendaciones enviadas a los distintos organismos y estadísticas sobre las denuncias presentadas. También se establecen las sanciones a que serán sometidos los funcionarios que violen la ley y los mecanismos para la ejecución de ellas.

Con relación a la actividad de los partidos políticos, la ley no los obliga de manera directa, pero establece que las autoridades electorales en el estado, dentro de sus competencias, estarán obligadas a hacer pública, en su respectivo portal de Internet, información sobre los reportes que presenten los partidos, los montos de financiamiento público y privado, los topes en gastos de campaña y los informes sobre el monto, origen, empleo y aplicación de sus ingresos, además de otras actividades que desarrollen. Si bien es cierto que no se obliga de manera directa a los partidos a transparentar su gasto, el control que los organismos electorales ejercen sobre ellos y la publicidad de todas estas actividades, parecen ser suficientes para una transparencia relativamente aceptable de sus actividades.

En fecha relativamente reciente, 1993, un ex funcionario del Banco Mundial promovió la creación de Transparencia Internacional, con el objetivo de promover programas de información sobre la forma en que la corrupción aparecía en los distintos países del mundo. Para ese momento, se tenía conciencia de que las prácticas corruptas aparecían en mayor o menor grado en casi todos, incluyendo aquellos que, como Alemania, las elites políticas compartían la creencia de poseer un comportamiento ético de gran entereza.

Por su parte, la Organización para la Cooperación y Desarrollo Económicos (OCDE) ha proclamado una Convención para combatir el cohecho de servidores públicos en transacciones comerciales internacionales, conocida como Convención Anticohecho de la OCDE, que fue firmada por México en 1997 y ratificada por el Senado el 22 de abril de 1999. De su articulado se desprende una definición de cohecho, como el acto realizado por cualquier persona por el cual

> intencionalmente ofrezca, prometa o efectúe un pago indebido u otra ventaja, sea directamente o a través de intermediario, a un servidor público extranjero en su beneficio o en el de un tercero, a fin de que ese funcionario actúe o deje de hacer, en cumplimiento de sus deberes oficiales, con el propósito de obtener o mantener un negocio o cualquiera otra ventaja indebida, en la realización de negocios internacionales (OCDE, 2009).[3]

Los actos corruptos pueden ser ubicados en dos amplias áreas: legislativa y administrativa. En el campo administrativo, los actos de corrupción incluyen cohecho (sobornos o mordidas), extorsión, nepotismo y uso inadecuado de los fondos en la administración pública y el poder judicial. En el campo legislativo, la corrupción puede presentarse de muy variadas formas, como pago de los políticos y administradores para modelar leyes y regulaciones en su favor, el financiamiento de los partidos, la venta de leyes y decretos, la adjudicación de privilegios en el pago y las excepciones de impuestos, la asignación de recursos a grupos privilegiados, la carencia de legislación efectiva para combatir la corrupción, la ausencia de programas de combate a la corrupción y la dependencia del poder judicial a los otros poderes.

Las evaluaciones nacionales sobre niveles de corrupción pueden ser la base para construir una topografía de la incidencia del fenómeno, pero debe tenerse en cuenta que los promedios nacionales no siempre proporcionan información que facilite la comprensión de su aparición en regiones específicas o en sectores especiales de actividad (Heidenheimer, 2010). No obstante, Transparencia Internacional (Transparency International, 2004) ha desarrollado distintos índices cuyo objetivo es evaluar las formas en que se presentan la corrupción y las medidas para corregirla. Estos índices permiten una comparación entre países y una evaluación de las consecuencias de las medidas adoptadas para suprimirla.

[3] Nótese que la OCDE sólo habla de servidores públicos o funcionarios, pero no dice nada con relación a empresarios o agentes económicos privados.

Otra organización, Global Integrity, ha elaborado un Índice de Integridad Global (Global Integrity Index) que se descompone en seis categorías, cada una de las cuales presenta a su vez un número variable de indicadores. El total de puntos obtenidos produce cuatro categorías: fuertes, moderados, débiles y muy débiles. Para el año 2006, México obtuvo 65 puntos en la evaluación global, mientras que en 2007 bajó a 63 puntos, situándose entre los países débiles, junto con Argentina, Guatemala, Turquía, Túnez y Nigeria, entre otros. Entre los países mejor evaluados en la categoría "fuerte" se encuentran Australia, Alemania, Japón, España, Portugal y Estados Unidos. De manera detallada para el caso de México, en la categoría 1, referida a la sociedad civil, el puntaje fue 75; en la categoría 2, sobre las elecciones, 71; en la categoría 3, transparencia gubernamental, 52; en la 4, administración y servicio civil, 62; en la 5, supervisión y regulación, 63; y por último, en anticorrupción y estado de derecho, la categoría 6, 58 puntos. Las calificaciones más bajas provienen de dos categorías, la transparencia y los procedimientos anticorrupción. Pero también hay diferencias al interior, ya que la calificación más baja en transparencia la recibe el sistema judicial y la más baja en la última las condiciones del estado de derecho. Es interesante anotar que las leyes anticorrupción reciben un puntaje ideal de 100, mientras el estado de derecho recibe 32. Todavía no se han publicado las evaluaciones mexicanas de 2008, donde el grupo de los países fuertes tuvo una notable reducción, quedando integrado sólo por Polonia, Bulgaria, Japón y Rumania.

En cuanto a Transparencia Internacional, para el caso de México, construyó un Índice Nacional de Corrupción y Buen Gobierno (INCBG), que se obtiene sobre la base de encuestas realizadas a la población donde se indaga sobre la existencia de cohecho ("mordidas") para la obtención de 35 servicios públicos, como trámites para licencia de conducir, trabajar o vender en la vía pública, evitar ser multado por un agente de tránsito, denunciar un delito ante un juzgado, becas escolares, entre otras. En el año 2007 Nuevo León se ubicó en el octavo lugar nacional con un puntaje de 6.0 (el ideal es cero), siendo el mejor el estado de Colima con 3.1 y el peor el estado de México con 18.8. La comparación entre los datos del estado de Nuevo León y la media nacional se presentan en el cuadro 44.

Puede notarse que para el periodo considerado, la percepción de la ciudadanía sobre la corrupción en el estado tuvo una baja

CUADRO 44. PUNTAJES COMPARATIVOS EN EL ÍNDICE NACIONAL DE CORRUPCIÓN Y BUEN GOBIERNO DE TRANSPARENCIA MEXICANA, NUEVO LEÓN Y MEDIA NACIONAL, 2001-2010

	ÍNDICE				
	2001	2003	2005	2007	2010
Nuevo León	7.1	9.9	9.3	6.0	9.1
Media nacional	10.6	8.5	10.1	10.0	10.3

FUENTE: con datos de Transparencia Mexicana, <www.transparenciamexicana.org.mx/ENCBG/>.

significativa en el año 2007, mientras que para el país las cifras se mantuvieron relativamente constantes. Los actos donde se percibe el mayor nivel de corrupción en el estado se refieren a la acción del Ministerio Público, ya sea en el caso de presentar denuncias, lograr el seguimiento adecuado de ellas o evitar ser detenido. El menor índice de corrupción es mencionado en los trámites de servicios, como introducción o regularización de agua, drenaje, alumbrado, pavimentación.

Para Nuevo León, la percepción de la corrupción no se deriva sólo de las encuestas de opinión. Los medios de comunicación han reflejado diversas esferas y espacios de corrupción, como los costos adicionales en la compra de vivienda, derivados de la lentitud de los trámites legales que deben realizarse por exceso de regulaciones y controles, lo cual suele aumentar de 3 a 6% los costos finales de la vivienda. Otra son las extorsiones a que son sometidas las empresas de transporte del área metropolitana de Monterrey. En la campaña electoral para la elección de gobernador del Estado de 2009, los dos candidatos con mayores probabilidades de obtener el puesto insistieron en repetidas ocasiones en sus actos de campaña en que una de las prioridades de su gobierno sería la lucha contra la corrupción, reconociendo implícitamente su existencia y aceptando que se trata de un punto sensible en la opinión pública.

La solución a los problemas derivados de la corrupción pasa por una toma de conciencia colectiva acerca de la gravedad de sus efectos y consecuencias y la concertación de agentes sociales para poner en práctica de manera decisiva e imperativa las medidas que permitan su corrección. Paralelamente, una reforma adecuada de las leyes para sancionar de manera efectiva a los delitos de corrupción.

4.6 AMPLIACIÓN DE LA PARTICIPACIÓN POLÍTICA, ESPÍRITU DE LA VIDA DEMOCRÁTICA

La democracia formal es una forma limitada de democracia y todos los países del mundo aspiran, de alguna u otra manera, a sobrepasar esos límites para conseguir formas de participación y compromiso más activos. En los últimos tiempos, en varios lugares del mundo, se han puesto en marcha mecanismos de gobernanza multinivel, que han mostrado su validez para la incorporación de los ciudadanos en las diversas formas de gestión, a pesar de la complejidad que ha adoptado la toma correcta de decisiones en los asuntos de gobierno (Bache y Chapman, 2008). Un modelo pluralista de democracia tendrá ventajas sobre otros posibles modelos en cuanto involucra y compromete a un amplio rango de grupos en la toma de decisiones, proporciona mayores oportunidades de vigilancia sobre la transparencia de las acciones gubernamentales y desarrolla reglas que facilitan la naturaleza plural de la participación, estableciendo sanciones para quienes violen las reglas.

En los años posteriores a la Revolución se había observado una relativa autonomía política en Nuevo León, derivada de la independencia económica, que permitía a los grupos económicos locales seleccionar a sus candidatos entre políticos con carrera en la entidad. Esto generó fricciones con el centro, sobre todo cuando a principios de los años setenta la presidencia de la República intervino en el conflicto universitario, lo que culminó con la renuncia del gobernador en turno, Eduardo A. Elizondo. A partir de ese momento, los gobernadores siguientes fueron políticos con trayectoria nacional y relaciones con ese entorno, más que con arraigo local.

Por decenios, la disputa por el poder se dio, como en casi todo el país, en el ámbito interno del Partido Revolucionario Institucional (PRI), dada la escasa participación de otros partidos, como puede observarse en el cuadro 45. Progresivamente la ampliación de la participación ciudadana ha abierto el camino a la pluralidad y a la incorporación de amplios sectores, tradicionalmente excluidos de las actividades de la política. Aunque en los últimos treinta años el número de partidos ha oscilado entre 5 y 7, lo cierto es que éstos sólo han tenido representación en el área metropolitana y en algunos municipios rurales. Fue recién en las elecciones intermedias de 1997 que el Partido Acción Nacional (PAN) pudo presentar candidatos a

CUADRO 45. COMPETENCIA ELECTORAL EN NUEVO LEÓN. NÚMERO DE PARTIDOS POLÍTICOS CONTENDIENTES POR MUNICIPIO, 1985-2009

PARTIDOS POLÍTICOS	NÚMERO DE MUNICIPIOS								
	1985	1988	1991	1994	1997	2000	2003	2006	2009
1	30	24	17	1					
2	7	9	14	14	7		9		3
3	8	1	8	11	7		16	3	9
4	1	9	3	8	15		20	4	11
5	2	3	3	5	10		6	10	15
6	2	5	4	1	7			19	9
7	1		2	2	5			11	4
8				2		51		4	
9				7					

FUENTE: Gutiérrez Salazar, 2007, actualizado con datos de la Comisión Estatal Electoral de Nuevo León, <www.cee-nl.org.mx/>.

todos los puestos de elección popular en el estado: la gubernatura, las 26 diputaciones y los 51 ayuntamientos. Y en el 2000, ocho partidos presentaron candidatos en la totalidad de los ayuntamientos y puestos.[4]

Los grupos del poder económico, así como los fuertes sindicatos (importantes actores en una ciudad industrial), apoyaron tradicionalmente al PRI. Sin embargo, esta situación comenzó a modificarse desde los años sesenta, a raíz del movimiento estudiantil y popular de 1968 que constituyó un parteaguas en la vida política de la nación, lo cual dio origen a una diversidad de movimientos sociales, que oscilaron desde las posiciones radicales del movimiento guerrillero rural y urbano (fue en Nuevo León donde se creó la Liga 23 de septiembre, uno de los movimientos guerrilleros urbanos más importantes de esa época)

[4] A diferencia de procesos anteriores, la presencia en la totalidad de los municipios de los ocho partidos registrados fue posible gracias a que los partidos más pequeños se aliaron con otros más grandes. El Partido Acción Nacional (PAN) incorporó al Verde Ecologista (PVE) en la Alianza por el cambio y el Partido de la Revolución Democrática se coaligó con el Partido del Trabajo (PT), Convergencia por la Democracia (PCD), el Partido de la Sociedad Nacionalista (PSN) y el de Alianza Social (PAS), en la Alianza por México. El Revolucionario Institucional (PRI) fue solo a la contienda.

hasta las posiciones respaldadas por los derechos constitucionales, como la lucha por la autonomía y democracia sindical y de manera particular, el movimiento nacional por la democratización, que aglutinó a un amplio espectro de intereses políticos y sociales. Posteriormente, la nacionalización de la banca en 1982 y otras medidas consideradas arbitrarias por los empresarios hicieron ver la necesidad de participar de manera más directa en la política partidista para influir en la toma de decisiones y la defensa de sus intereses de grupo. Algunos decidieron incorporarse al partido en el poder, pero muchos optaron por Acción Nacional, de propuestas ideológicas más conservadoras.

El Partido Acción Nacional fue fundado oficialmente el 16 de septiembre de 1939, a partir de la convocatoria de un grupo de ciudadanos liderados por Manuel Gómez Morín, abogado originario de Chihuahua y residente en la Ciudad de México, que mantuvo fuertes nexos con los empresarios regiomontanos, a quienes representó legalmente en diversas ocasiones. El núcleo inicial del partido se desarrolló aglutinando a dirigentes y militantes de organizaciones de raíz católica interesados por los problemas sociales (Sirvent, 2002), el que encontró en Nuevo León gran apoyo.

Fue en esta entidad donde el PAN obtuvo algunos de sus primeros triunfos en elecciones municipales: en 1963 ganó en Garza García (actualmente San Pedro Garza García) y en 1966 en Abasolo, el municipio menos poblado del estado en ese entonces. En las elecciones para gobernador de 1985 el PAN presentó una fuerte oposición con el empresario Fernando Canales Clariond. La legalidad de dicha elección, ganada oficialmente por el PRI, fue cuestionada por varios sectores de la sociedad civil, sin que acciones y argumentos tuviesen la suficiente fuerza como para cambiar las condiciones. Meses después de ello, el PRI demostró su capacidad de organización y arraigo en las elecciones municipales, obteniendo las 51 alcaldías.

Esto marcó el inicio de un desencanto creciente de la ciudadanía y de algunos grupos de poder ante el partido hegemónico. A ello se sumó el descontento generado por la crisis de 1994 y sus consecuencias y los casos de corrupción que a mediados de los años noventa llevaron a la renuncia del gobernador Sócrates Rizzo. Éste fue sustituido de manera interina por otro empresario, el priista Benjamín Clariond, primo del panista Canales y socios en el mismo grupo industrial.

La ampliación de la participación ciudadana y la pluralidad de sus posiciones políticas se fueron manifestando de manera progresiva.

En las elecciones intermedias de 1994 el PRI perdió la mayoría electoral en las principales ciudades del estado: Monterrey, San Nicolás de los Garza, Guadalupe, San Pedro Garza García y Santa Catarina. El PAN inició un ascenso que lo llevaría en 1997 a la gubernatura del estado con Fernando Canales Clariond como candidato, quien ganó a su contrincante del PRI por más de 6 puntos porcentuales (cuadro 46). En 2000 el mismo fenómeno se observaría a escala nacional con la llegada de Vicente Fox, primer presidente que provenía de un partido de oposición en el México posrevolucionario. Sin embargo, ante ciertas muestras de incapacidad por parte de Fernando Canales Clariond y previendo que ello podría reflejarse en los siguientes comicios, el gobierno federal, demostrando una vez más su desprecio por la opinión de la ciudadanía neoleonesa y la esencia de los valores democráticos, resolvió quitar a aquél invitándolo a formar parte del gabinete nacional (Medellín, Prado-Maillard, Infante y Mariñez 2008).

En 2003, el PRI recuperó de nuevo la gubernatura con José Natividad González Parás, además de la capital del estado y otras importantes ciudades. El PAN no pudo repetir en el estado el triunfo nacional que logró con Felipe Calderón en 2006, y en 2009 resultó triunfador en las elecciones el priista Rodrigo Medina de la Cruz, aunque el PAN recuperó el municipio de Monterrey.

La alternancia política, como una expresión de la ampliación de la participación de la ciudadanía a lo largo de la historia política del país, es una realidad manifiesta tanto estatal como en los municipios donde la intensidad en los cambios de partido ha sido mayor, llegando incluso a gobernar otros que no son los dos más grandes. Sin embargo, dicha alternancia no parece haber conducido a un mejoramiento, ya sea de la función política, ya de la administrativa. La frecuente renovación de los ayuntamientos implica un desplazamiento total de los cuadros políticos, pero también de muchos empleados de la administración pública, con la consiguiente pérdida de recursos y de experiencia acumulada. Sería conveniente diseñar instituciones que puedan recuperar esa experiencia; la creación de un servicio civil de carrera o de "gerentes" municipales, tal como se practica en algunas ciudades estadunidenses, o la posibilidad de reelección para ciertos puestos públicos, pueden ser algunas alternativas, pero cualquiera de ellas deberá ser sometida a un proceso de auscultación y discusión real no manipulada.

CUADRO 46. VOTOS OBTENIDOS POR PARTIDO EN LAS ELECCIONES PARA GOBERNADOR, NUEVO LEÓN, 1985-2009

	1985	%	1991	%	1997	%	2003	%	2009	%
PAN	183 400	23.26	293 800	33.10	655 184	48.48	491 973	34.83	760 745	43.40
PRI	508 900	64.53	560 100	63.10	566 611	41.93	824 567	58.38	859 442	49.00
CD			25 500	2.87	42 672	3.16				
PC			2 000	0.23	2 613	0.19				
PT				0.00	78 936	5.84	72 620	5.14		
PPS	26 200	3.32	2 100	0.24	1 820	0.13				
PDM	20 100	2.55	1 600	0.18	3 551	0.26				
PSUM	3 400	0.43								
PST	39 100	4.96								
PRT	7 500	0.95								
PARM			1 100							
PLR			1 500							
PRD							14 934	1.06	59 520	3.40
PSN							2 592	0.18		
PAS							1 959	0.14		
PMP							3 710	0.26		
PCD									5 683	0.30
PANAL									26 300	1.50
TOTAL	788 600	100	887 700	100	1 351 387	100	1 412 355	100	1 753 706	100

FUENTE: Gutiérrez Salazar, 2007, actualizado con datos de la Comisión Estatal Electoral de Nuevo León, <http://www.cee-nl.org.mx/>.

NOTA: PAN, Partido Acción Nacional; PRI, Partido Revolucionario Institucional; CD, Convergencia por la Democracia; PC, Partido Comunista; PT, Partido del Trabajo; PPS, Partido Popular Socialista; PDM, Partido Demócrata Mexicano; PSUM, Partido Socialista Unificado de México; PST, Partido Socialista de los Trabajadores; PRT, Partido Revolucionario de los Trabajadores; PARM, Partido Auténtico de la Revolución Mexicana; PLR, Partido Liberal Revolucionario; PRD, Partido de la Revolución Democrática; PSN, Partido Sociedad Nacionalista; PAS, Partido Alianza Social; PMP, Partido México Posible; PCD, Partido de Centro Democrático; PANAL, Partido Nueva Alianza.

4.7 PROCESOS Y PARTICIPACIÓN ELECTORAL

La participación electoral constituye un indicador –a veces el único– de la participación política de los ciudadanos–. En Nuevo León, las elecciones de 2009 registraron 54.49% de participación, superior a la media nacional, que fue de 44.8%. En ese año, el mayor porcentaje de participación nacional se registró en Campeche (63.14%) y el más bajo en Baja California (31.24%). Los datos para las cuatro últimas elecciones se muestran en el cuadro 47. Con relación a la participación electoral se propone un indicador *Participación electoral*, que mide el porcentaje de votos en las elecciones. El valor ideal será 100, aunque se sabe que dada la función que cumple el documento público credencial del votante, difícilmente se acercará a ese valor.

La democracia se refleja no sólo en la emisión del voto por parte de la ciudadanía, sino en otros indicadores más específicos, relacionados con las instituciones electorales y la administración central de gobierno. Uno de los objetivos de toda democracia es la búsqueda de condiciones de igualdad para los ciudadanos en los diferentes aspectos de la vida social y política, sin exclusiones de grupos. La participación de la mujer en los diferentes sectores de la función pública y la actividad política puede ser demostrativa de la forma en que operan los mecanismos de exclusión y desigualdad.

En el caso de Nuevo León, en el periodo final de la gestión de José Natividad González Parás, sólo una de las secretarías tuvo como titular a una mujer; en la composición del gabinete inicial de su sucesor, Rodrigo Medina, también aparece una. Para el caso de los municipios, en el periodo 2006-2009 sólo cuatro de los 51 municipios tuvo como titular a una mujer, mientras que en el periodo 2009-2012 aparecen 2. El número de diputadas mujeres en el congreso estatal

CUADRO 47. PORCENTAJE DE VOTOS REGISTRADOS EN LAS ELECCIONES EN MÉXICO, 2000-2009

AÑO	PORCENTAJE DE VOTANTES EN ELECCIONES EN NUEVO LEÓN (ELECCIONES DE DIPUTADOS DE MAYORÍA RELATIVA)	PORCENTAJE DE VOTANTES EN ELECCIONES FEDERALES (DIPUTADOS FEDERALES DE MAYORÍA RELATIVA)
2000	61.37	63.97
2003	54.23	41.68
2006	59.34	58.55
2009	54.49	44.80

FUENTE: Con datos del Instituto Federal Electoral, <www.ife.org.mx> y de la Comisión Estatal Electoral de Nuevo León,<www.cee-nl.org.mx/>.

para los periodos 2003-2006 y 2006-2009 fue de 11, lo cual representa 26% del total. En las últimas elecciones también el número de diputadas es de 11, de manera que la idea de alcanzar cierta paridad no parece tener efecto. Debe tenerse en cuenta que la ley establece regulaciones de paridad de género en las listas municipales, pero no en el cuerpo legislativo. Con relación a esto se propone en el Observatorio un índice, *Paridad de género en las instituciones políticas*, que oscilará entre 0 y 1, siendo 1 el valor ideal de igualdad y 0 la ausencia total de igualdad. Para el periodo 2009-2012 el índice presenta un valor de .56, lo cual señala que todavía hay mucho por impulsar.

Además de este panorama electoral, tenemos hoy partidos políticos cuya acción se reduce a la lucha por los puestos de gobierno, sin que presenten un ideal de sociedad o de nación al cual aspirar. El enriquecimiento personal, ya no sólo de los líderes de los partidos políticos, sino de todos los que logran insertarse en la administración, parece ser la principal motivación para la participación política. Esto genera desconfianza en la población en general, que no encuentra los modos de contribuir a la creación y gestión de instituciones que tiendan a la mejoría de la calidad de vida colectiva. La abstención electoral puede ser su expresión más clara, pero en las últimas elecciones, diferentes formas de expresión de rechazo a los políticos alcanzaron un porcentaje que superó incluso al de muchos de los partidos más pequeños. Se debe volver a la lógica de que la votación es una opción por qué votar y no por quién votar. En las elecciones del 2009, la ciudadanía protestó por la falta de opciones que representaran sus intereses entre los candidatos propuestos por los partidos. Algunos grupos organizados e intelectuales promovieron el voto en blanco como mecanismo de protesta. Aunque en los hechos no es posible diferenciar entre el voto nulo y el voto en blanco, lo cierto es que el porcentaje de votos anulados se incrementó respecto a elecciones anteriores. De los votos emitidos en todo el país, 5.4% fueron nulos, superando la votación alcanzada por los partidos del Trabajo, Convergencia, Nueva Alianza y el Social Demócrata. Este hecho es un claro indicio de la crisis de representación por la que pasa el sistema de partidos de nuestro país, que al parecer ya no son capaces de expresar adecuadamente los intereses de la ciudadanía y de las acciones que éstas están implementando en el proceso de transición democrática y construcción hacia la gobernanza.

En Nuevo León la protesta por medio de la anulación del voto no parece haber tenido la misma repercusión que en otras entidades del país. La proporción de votos nulos en la elección federal de 2009 fue de 3.21%, inferior a la media nacional, superior a la de 2006 (2.43%), pero muy similar al porcentaje de las anteriores elecciones intermedias. En los comicios locales, los votos nulos disminuyeron de 2.95% a 2.4% en la elección de gobernador y se incrementaron de 3 a 3.4% en la de diputados, respecto a los resultados de 2003.

Las soluciones a este sentimiento de falta de representatividad o de participación de los ciudadanos tampoco son fáciles: algunas fórmulas ensayadas en otros lugares, como el referéndum, no siempre se han mostrado realistas; en el estado de California (Estados Unidos), donde es posible que la realización de referéndum sea de las más fáciles del mundo, los ciudadanos se ven solicitados para opinar de muchas cosas banales y en los casos de asuntos muy relevantes, suelen carecer de información apropiada para tomar una decisión sensata. El referéndum no debe sustituir la capacidad de los gobernantes para tomar decisiones adecuadas en pro del bienestar general. La participación tampoco debe limitarse al ámbito electoral y las nuevas tecnologías permiten pensar en otras formas de participación que incidan en otras condiciones institucionales. Sin embargo, en un país como México, donde la transparencia y rendición de cuentas constituyen un nuevo ejercicio democrático, el referéndum, importante en países donde existe la gobernanza, es una alternativa a más largo plazo.

También la forma de representación de los intereses es un problema en la dinámica democrática: dadas las dificultades para una participación permanente de la población en cada una de las tomas de decisión, debe recurrirse a diferentes mecanismos de representación. Y cuando se trata de asuntos que requieren cierta toma de conciencia o un conocimiento especial, la representación deviene compleja. Un caso típico de esto es el derecho al ambiente y sus formas de asegurarlo. En la última campaña electoral ha sido un tema marginal. Podemos mostrar dudas de que en el cuerpo legislativo nuevoleonés haya alguna representación adecuada para analizarlo o debatirlo.

4.8 EMPODERAMIENTO DE LA CIUDADANÍA Y SOCIEDAD CIVIL

En México, al igual que en muchos países de América Latina, la participación ciudadana se limita, cuando mucho, al sufragio. Esta falta de participación ciudadana ha llevado a Guillermo O'Donnell (1997) a acuñar el término "democracia delegativa" para referirse a un sistema en el cual las diversas formas de participación están prácticamente anuladas a favor de un gobernante electo que siente que su única responsabilidad se da en las urnas y se asume como el auténtico delegado del pueblo.

Una manera de revertir esta situación sería que el sistema electoral permita la reelección, tema tabú en México. Las declaraciones de algunos gobernantes mexicanos, sin embargo, parecen ir en ese sentido y quizá sería adecuado intentar alguna forma de evaluación del modo en que los gobernantes asumen y cumplen con su responsabilidad, aunque sea por la vía negativa (la de quienes desechan o minimizan las demandas de la población alegando haber sido elegidos por mayoría). Es necesario debatir sobre la mejor forma de construir un sistema de evaluación de la gestión que permita a los ciudadanos tener una mejor comprensión del modo en que los funcionarios electos cumplen satisfactoriamente con los ofrecimientos y compromisos.

La confianza de la ciudadanía en los partidos políticos en el ámbito latinoamericano nunca ha sido muy alta; en México, alcanzó su punto más bajo en 2003 y si bien aparece una leve recuperación, nunca ha superado la quinta parte de la población; esto quiere decir que cuatro de cada cinco habitantes de América Latina no tiene confianza en los partidos políticos. También según el Latinobarómetro, el apoyo a la democracia ha bajado 5 puntos situándose en 2008 en 43%. Además, los ciudadanos que dicen estar satisfechos con la democracia también ha disminuido y apenas llega al 23% de la población. Estos tres componentes, confianza casi nula en los partidos políticos, débil apoyo a la democracia y escasa satisfacción con ésta hacen posible la emergencia de líderes autoritarios populistas y un retroceso en la dinámica democrática.

En Nuevo León, los procesos de participación ciudadana en los diversos sistemas de gestión han soportado en los últimos tiempos transformaciones cuantitativas y cualitativas. Se crearon consejos ciudadanos que atienden con éxito dispar diversas áreas de la gestión gubernamental y acción política, los cuales, a pesar de las deficiencias ya apuntadas, constituyen un paso adelante para una democracia más desarrollada. También el uso de las modernas tecnologías de información y comunicación posibilitan formas de consulta y expresión de demandas de la opinión pública que eran desconocidas hasta hace poco tiempo. La puesta en práctica de la relativamente reciente ley de transparencia y otras formas de expresión de las organizaciones de la sociedad civil hacen posible una acción de gobierno que tome en consideración las necesidades ciudadanas de manera diferente. Se propone un indicador, *Derechos ciudadanos*, que mide la atención que se presta a los ciudadanos en sus peticiones. Se basa, simplemente, en el número de municipios que cuentan con un defensor de los ciudadanos. Como en noviembre de 2009 la alcaldesa de Guadalupe anunció la creación de la Procuraduría de la Defensa del Ciudadano, la primera en la historia del estado, ese índice presenta un valor de .02.

Por otra parte, existen múltiples formas por las cuales los ciudadanos, agrupados en las diferentes organizaciones de la sociedad civil, participan en el desarrollo social, por ejemplo, la ayuda a grupos vulnerables, la preservación adecuada del medio ambiente, el perfeccionamiento de los mecanismos democráticos, y el acceso a los bienes de la cultura, incluidos los recreacionales. Llama la atención la marcada tendencia que estas organizaciones tienen hacia las cuestiones asistenciales y la poca presencia de agrupaciones involucradas en aspectos políticos o de promoción de una cultura democrática.

Un registro realizado por el Consejo de Desarrollo Social de Nuevo León, da cuenta de la existencia de 548 organizaciones de la sociedad civil (cuadro 48). Si bien no es un censo exhaustivo (incluso deja fuera a Alianza Cívica, la única organización relacionada más claramente con cuestiones políticas), es indicativo del tipo de participación en la que la ciudadanía se involucra con mayor frecuencia en las condiciones actuales. Un cambio en los modos de inserción y participación de la ciudadanía deberá proporcionar otras cifras en el cuadro.

Una democracia sustentable implica avanzar e impulsar una serie de procesos, algunos propios del campo político, pero otros derivados de otros campos. En principio, se requieren sectores cada vez más amplios de población que cumplan con sus obligaciones de ciudadanos, ejerciendo sus derechos y exigiendo a las instituciones gubernamentales el respeto pleno de ellos. Las obligaciones del ciudadano

CUADRO 48. ORGANIZACIONES DE LA SOCIEDAD CIVIL, NUEVO LEÓN, 2009

RUBRO	CANTIDAD
Adicciones	23
Adultos mayores	43
Alimentación	20
Apoyo a niños, adolescentes y jóvenes	33
Atención social*	57
Atención a mujeres	20
Asistencia social*	57
Centros de atención y cuidado	36
Derechos humanos	32
Discapacidad	62
Fundaciones	34
Grupos de apoyo	48
Indígenas	8
Instituciones de apoyo moral y espiritual	3
Medio ambiente	2
Salud	64
Voluntariado	6
Total	548

FUENTE: Consejo de Desarrollo Social, Directorio de Organizaciones de la Sociedad Civil, <www.consejodedesarrollosocial.org.mx/indicedeosc.asp>.
NOTA: La clasificación obedece a la manera como los organizaciones se autodefinen.
* Atención social alude a capacitación general, educación, generales y proyectos productivos, mientras que asistencia social sólo se refiere a "otros" sin especificar.

no se limitan a la participación en el campo de la política, sino que abarcan los comportamientos de la vida social, cultural y económica. Los ciudadanos están más dispuestos a cumplir sus obligaciones cuando se consideran a sí mismos y a los demás en condiciones de igualdad política, económica, social y cultural.

Una democracia sustentable, a su vez, exige recuperar la función de las instituciones estatales para promover el desarrollo económico sustentable, promover una distribución racional y equilibrada de los recursos y de los bienes, garantizar la seguridad material y espiritual de todos los ciudadanos y hacer viables las condiciones que permitan el ejercicio pleno de la ciudadanía democrática.

Una democracia sustentable debe incluir procesos que permitan a la población tener claro quiénes son los verdaderos ganadores y perdedores de las decisiones del aparato legislativo. Todas las instituciones del estado deben informar claramente a la población sobre los asuntos importantes, sobre las opciones de solución y sobre los motivos y condiciones que llevaron a la toma de decisiones en la coyuntura.

En cada uno de los asuntos y temas relevantes a resolver, las instituciones de gobierno deberían adelantar una especie de reporte o libro blanco donde se presenten claramente las intenciones del ejecutivo y se explique por qué se presenta esa iniciativa, los costos y beneficios que se suponen y los procedimientos por los que se desarrollará, incluyendo los costos económicos y sociales de esa instrumentación. Una ciudadanía informada y con confianza en las instituciones será siempre más colaborativa y participativa.

En suma, una democracia sustentable es aquélla donde todas las instituciones funcionan a pleno, donde los conflictos encuentran soluciones reguladas racionalmente y donde las instituciones permanecen razonablemente estables.

III.
LA IMPORTANCIA DE LOS OBSERVATORIOS Y LA CONFORMACIÓN DEL OBSERVATORIO PARA LA SUSTENTABILIDAD DE NUEVO LEÓN (OSNL)

La necesidad y oportunidad de construir y operar un Observatorio para la Sustentabilidad en el estado de Nuevo León se apoya en las siguientes razones:

- Contribuir a la transición hacia el desarrollo sustentable en el estado
- Aportar información y análisis ambiental y conocimiento económico, político y social adecuado que requiere directamente el conjunto de instituciones públicas y privadas que tienen responsabilidad en la toma de decisiones locales y regionales
- Difundir la información y el análisis de manera periódica
- Crear foros de discusión e intercambio de experiencias
- Contactarse con redes académicas y de investigación existentes y crear nuevas
- Constituirse en un nodo de conocimiento y socialización de la información orientada hacia la sustentabilidad

Todas convergen a un mismo fin: retroalimentar la gestión de interés público para mejorar su rumbo y desempeño.

Los observatorios de procesos y temas relevantes para la sociedad comenzaron a surgir con mayor frecuencia a partir de los años noventa, ligados a diversos temas como la educación, la participación, los derechos humanos, el agua, las ciudades y, por supuesto, la sustentabilidad (Erbiti, 2003; Verduga, 2005). Una de sus principales características es que se trata de grupos de carácter interdisciplinario, que pueden conjuntar tanto académicos como sociedad y gobiernos, y que a partir de una serie de referencias o líneas de base, dan un seguimiento a sus temas de interés. Una característica que se ha identificado en varios de los casos analizados, es el importante papel de los cuerpos de investigación asociados a la conformación y el seguimiento de los observatorios.

Dentro del observatorio, uno de los elementos articuladores del seguimiento es lo que se conoce como "esquema de indicadores" en el cual, a partir de los temas valorados como prioritarios, se eligen indicadores que cumplan con la labor de facilitar el entendimiento de los procesos de gestión pública y de la información (más adelante hay un amplio apartado sobre los indicadores seleccionados). El esquema tiene además la cualidad de poder ser "una fotografía" de un momento o periodo de tiempo determinado y contar con elementos de su tendencia. Sin embargo, un esquema de indicadores sin una reflexión continua y participativa corre el riesgo de convertirse simplemente en una gran base de datos. En este sentido, la labor del observatorio es justamente garantizar la discusión, la reflexión y el pensamiento crítico sobre cómo se interrelacionan los cuatro pilares del desarrollo sustentable (ambiente, sociedad, instituciones y economía) y cómo repercuten en la calidad de vida de todos los ciudadanos.

1. ALGUNOS EJEMPLOS

Se revisaron una serie de experiencias tanto nacionales como de la región de América Latina para ver cómo estaban estructurados los observatorios relacionados con la sustentabilidad, resaltan entre estos casos los siguientes:

- Observatorio para el Desarrollo de Costa Rica. Es "una unidad de apoyo a la investigación de la Universidad de Costa Rica, cuya misión fundamental es proporcionar información relevante y oportuna al proceso nacional de toma de decisiones sobre el desarrollo costarricense".[1] Se creó en 1997 con apoyo del PNUD y desde entonces se ha constituido como un núcleo interdisciplinario que genera plataformas de información en diferentes campos. El observatorio se financia a través de la Universidad de Costa Rica y de organismos internacionales. Se trata de un caso bastante exitoso, ya que además de llevar once años de funcionar, ha ido evolucionando e incorporando nuevos elementos, como son: publicaciones, noticias y foros de discusión. Se estructura a través de cuatro áreas programáticas: Ambiente y desarrollo; Calidad de vida y áreas afines; Desarrollo metodológico y de aplicaciones computacionales y Red de desarrollo sostenible.
- El Observatorio Regional para el Desarrollo Sustentable de la Universidad Nacional del Centro de la Provincia de Buenos Aires, ubicado en la Facultad de Ciencias Humanas. Se constituyó para dar respuesta a las demandas sociales locales y contribuir a una mejor calidad de vida de la comunidad desde una visión estratégica del desarrollo local y regional sustentable; asimismo, enfatiza la necesidad de contar con elementos de análisis cualitativos y cuantitativos (Erbiti, 2003). Su estructura se basa en un cuerpo de investigadores del área de las ciencias sociales que se aglutinan alrededor de cuatro proyectos: bases ecológicas para la ordenación de paisajes serranos en la Provincia de Buenos

[1] <www.odd.ucr.ac.cr/sobreodd/index.htm>.

Aires; bases cartográficas para optimizar la actividad agrícola en el sudeste bonaerense con información teledetectada; la dimensión ambiental de la oferta turística en Tandil y, por último, indicadores de sustentabilidad ambiental urbana. Lo relevante de este ejemplo, a diferencia del anterior, es que se basa en intereses detectados para una problemática local muy concreta. En este sentido, el iinSo de la UANL ha tenido como punto de partida justamente un análisis de las particularidades de Nuevo León, lo que puede permitir un alto grado de identificación de las necesidades locales.

· El tercer caso es el Observatorio de la Ciudad de León, en Guanajuato[2] el cual está constituido por seis entidades: la Universidad de Guanajuato, la Universidad Iberoamericana de León, la Universidad La Salle, el Colegio de Arquitectos de León, el Colegio de Ingenieros de León y el Instituto Municipal de Planeación (IMPLAN). Sus objetivos son: "involucrar a los sectores académico, gremial, empresarial y social, en vinculación con los responsables de la toma de decisiones, para la discusión de los temas prioritarios que atañen a la ciudad, a través de la generación, análisis y difusión de información en temas y problemas locales, que busquen motivar que las políticas y acciones públicas sean integrales y orientadas hacia la solución de necesidades y prioridades locales" (Observa León, 2008). Se estructura a través de ocho temas de trabajo: Ecología y medio ambiente; Aspectos sociales; Vivienda; Patrimonio cultural; Entorno económico; Ordenamiento y desarrollo Urbano; Infraestructura y movilidad y por último el tema de la Gobernanza. Si bien es específico para el municipio de León, este Observatorio contiene elementos que hay que resaltar, como es la participación del IMPLAN, organismo encargado de la planeación municipal, que facilita la difusión de información con el objetivo de impactar en las decisiones públicas.

De los casos revisados se desprenden algunas puntualizaciones relevantes:

a] Los observatorios son mucho más que el análisis y el conocimiento de los indicadores. Si bien éstos le dan una base metodológi-

[2] <www.observaleon.org/home.html>.

ca, lo que busca un observatorio es aportar elementos para la participación social.

b] Los observatorios se basan en la interdisciplinariedad, ya que en temas complejos como la sustentabilidad, la única manera de avanzar hacia un entendimiento de sus retos es a través de diferentes enfoques y aportes.

c] Es importante contar con una estructura y un financiamiento que permita su permanencia.

d] Una de las opciones para organizarse es a través de mesas de trabajo o proyectos, que pueden ir desde temas globales hasta necesidades locales identificadas.

e] La organización también puede darse sobre un conjunto de temas de fondo de relevancia política, económica, social y ambiental, su dimensión integral y abriendo discusiones eventuales sobre asuntos de coyuntura.

f] Es importante tener una plataforma que sostenga y permita compartir la información.

g] Un observatorio es parte de un proceso y no un fin en sí mismo.

2. EL OBSERVATORIO PARA LA SUSTENTABILIDAD DE NUEVO LEÓN (OSNL)

En la conformación de un observatorio para la sustentabilidad de Nuevo León, el Instituto de Investigaciones Sociales de la UANL se propuso tres fases:

1] 2007-2008: Diseño y estructuración del OSNL (fase concluida)
2] 2009-2010: Creación de vínculos y alianzas con otras instituciones. Organización de foros y talleres, publicaciones, participación en redes
3] 2011 en adelante: posicionar al OSNL como un foro imprescindible de discusión, análisis y consulta para la toma de decisiones en el estado de Nuevo León

En un primer ejercicio de planeación estratégica se identificaron los principales elementos del OSNL, a saber:

Misión. Sistematizar, generar y difundir información, análisis y conocimiento relevante para promover la sustentabilidad estatal y regional.

Objetivo General. Participar con la sociedad en la construcción de la sustentabilidad para incidir en la toma de decisiones locales y estatales.

Objetivos particulares:

- Construir y dar seguimiento a un esquema de indicadores que abarque aspectos relevantes de la sustentabilidad identificados para el estado de Nuevo León.
- Impulsar proyectos de investigación que enriquezcan el análisis temático.
- Promover redes temáticas y comunidades de práctica sobre la sustentabilidad, tanto con el sector académico, como con el sector público, el privado y la sociedad civil.
- Difundir la información, análisis y conocimiento que se genere y propiciar la retroalimentación a través de foros y publicaciones.

Una vez definidos los fines del observatorio y sus principales características, el siguiente paso fue la construcción del marco metodológico.

2.1 MARCO METODOLÓGICO Y SELECCIÓN DE INDICADORES

En el ámbito de los trabajos y estudios sobre indicadores ambientales, económicos, políticos y sociales para la acción pública, se suele entender la palabra indicador como una estadística seleccionada o una combinación de varias de ellas. Un indicador es un número o una secuencia de números, absolutos, relativos, nominales o porcentuales, de origen cuantitativo o cualitativo, que se pueden expresar de diversas formas (con lo cual cada una aporta nueva información).

Uno de los objetivos de los indicadores es que den señales, que digan algo, que aporten información acerca de algún proceso o de algún fenómeno. Sin embargo, en el campo ambiental y más aún, de la sustentabilidad, existen serias dificultades para medir los fenómenos que impactan la calidad de vida de la población y la integridad de los ecosistemas. Como dice Rayen Quiroga (2007), los fenómenos ambientales son siempre cambiantes y permanentes en todos los espacios del planeta, por lo que las dinámicas que se presentan son muy complejas no sólo para comprenderlas, sino también para dimensionarlas y medirlas a lo largo del tiempo. Al problema anterior se debe agregar la dificultad de contar con estadísticas ambientales constantes, actuales y homogéneas. Por lo general existe mucha información dispersa, de cobertura y calidad heterogénea.

Por lo anterior, en el presente estudio se busca generar indicadores que digan más de lo que miden, que funcionen como herramientas para señalar cuándo y dónde se requiere de alguna política de regulación o cualquier otro tipo de intervención; que sirvan para monitorear el impacto de políticas públicas y evaluar si existen sesgos respecto a los objetivos o metas de las mismas políticas. Aunque en muchas ocasiones se utiliza indistintamente la palabra señal o indicador, el contexto determinará el significado específico.

Se busca al mismo tiempo generar un sistema de indicadores como una forma de estructurar la información para poder evaluar, tomar decisiones y monitorear los impactos de las decisiones de política pública (Centro GEO, 2000). Existen algunos requisitos consensuados para generar indicadores que sean útiles, por ejemplo:

- Que se construyan y seleccionen a partir de un marco conceptual para que se visualice la relación entre éstos o entre indicadores y políticas
- Que se garantice su relevancia para el proceso de política pública
- Que sean viables en cuanto a que exista la información base o su obtención sea factible en cuestión de costos y disponibilidad
- Que claramente expliquen cambios y presiones en una dimensión temporal y espacial (Centro GEO, 2000)

Observar la sustentabilidad o los elementos que nos den señales sobre si nos acercamos o nos alejamos de ésta, debe hacerse desde alguna perspectiva,[3] o bien, como aquí se propone, asumir varias que nos ofrezcan diferentes visiones con la idea de que puedan establecerse nuevas maneras de crear información y de usarla con el fin de tender hacia una realidad más equilibrada y sustentable.

Desde el punto de vista del combate a la pobreza y con una perspectiva de análisis y posible comparación mundial, se utilizaron algunos de los indicadores de los Objetivos de Desarrollo del Milenio (ODM);[4] desde la perspectiva ambiental se empleó el modelo de la Iniciativa Latinoamericana y Caribeña para la Sostenibilidad (ILAC)[5]

[3] Ha prevalecido la idea de las cuatro dimensiones de la sustentabilidad: social, ambiental, económica e institucional; sin embargo, es un modelo que ha mostrado limitaciones; primero, porque no se deben igualar las dimensiones económica e institucional con las dimensiones social y ambiental, ya que las primeras son medios para lograr las segundas y no se le debe dar el mismo peso al medio que al objetivo; segundo, porque resulta muy rígido observar sólo desde las dimensiones sin establecer sus relaciones.

[4] En septiembre de 2000, en el marco de la Cumbre del Milenio en la ciudad de Nueva York, representantes de 189 países suscribieron la Declaración del Milenio. El documento contiene ocho compromisos, conocidos como los Objetivos de Desarrollo del Milenio (ODM) con la intención especial de erradicar la pobreza y el hambre para 2015. Otros objetivos apuntan a mejorar la educación, la equidad de género, la sostenibilidad ambiental, el mejoramiento de la salud, y el fortalecimiento de las asociaciones globales para el desarrollo (*Los Objetivos de Desarrollo del Milenio en México: Informe de Avance 2005*, Resumen Ejecutivo, Gobierno de la República).

[5] En 2002, durante la Conferencia Mundial de Ambiente y Desarrollo realizada en Johannesburgo, conocida como Río+10, el Foro de Ministros de Medio Ambiente de América Latina y el Caribe firmaron el acuerdo "Iniciativa Latinoamericana y

que permite el análisis por regiones, y por último, se tomó la propuesta local surgida del trabajo conjunto con los miembros del seminario permanente coordinado por el iinSo, con una perspectiva político-institucional que responda a las necesidades y realidades más patentes del estado de Nuevo León.

Con base en todo lo anterior, se construyó una propuesta dinámica de indicadores que nutrió a las cuatro perspectivas inicialmente establecidas (Patrimonio, Detonadores, Equidad y Gobernanza) y que permitió generar, con base en sus modelos e indicadores, nuevas perspectivas, o visiones de conjunto.

Es necesario conocer los límites de los indicadores para efectos de la observación de la sustentabilidad, lo que permite sugerir formas para complementar las señales que nos ofrecen los indicadores: primero a través del uso de las herramientas de análisis que aporta la geomática y, sobre todo, con la conformación de una comunidad de práctica organizada en un observatorio ciudadano, que interprete con base en la información obtenida y su propio conocimiento, las señales que le lleven a diagnosticar y recomendar rutas de acción.

La base misma del marco conceptual es el territorio y la persona, que es parte del mismo. Conocer y expresar esta dupla, el territorio y la persona, es fundamental para darle perfil y poder interpretar adecuadamente todas las señales que se tengan sobre este espacio donde se observará la sustentabilidad.

El desarrollo del OSNL hace que se presenten paradigmas o retos que desde la perspectiva académica es importante atender. Será la participación entre académicos, ciudadanos, organizaciones no gubernamentales y funcionarios del sector público lo que le irá dando forma al Observatorio para la Sustentabilidad de Nuevo León, que se realizará bajo el auspicio de la Universidad Autónoma de Nuevo León.

Caribeña para el Desarrollo Sostenible". Lo anterior con la intención de reafirmar el compromiso de promover y fortalecer las tres dimensiones del desarrollo sustentable que utiliza este grupo de trabajo (economía, sociedad, ambiente), reconociendo que para alcanzarlo sería esencial erradicar la pobreza, cambiar los patrones insustentables de producción y consumo, y manejar adecuadamente la base de recursos naturales.

2.2 EL ESQUEMA DE INDICADORES

En el grupo de trabajo del iinSo se han seguido las etapas de preparación y parte del diseño y elaboración del esquema de indicadores. La información de los indicadores debe ser metodológicamente robusta, para lo cual es indispensable contar con una hoja metodológica para cada caso.

En un primer momento, se presentó una propuesta que incluía las perspectivas: objetivos del milenio (ODM), Iniciativa Latinoamericana y Caribeña para el Desarrollo de la Sostenibilidad (ILAC) y la primera aproximación que llevó a cabo el iinSo en la construcción de *sus* indicadores de sustentabilidad. Esta propuesta, con 122 indicadores se discutió y filtró por medio de un trabajo conjunto y cooperativo.

La propuesta original permite conocer los indicadores para cada una de las perspectivas tal como fue planteada. En el proceso de análisis se discutió si los indicadores se podían construir o si se podía conseguir un *proxy* o no. Con ello, cambió el total del conjunto de indicadores. A partir de este nuevo conjunto, se pudo hacer una comparación entre las tres perspectivas para ver coincidencias, cercanías y diferencias, lo cual arrojó un segundo esquema potencial que permitió reconstruir cada perspectiva o crear nuevas con base en el mismo esquema.

Contar con un esquema de indicadores es una cuestión y desarrollar cada indicador es otra. Con base en ello y según la perspectiva que se pretenda utilizar se puede iniciar el proceso de observación que pueda llevar a recomendaciones de acción pública o divulgación de resultados.

El esquema de indicadores, que fue el resultado de 14 talleres de trabajo llevados a cabo por los miembros del Seminario Permanente sobre Desarrollo Sustentable del iinSo, es presentado en la parte IV. Indicadores de la sustentabilidad para Nuevo León de este libro.

2.3 LOS LÍMITES DE LOS INDICADORES

De la necesidad de contar con señales consistentes para evaluar la situación social, ambiental y la acción pública con base en la experiencia de la economía, se llegó al supuesto de que diseñar indicadores era suficiente para tener un panorama de una situación dada y con ello actuar en consecuencia.

Después de por lo menos cinco lustros de intentar obtener el modelo y los indicadores adecuados para diversos fines relacionados con la sustentabilidad, se empieza a arribar a la conclusión de que, si bien, los indicadores son imprescindibles y deben mejorarse, siempre serán insuficientes para contar con las señales necesarias para un proceso de toma de decisiones. Por lo anterior, se han abierto nuevas rutas para llenar el hueco entre indicadores y hacedores de acción pública.

La inquietud por lograr hacer ciencia con mayor relevancia para la política viene de decenios atrás y se han logrado grandes avances. Por ejemplo: a escala internacional es evidente el impacto de la ciencia en las nuevas rutas para enfrentar el cambio climático, mientras que en el entorno nacional, la existencia de la Comisión Nacional para el Conocimiento y Uso de la Biodiversidad (Conabio) y sus aportes a lo largo de su trayectoria, tanto como organización como por su capacidad de convocatoria, dan cuenta de ello.

Estas comunidades de práctica ponen todo su esfuerzo en un compromiso mutuo para lograr resultados, desarrollar modelos, realizar evaluaciones y reportes cada vez de mejor calidad y construir información *debidamente encapsulada.* Estos grupos se apoyan con lo que se tiene a disposición, casi siempre, estadísticas, indicadores, análisis, conocimiento y, sobretodo, vinculación con organizaciones afines para nutrir la participación social.

Por lo anterior, es necesario desarrollar nuevas herramientas que tengan el poder de convencimiento que tienen los indicadores y que los complementen. La herramienta que más destaca para ayudar a cubrir estos huecos la proporciona la geomática, que es utilizada cada vez más y se le menciona como una gran posibilidad, aunque dista mucho de llegar a ser un instrumento cotidiano y de consenso científico para incorporarla como una herramienta necesaria y de uso frecuente. A continuación se explicará en qué consiste dicha herramienta.

2.4 LA GEOMÁTICA

La búsqueda de señales para la toma de decisiones dentro del contexto del desarrollo sustentable, implica aproximaciones a diferentes niveles y escalas de los temas sociales, económicos y territoriales. Lo anterior origina la necesidad de manejar una gran cantidad de datos que, de acuerdo con la naturaleza del problema, varían en mayor o menor medida de lugar a lugar.

Las consecuencias de nuestras acciones y su impacto en la sustentabilidad, son influidas por el espacio geográfico. Algunos problemas ambientales, tienen sus orígenes en lugares muy específicos a escala local; tal es el caso de la erosión de suelos asociada con inadecuadas prácticas de manejo de éste y cuyas consecuencias, muchas veces, no van más allá del ámbito regional. En el otro extremo, existen problemas globales cuyas implicaciones locales pueden ser muy severas, como es el caso del cambio climático.

La geomática, entendida como una disciplina emergente, asociada con la generación, mapeo, manejo, modelado y monitoreo de los datos espaciales, otorga herramientas que nos permiten analizar problemáticas diversas del espacio geográfico. Tecnologías espaciales de reciente aparición tales como la Percepción Remota (PR) y los Sistemas Mundiales de Navegación por Satélite (GNSS) en combinación con la milenaria Cartografía y la Informática, permiten integrar un alto grado de versatilidad en los procesos de medición y mapeo de fenómenos geográficos que finalmente logran la transformación de una simple representación del territorio en un documento analítico con una composición multivariada de los fenómenos territoriales, la cual describe lo que a simple vista no es comprensible.

El manejo de los datos espaciales dentro de los Sistemas de Información Geográfica (SIG) y la integración de modelos que plantean probables comportamientos, pautas o tendencias de los fenómenos o variables bajo estudio, y no la simple generación de mapas temáticos, definen de manera puntual nuestro objetivo en este ámbito.

La integración de las diferentes herramientas que ofrece la geomática en el proceso de búsqueda de señales, permite el empleo de mejores marcos conceptuales y metodológicos. La incorporación de los aspectos espaciales y temporales de los datos, facilita el análisis de la problemática que limita al desarrollo sustentable. Ofrece también una ayuda significativa en la construcción de algunos indicadores de naturaleza espacial, además de definir las relaciones territoriales entre entidades geográficas y variables de interés, elemento fundamental para la toma de decisiones.

Con todo lo anteriormente expuesto, avalado por extensos trabajos metodológicos y conceptuales, y con el objetivo de nutrir al observatorio ciudadano descrito, cuya misión es observar la sustentabilidad del estado de Nuevo León desde ópticas multidisciplinarias, en el iinSo se creó el módulo de información geo-espacial que pretende ofrecer al analista una perspectiva alterna de la problemática que presenta la entidad en este ámbito.

Es así, como el OSNL consideró como un elemento primordial, integrar, en una primera fase de desarrollo, un acervo cartográfico a su estructura, el cual se consulta por medio de un visualizador de operación simple y amigable que permite desplegar en un plano visual información de los temas: ambiental, hidrológico y económico, así como también algunos rasgos físicos y culturales del territorio que sirvan, en una primera instancia, como marco de la planeación y evaluación del desarrollo sustentable del estado de Nuevo León.

3. DISEÑO E IMPLEMENTACIÓN DEL OSNL (MÓDULO AUTOMATIZADO)

3.1 ANTECEDENTES METODOLÓGICOS

Basados en el diseño e implementación de las tecnologías de la información y comunicación (TIC) la metodología propuesta para la creación del Observatorio para la Sustentabilidad de Nuevo León (OSNL) que permita su adecuada operación y funcionamiento, está fundamentada en una adaptación de la metodología para la creación de atlas cibernéticos (Taylor, 2005). Cabe aclarar que el concepto TIC, suele restringirse a la parte de infraestructura, cuando en realidad, se refiere a todo el conjunto de tecnologías para el uso y manejo de la información y la comunicación. Esa es la interpretación que aquí se utiliza para el OSNL.

La metodología propuesta se basa en un modelo que consta de tres aspectos. El primero, el "metasistema", debe responder a preguntas tales como ¿cuál es el objetivo general?, ¿quiénes participan?, ¿cómo se relacionan?, ¿con qué cuentan?, así como establecer el lenguaje y los vínculos entre los usuarios potenciales y los desarrolladores. El segundo, el "diseño", es el análisis para desarrollar las aplicaciones (es el vínculo formal entre el metasistema y las aplicaciones) y responde a preguntas como ¿qué información?, ¿para qué?, ¿cómo?, ¿cuándo?, ¿dónde?. El tercer aspecto es el armado de los componentes, la "implementación" y ejecución; consta de personas, organización, información, infraestructura, conocimiento y financiamiento. Los tres aspectos se llevan de manera simultánea y se retroalimentan entre sí durante todo el proceso (Reyes, 1997).

En el caso que nos ocupa, la constitución de un Observatorio para la Sustentabilidad, en particular del estado de Nuevo León, desde la perspectiva del diseño de las TIC, consta de tres componentes:

1] La comunidad de investigadores (el Seminario Permanente)
2] La información
3] Las tecnologías de la información y la comunicación

- La Comunidad de investigadores. Se ha formado con base en los investigadores que conforman al Seminario Permanente sobre Desarrollo Sustentable bajo la coordinación del iinSo, y ha seguido un proceso de negociación de significados y establecimiento de compromisos, desarrollando una práctica de investigación y conversaciones sociales tales como: elaboración de diagnósticos especializados sobre la problemática regional; definición del marco teórico de las interrelaciones sistémicas del campo de conocimiento del desarrollo sustentable; definición de una propuesta básica de indicadores y del diseño de una solución de geomática para la sustentabilidad regional dentro de un entorno geográfico, basada en el desarrollo de servicios de información geoespacial, entre otros. Cabe mencionar que sobre estos acuerdos y avances da cuenta el presente documento.
- La información. El proceso de investigación y diálogo ha arrojado una cantidad considerable de información y conocimiento sobre el estado de Nuevo León, sobre enfoques y puntos de vista acerca de la sustentabilidad, que se expresa en libros y documentos que los contienen. Un aspecto importante de la información son los indicadores pues representan el conjunto de estadísticas o combinación de ellas que la comunidad de investigadores ha consensado para tener una base común para iniciar la interpretación de la realidad que se quiere observar, pero no es la única, hay una enorme cantidad de información que es indispensable para una adecuada interpretación colectiva de los indicadores y sobre todo de la realidad misma. El consenso alcanzado es un gran paso.
- Las tecnologías de la información y la comunicación. Hasta ahora se han utilizado por cada participante según sus necesidades y capacidades, habiéndose concluido el proceso para diseñar e implementar las TIC específicas del OSNL. Se realizaron 10 talleres entre usuarios y desarrolladores y se logró establecer un lenguaje común y los vínculos de trabajo adecuados para colocar en línea el OSNL: <http://observatorio.sds.uanl.mx/>.

Los avances alcanzados reflejan el estado de la relación de los tres componentes del Observatorio para la Sustentabilidad del estado de Nuevo León.

3.2 REQUERIMIENTOS PARA EL FUNCIONAMIENTO Y SERVICIOS PROPORCIONADOS POR EL OSNL

Para satisfacer los requerimientos del funcionamiento del OSNL se requiere de las siguientes estrategias:

- Formación de recursos humanos. Se vuelve necesario formular un programa de capacitación en tres niveles: *a*] administradores y procesadores de las TIC que garanticen la operación; *b*] miembros de la Comunidad de investigadores que deben tener un alto nivel de interacción con las TIC del Observatorio y *c*] usuarios en general de los servicios de información que se ofrecen
- Calidad de la información y procesos. Para garantizar la calidad de la información y de los procesos que se realizan, es conveniente contar con un marco conceptual del significado de la calidad de la información que se exprese en protocolos, manuales, ayudas y controles de calidad. El factor más importante para garantizar la calidad de la información es su utilización y tener abiertos los canales para recibir los comentarios de los usuarios
- Acceso público a la información. Se debe establecer una estrategia de acceso y comunicación con los usuarios, contar con un programa de publicaciones, conferencias y otras formas de interacción social sobre el quehacer y los resultados del Observatorio
- Automatización. Es relevante dimensionar y prever las necesidades de infraestructura de las TIC para su adecuado funcionamiento, por lo que se requiere una estrategia de desarrollo de la infraestructura compatible con la plataforma del iinSo. Mantenerse al día de las nuevas herramientas y analizar cuidadosamente las mejores opciones y no caer en el ciclo pernicioso comercial, requiere que se logre una alianza con alguna dependencia cercana experta e involucrarla en el proceso
- Evaluación. Si no se cuenta con una estrategia de evaluación de las TIC, en todos sus aspectos, avanzar en el rumbo correcto es prácticamente inviable. Establecer formas de consulta con los miembros de la comunidad de investigadores y con los usuarios es fundamental, además de contar con un consejo asesor de TIC para el observatorio, que observe el desempeño TIC y ofrezca recomendaciones

El Observatorio para la Sustentabilidad de Nuevo León es un módulo automatizado disponible en Internet, resultado de un desarrollo tecnológico auspiciado por el Consejo Nacional de Ciencia y Tecnología (Conacyt), y que fue diseñado en el Instituto de Investigaciones Sociales de la UANL con la colaboración del Centro de Investigación en Geografía y Geomática "Ing. Jorge L. Tamayo". Los servicios que ofrece la página de red del Observatorio son tres:

1] Elementos para un Diagnóstico, apartado que constituye el cuerpo central del observatorio, el cual está integrado por los siguientes cuatro elementos:

- Patrimonio natural y medio ambiente, bases de la identidad y el desarrollo
- Detonadores potenciales para el desarrollo sustentable
- Equidad social, políticas para la acción
- Instituciones de la gobernanza para la democratización

Este diagnóstico, rinde tributo a la propuesta integral de la noción del Desarrollo Sustentable, es decir, la interrelación que existe entre ambiente, economía, equidad, gobernanza y cultura. En estas secciones el visitante tiene acceso a la información, imágenes seleccionadas, mapas y esquemas, lo que permite completar el conocimiento sobre los diversos temas que se abordan en el OSNL.

En el primer capítulo del diagnóstico, "Patrimonio natural y medio ambiente, bases de la identidad y el desarrollo", se hace un análisis de la problemática y las oportunidades del estado en temas relacionados con el medio ambiente, de tal forma que el apartado queda constituido por los siguientes elementos:

- Agua, elemento necesario para la vida y el desarrollo
- Vegetación natural y uso de suelo
- Fauna silvestre, estrategia para la conservación
- Superficie protegida, garantía del patrimonio natural
- Servicios ambientales, un nuevo instrumento económico para la conservación y el desarrollo rural
- Problemática ambiental, acciones para el cambio

En el capítulo de "Detonadores potenciales para el desarrollo sustentable", se analizan las actividades económicas que articulan a la sociedad neolonesa, abordando específicamente las siguientes temáticas:

- Nuevo León en el contexto nacional
- Tendencias hacia un nuevo perfil identitario
- La importancia del dinamismo económico
- Cimientos para la sustentabilidad: el sector agropecuario, forestal y acuícola
- Innovación, detonador de la sustentabilidad industrial
- Industrias transversales
- Nuevas actividades de la economía del conocimiento: los servicios de alto valor agregado
- El ordenamiento urbano territorial, ¿cómo evitar el caos?

El capítulo de "Equidad social, acciones para el cambio", estudia la problemática social del estado y está integrada por los siguientes temas:

- Perfiles demográficos y migración
- El trabajo para la transformación de un ambiente sustentable
- Calidad de vida
- Problemas de exclusión en sectores específicos: mujeres y jóvenes
- Participación Social

Finalmente, el último capítulo del diagnóstico es el correspondiente a "Instituciones de la gobernanza y la democratización", en el que se analizan los siguientes elementos:

- Las instituciones, ejes de políticas transversales
- Estado de derecho y cultura de la legalidad
- Inseguridad y violencia
- Derechos humanos: piedra angular de la sociedad democrática
- Transparencia y rendición de cuentas
- Ampliación de la participación ciudadana, esencia de la vida democrática
- Procesos y participación electoral
- Empoderamiento de la ciudadanía y sociedad civil

2] Otro servicio relevante del Observatorio es el de Indicadores. Los indicadores expresan una interpretación colectiva sobre la realidad de Nuevo León y México, resultado del Seminario Permanente de Sustentabilidad. Este tema se abordará con mayor detalle en el siguiente capítulo, donde además, se podrán consultar los indicadores correspondientes.

3] Un servicio complementario ofrecido por el Observatorio se encuentra en la sección del Acervo cartográfico, donde se presenta información georreferenciada del estado de Nuevo León, con la finalidad de ilustrar el comportamiento espacial y territorial de indicadores sociodemográficos, económicos y ambientales, entre otros, que complementan la información presentada en el resto de los apartados del Observatorio. El visitante tiene la posibilidad de generar interactivamente, mapas temáticos, utilizando un visualizador de Información Geográfica de fácil manejo. Esto, con el fin de poner a su disposición una herramienta que le permita continuar analizando la situación de la entidad en el marco de la sustentabilidad.

Cada una de las entidades espaciales con las que cuenta el módulo, se encuentran vinculadas a sus respectivas tablas atributivas, las cuales presentan la siguiente información: nombre del municipio, su clave de INEGI, población registrada, tipos de vegetación, región fisiográfica en la que se ubica, índice de marginación, población económicamente activa (PEA), entre otros aspectos.

El objetivo es continuar alimentando esta base de datos, a fin de que el visitante cuente con la mayor cantidad de información estadística y biogeográfica relevante sobre el estado, de tal forma que el módulo pueda ser utilizado para una simple consulta o bien, como una herramienta de planeación a la que puedan tener acceso por igual autoridades y sociedad.

Actualmente, el diagnóstico, el esquema de indicadores de sustentabilidad y la geomática, constituyen los servicios de información que le dan vida al OSNL, sin embargo, dada la importancia de la Participación Ciudadana, en el sitio de red del Observatorio se ha incorporado un apartado al respecto, con el que se busca construir un espacio plural en el que la ciudadanía participe críticamente en el análisis del proceso de transición de la entidad hacia la sustentabilidad.

Este constituye el reto en el que actualmente están trabajando los investigadores que han colaborado en el OSNL, ya que se busca fomentar la participación ciudadana por medio de consultas y dudas específicas o aportes de los usuarios a través del sitio de red, sin dejar de lado la comunicación a través de otros medios. El propósito en el que se trabaja actualmente, es fomentar la interacción con los usuarios del Observatorio y la sociedad en general.

4. CONCLUSIONES Y RECOMENDACIONES

El Observatorio cuenta con un conjunto de servicios de conocimiento, información y análisis orientados tanto al fortalecimiento de las capacidades de la sociedad en general, como de los responsables de la definición de políticas en instituciones públicas y privadas del estado de Nuevo León. Estos servicios son:

- El diagnóstico del estado actual y de las perspectivas en materia de sustentabilidad del Estado de Nuevo León en cuatro áreas: ambiental, social, económica y gobernanza
- Los indicadores de sustentabilidad en las cuatro áreas antes referidas
- Un módulo de información georreferenciada de Nuevo León
- La consolidación de un espacio de comunicación y vinculación entre la sociedad y el grupo de trabajo del Observatorio, etapa en la que actualmente se está trabajando

En el presente, el reto del OSNL es avanzar en la definición de las políticas y estrategias de vinculación con la sociedad, con el propósito de reorientar el Observatorio desde un espacio de análisis científico sobre la sustentabilidad, hacia uno de interlocución y vinculación centrado en la participación social.

Nuestro interés es contribuir a la generación de conocimiento y metodologías sobre los Observatorios Sociales con un enfoque sustentable, que permita fomentar la participación social en la materia, empleando para ello métodos innovadores y avances tecnológicos que impulsen la substancia vital que aporta la retroalimentación de la sociedad y las instituciones a quienes van dirigidos.

Consideramos que para que los Observatorios Sociales puedan cumplir su objetivo, de informar y orientar a la sociedad, tienen que nutrirse de las aportaciones que genera la sociedad en general y las instituciones, en una relación permanente de vinculación de iniciativas, innovación de propuestas y solución de los problemas. En este sentido lo relevante es lograr sistematizar una metodología, que dé un valor agregado a los Observatorios para mantener su vigencia.

Se ha dado especial énfasis a la integración de la participación social, porque este tema ha despertado el interés de políticos, académicos y líderes sociales, debido a que constituye un elemento clave en la democratización del sistema político y el logro del desarrollo sustentable. La participación de la sociedad y las instituciones involucradas en los principios y los valores de la sustentabilidad, permitirán hacer del OSNL un referente para la definición de políticas. Nuestro interés es abocarnos a entender ¿cómo fortalecer el observatorio social si los usuarios no logran definir una visión y acciones que les permitan en su vida cotidiana dar respuestas para concretar estrategias de participación social vinculadas a la sustentabilidad?

De esta manera, el OSNL busca contribuir a la generación de conocimiento a favor del desarrollo sustentable y a la generación de estrategias de vinculación efectivas con diversos grupos sociales e instituciones, que constituyen la base y motor del cambio hacia la sustentabilidad.

IV.
INDICADORES DE LA SUSTENTABILIDAD PARA NUEVO LEÓN

La elaboración de los indicadores del OSNL se llevó a cabo a partir de un proceso de trabajo colectivo, enmarcado en el establecimiento de un Seminario Permanente sobre Sustentabilidad integrado por: Esthela Gutiérrez Garza, Carlos Ramírez, José María Infante, Edgar González Gaudiano, Julio César Puente, Ciro Valdés, Eduardo Treviño, Libertad Leal, Arun Kumar Acharya, Estela Ortega, José Juan Cervantes, Pedro César Cantú, Gabriela de la Mora, José Raúl Luyando, Gloria L. Mancha, Esteban Picazzo, Elizabeth Gálvez, Jorge Luis Loyola, Óscar Flores, Roberto García Ortega, Rafael García y Jesús Sánchez, en el que además participaron diversos especialistas sobre el tema, de reconocido prestigio nacional e internacional, entre ellos: Marta Astier Calderón, del Centro de Investigaciones en Geografía Ambiental de la UNAM; Yosu Rodríguez Aldabe, miembro del grupo de expertos en indicadores de sustentabilidad de la Comisión Económica para América Latina y el Caribe y Enrique Provencio, especialista en un amplio número de temáticas vinculadas a la sustentabilidad, entre muchos otros investigadores y especialistas.

Los participantes del Seminario elaboraron de manera conjunta el fundamento teórico y metodológico para la construcción de cuatro grandes grupos de indicadores de la sustentabilidad: ambiental, económico, social e institucional. La selección de los indicadores implicó un proceso de discusión y análisis entre los miembros del Seminario Permanente del iinSo, los cuales se reunieron de manera sistemática y periódica a lo largo de tres años, y después de un total de catorce reuniones de trabajo fue posible definir la metodología y los contenidos que posteriormente se traducirían en los indicadores.

Asimismo, en el seno del Seminario Permanente se documentaron y estudiaron diversas experiencias y metodologías probadas en el diseño y uso de indicadores de sustentabilidad en observatorios ciudadanos vinculados al tema de la sustentabilidad en México y América Latina. Las actividades llevadas a cabo en el marco de este Seminario tuvieron como conclusión la formulación del marco conceptual y metodológico, que posteriormente se utilizó para el diseño y elaboración de soluciones especializadas en materia estadística y generación de los indicadores de sustentabilidad en el estado de Nuevo León.

En el mismo sentido, se elaboró una caracterización del estado actual y tendencias del desarrollo sustentable en la entidad, con la finalidad de definir la lista preliminar de indicadores de sustentabilidad, utilizados para elaborar la primera propuesta de observatorio ciudadano sobre la sustentabilidad de Nuevo León. En este contexto, se definió qué se entiende por indicador, es decir, se procedió a definir el concepto de indicador como un número o una secuencia de números, absolutos, relativos, nominales o porcentuales, de origen cuantitativo o cualitativo, con datos relevantes que lo convierten en información para un propósito específico y que se puede expresar de diversas formas (generando nueva información) para que aporte elementos robustos de algún proceso o fenómeno y permita establecer una narrativa consistente.

El esquema de indicadores se construyó a partir de las siguientes dimensiones:

1] Patrimonio natural y ambiente
2] Detonadores para el desarrollo sustentable
3] Equidad social
4] Gobernanza e instituciones

Este esquema describe y analiza información sobre la sustentabilidad en el estado de Nuevo León correspondiente a un periodo de tiempo determinado. En el siguiente cuadro se describen brevemente los temas analizados y los indicadores generados para cada una de las dimensiones.

1. INDICADORES DE PATRIMONIO NATURAL Y AMBIENTE (DIMENSIÓN AMBIENTAL)

DIMENSIÓN	TEMA	INDICADOR
Patrimonio natural y ambiente	Áreas Naturales Protegidas	Número de Áreas Naturales Protegidas en Nuevo León decretadas por el estado y a nivel Nacional decretadas por la federación. Extensión del territorio que ocupan las ANP en Nuevo León y a nivel Nacional. Crecimiento de la extensión territorial de las ANP en Nuevo León y a nivel Nacional.
	Calidad del Aire	Valores promedio de monóxido de carbono en el Área Metropolitana de Monterrey (AMM). Valores promedio de PM10 micras en el AMM. Valores promedio de dióxido de azufre en el AMM. Valores promedio de ozono en el AMM. Valores promedio de dióxido de nitrógeno en el AMM.
	Consumo y Tratamiento de agua	Consumo de agua según uso en el AMM. Volumen de agua tratada en Nuevo León y el AMM. Relación entre consumo total de agua potable y agua tratada en Nuevo León.

ÁREAS NATURALES PROTEGIDAS (ANP)

Determina la superficie y el número de unidades terrestres o acuáticas destinadas a la protección y conservación de las áreas estratégicas de alta biodiversidad.

Relevancia teórica: las áreas naturales protegidas proveen de importantes servicios ambientales, como la captación de agua, captura de carbono, conservación de la biodiversidad y demás valores asociados de interés cultural, paisajístico y científico.

Relevancia coyuntural: aun cuando el número de ANP se ha incrementado sustancialmente en el estado, continua estando por debajo de la superficie recomendada en este tema prioritario. Por lo que se necesitan incorporar al menos 300 000 hectáreas para alcanzar el 10% de la superficie estatal que se encuentra bajo el régimen de protección y conservación.

PORCENTAJE DEL TERRITORIO QUE OCUPAN LAS ANP NACIONALES Y ESTATALES

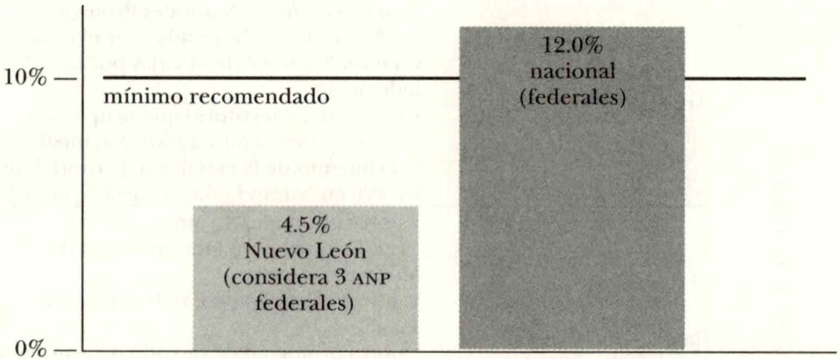

FUENTE: CONANP, CONABIO y Dirección de Parques y Vida Silvestre de Nuevo León.

EVOLUCIÓN DEL NÚMERO DE ÁREAS NATURALES PROTEGIDAS (ANP)

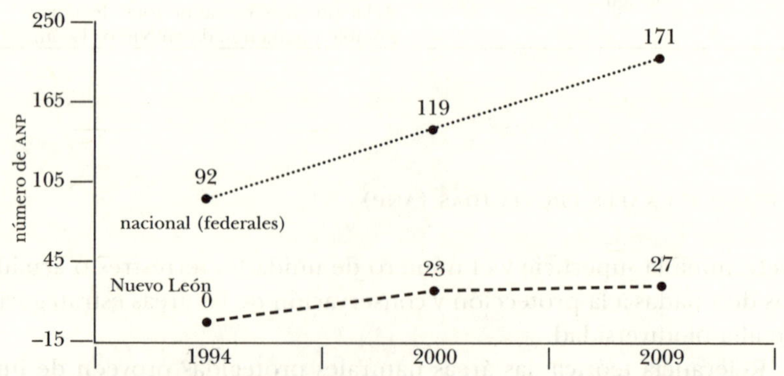

FUENTE: CONANP, CONABIO y Dirección de Parques y Vida Silvestre de Nuevo León.

CRECIMIENTO DE LA EXTENSIÓN TERRITORIAL DE LAS ANP

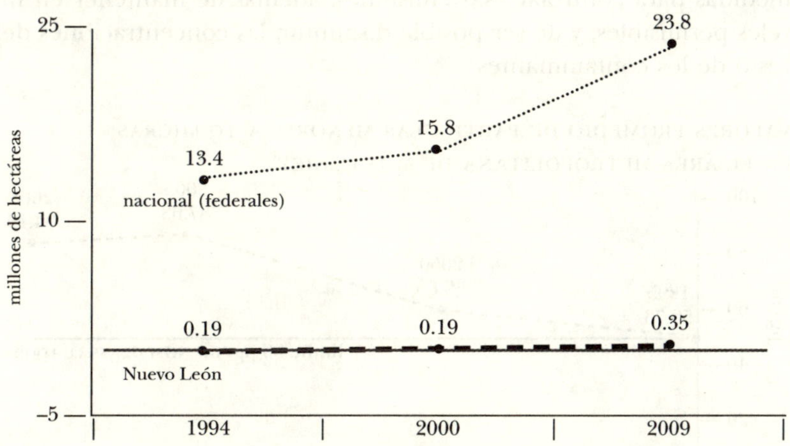

FUENTE: CONANP, CONABIO y Dirección de Parques y Vida Silvestre de Nuevo León.

CALIDAD DEL AIRE

El índice de la calidad del aire, se define como un valor representativo de los niveles de contaminación atmosférica que altas concentraciones pueden tener efectos en la salud de las personas en una región determinada.

Relevancia teórica: la atmósfera es receptora de diversos gases y partículas derivadas de procesos naturales e industriales, así como de distintas actividades generadas por la humanidad. Los indicadores de calidad del aire permiten medir los niveles de contaminación atmosférica por partículas suspendidas, con el fin de detectar a tiempo situaciones de riesgo, lo que permite planear y ejecutar medidas contingentes para salvaguardar la salud de la población y a largo plazo, diseñar políticas ambientales que permitan su abatimiento.

Relevancia coyuntural: en las últimas dos décadas los valores promedio de la concentración de la mayoría de los contaminantes emitidos a la atmósfera que se monitorean en el Área Metropolitana de Monterrey se encuentran en niveles permisibles, a excepción de las partículas menores a 10 micras. Por lo que es necesario que se tomen medidas para controlar esas emisiones, además de mantener en niveles permisibles, y de ser posible disminuir, las concentraciones del resto de los contaminantes.

VALORES PROMEDIO DE PARTÍCULAS MENORES A 10 MICRAS EN EL ÁREA METROPOLITANA DE MONTERREY

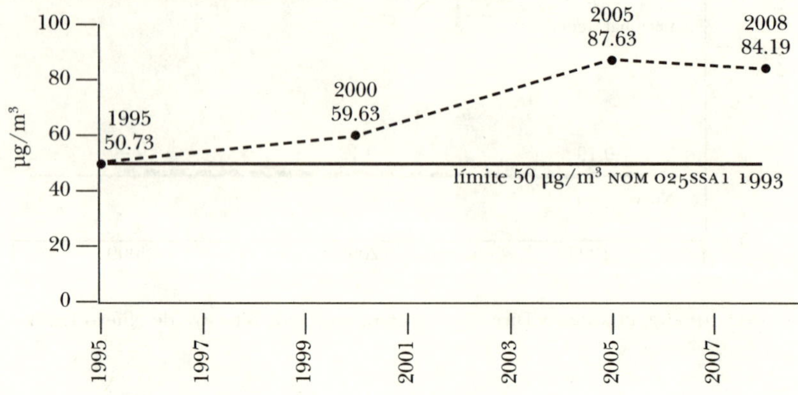

FUENTE: Gobierno del Estado de Nuevo León

VALORES PROMEDIO DE OZONO EN EL ÁREA METROPOLITANA DE MONTERREY

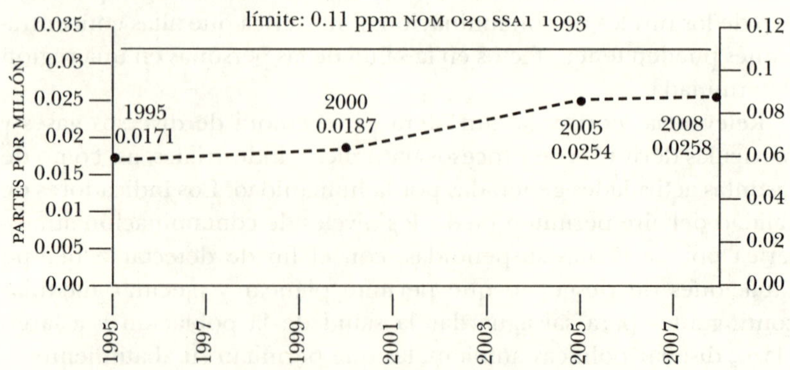

FUENTE: Gobierno del Estado de Nuevo León.

VALORES PROMEDIO DE MONÓXIDO DE CARBONO EN EL ÁREA METROPOLITANA DE MONTERREY

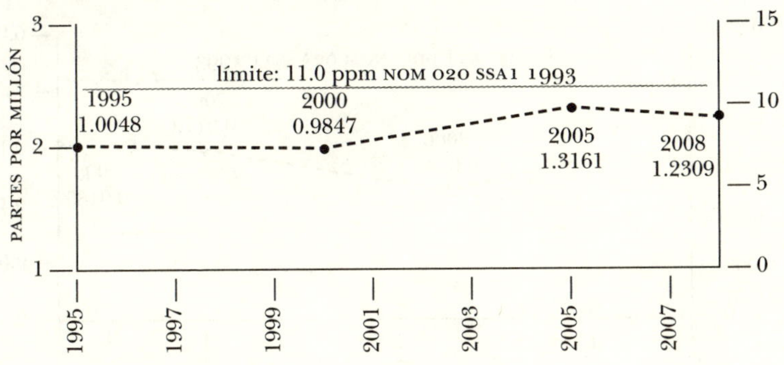

FUENTE: Gobierno del Estado de Nuevo León.

VALORES PROMEDIO DE DIÓXIDO DE AZUFRE EN EL ÁREA METROPOLITANA DE MONTERREY

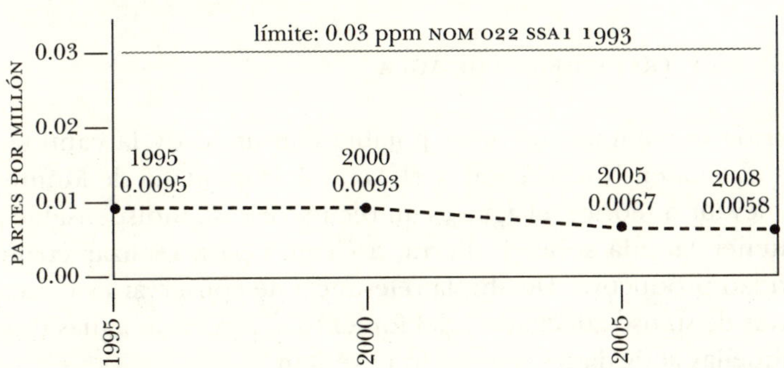

FUENTE: Gobierno del Estado de Nuevo León.

VALORES PROMEDIO DE DIÓXIDO DE NITRÓGENO EN EL ÁREA METROPOLITANA DE MONTERREY

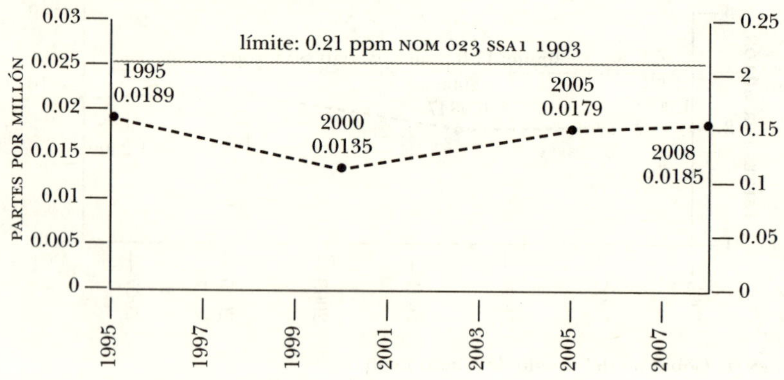

FUENTE: Gobierno del Estado de Nuevo León.

CONSUMO Y TRATAMIENTO DE AGUA

Describe el volumen de agua potable consumido y la cantidad de agua tratada en Nuevo León y el Área Metropolitana de Monterrey.

Relevancia teórica: el agua es un recurso escaso indispensable para mantener la vida sobre la tierra, así como para realizar cualquier actividad productiva. De ahí, la relevancia de conservar este recurso, a través de su uso adecuado y del fomento al uso de las aguas tratadas en aquellas actividades que así lo permitan.

Relevancia coyuntural: el estado de Nuevo León es una entidad eminentemente urbana (para el año 2008, el 87% de la población del estado se concentraba en el Área Metropolitana de Monterrey) donde el 74% del consumo total de agua se destinó al uso doméstico. De la totalidad de agua que fue utilizada en la entidad durante el periodo 2001-2009, prácticamente el 100% fue tratada en los sistemas de saneamiento instalados en el estado, contribuyendo así al manejo sustentable de este recurso estratégico.

VOLUMEN DE AGUA TRATADA EN NUEVO LEÓN Y EL ÁREA METROPOLITANA DE MONTERREY

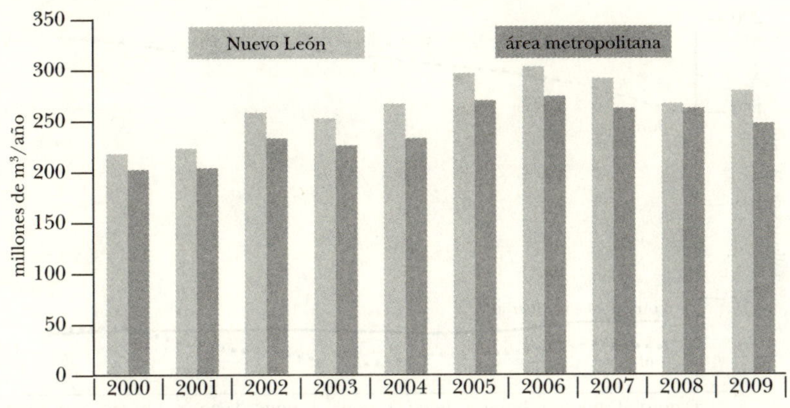

FUENTE: Servicios de Agua y Drenaje de Monterrey, I.P.D.

RELACIÓN ENTRE CONSUMO TOTAL DE AGUA POTABLE Y AGUA TRATADA EN NUEVO LEÓN

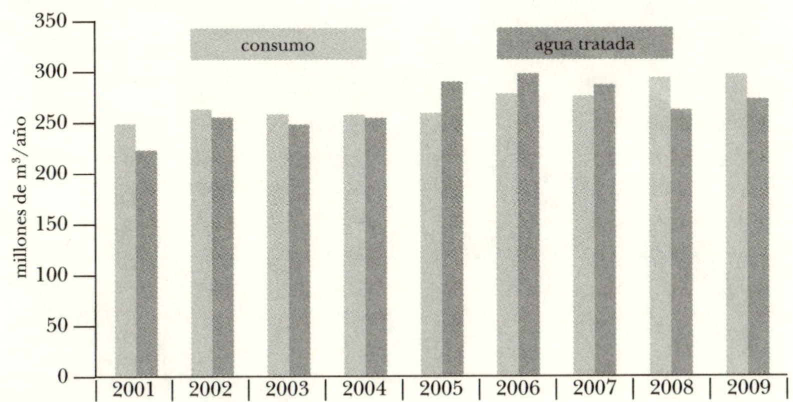

FUENTE: Servicios de Agua y Drenaje de Monterrey, I.P.D.

CONSUMO DE AGUA SEGÚN USO EN EL ÁREA METROPOLITANA DE MONTERREY

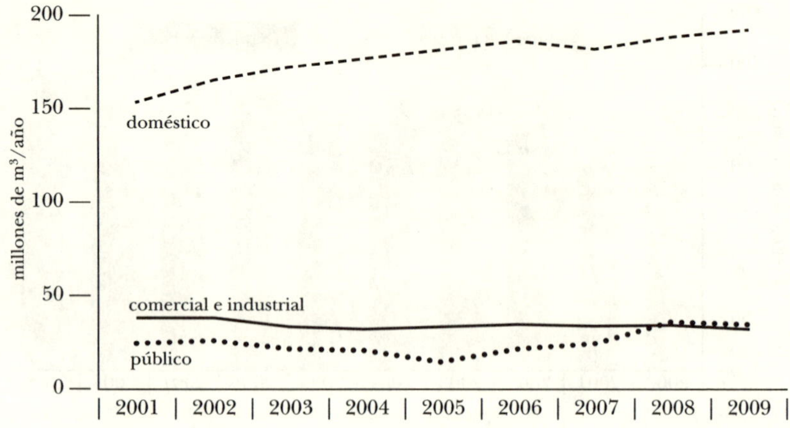

FUENTE: Dirección Comercial de Servicios de Agua y Drenaje de Monterrey, I.P.D.

2. INDICADORES DETONADORES (DIMENSIÓN ECONÓMICA)

DIMENSIÓN	TEMA	INDICADOR
Detonadores para el desarrollo sustentable	Tasas de crecimiento del producto interno bruto nacional y del estado de Nuevo León (PIBTC)	Tasa de crecimiento del PIB: Nuevo León y nacional
	Participación porcentual del producto interno bruto de Nuevo León en el nacional (PIBPP)	Participación porcentual del PIB de Nuevo León en el Nacional
	Participación porcentual y tasas de crecimiento del producto interno bruto nacional y de Nuevo León por sectores productivos (PIBSI)	Participaciónporcentual del PIB del sector primario de Nuevo León en el nacional. Tasas de crecimiento del PIB del sector primario: Nuevo León y nacional
	Participación porcentual y tasas de crecimiento del producto interno bruto nacional y de Nuevo León por sectores productivos (PIBSII)	Participación porcentual del PIB del sector secundario de Nuevo León en el nacional. Tasas de crecimiento del PIB del sector secundario: Nuevo León y nacional
	Participación porcentual y tasas de crecimiento del producto interno bruto nacional y de Nuevo León por sectores productivos (PIBSI)	Participación porcentual del PIB del sector terciario de Nuevo León en el nacional. Tasas de crecimiento del PIB del sector terciario: Nuevo León y nacional
	Producto interno bruto per cápita (PIBPC)	PIB per cápita: Nuevo León y nacional
	Productividad media laboral (PIBPM)	PIB promedio por trabajador: Nuevo León y nacional

TASAS DE CRECIMIENTO DEL PRODUCTO INTERNO BRUTO NACIONAL Y DEL ESTADO DE NUEVO LEÓN (PIBTC)

Indica la variación entre periodos anuales del valor monetario total de los bienes y servicios finales producidos por una economía (país o región) y se expresa generalmente en porcentaje.

Relevancia teórica: cuantificar el progreso o retroceso anual del valor monetario de los bienes y servicios finales producidos por una economía en un periodo determinado.

Relevancia coyuntural: de acuerdo al periodo observado, a partir del 2007 las cifras para la entidad y el país mostraron tasas de crecimiento cada vez más bajas, e incluso, en el 2009 cayeron significativamente siendo el estado el que registró el mayor retroceso; esto, debido a que la crisis financiera en Estados Unidos, y que se volvió mundial, afectó más a Nuevo León por ser un estado con relación muy estrecha a la economía estadounidense.

TASAS DE CRECIMIENTO DEL PIB

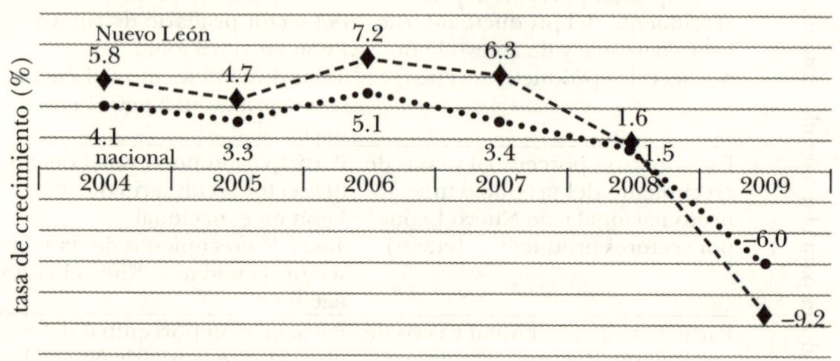

FUENTE: Sistema de Cuentas Nacionales , INEGI.

PARTICIPACIÓN PORCENTUAL DEL PRODUCTO INTERNO BRUTO DE NUEVO LEÓN EN EL NACIONAL (PIBPP)

Determina el porcentaje con que participó el estado de Nuevo León en la generación del valor monetario total de los bienes y servicios finales producidos en México.

Relevancia teórica: mide la participación porcentual del estado de Nuevo León en la generación del ingreso del país.

Relevancia coyuntural: la tendencia creciente que se observaba en la participación del PIB del estado en el nacional se interrumpió en el año 2008 al mantenerse igual que el año previo y retroceder en el 2009 a 7.6%.

PARTICIPACIÓN PORCENTUAL DEL PIB DE NUEVO LEÓN EN EL NACIONAL

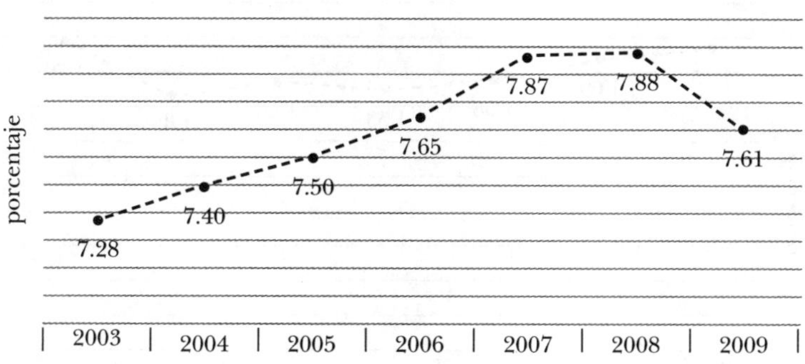

FUENTE: Sistema de Cuentas Nacionales , INEGI.

PARTICIPACIÓN PORCENTUAL Y TASAS DE CRECIMIENTO DEL PRODUCTO INTERNO BRUTO NACIONAL Y DEL ESTADO DE NUEVO LEÓN POR SECTORES PRODUCTIVOS.

Sector primario (PIBSI). Se obtiene el porcentaje de participación del PIB del sector primario de Nuevo León en el nacional y se mide la variación de un año a otro del ingreso del sector primario a nivel nacional y del estado de Nuevo León.

Relevancia teórica: establecer la participación porcentual del sector primario de Nuevo León en el sector primario nacional . Así como cuantificar el progreso o retroceso anual del ingreso nacional y del estado de Nuevo León en el sector productivo primario.

Relevancia coyuntural: en el periodo observado, la participación porcentual del PIB del sector primario de Nuevo León se mantuvo por debajo de 2% del total producido por el sector en el país. Por el lado de tasas de crecimiento de la producción del sector, el estado registró dos caídas, de 7.1% y 2.9% en los años 2005 y 2008 respectivamente, mientras que en 2009 aumentó 20.5% frente a una disminución de 0.2% nacional.

PARTICIPACIÓN PORCENTUAL DEL PIB DEL SECTOR PRIMARIO DE NUEVO LEÓN EN EL NACIONAL

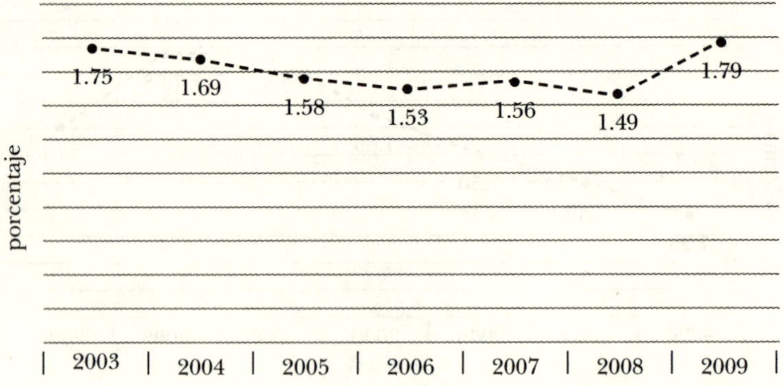

FUENTE: Sistema de Cuentas Nacionales , INEGI.

TASAS DE CRECIMIENTO DEL PIB DEL SECTOR PRIMARIO EN NUEVO LEÓN Y NACIONAL

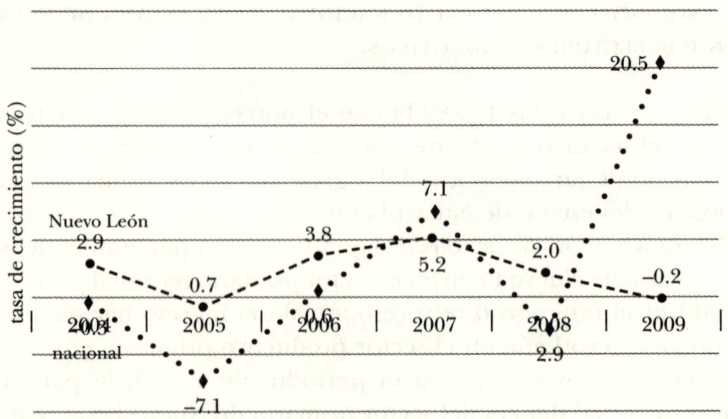

FUENTE: Sistema de Cuentas Nacionales , INEGI.

PARTICIPACIÓN PORCENTUAL Y TASAS DE CRECIMIENTO DEL PRODUCTO INTERNO BRUTO NACIONAL Y DEL ESTADO DE NUEVO LEÓN POR SECTORES PRODUCTIVOS (PIBSII)

Sector secundario. Se obtiene el porcentaje de participación del PIB del sector secundario de Nuevo León en el nacional y se mide la variación de un año a otro del ingreso del sector secundario nacional y del estado.

Relevancia teórica: establecer la participación porcentual del sector secundario de Nuevo León en el sector secundario nacional. Así como cuantificar el progreso o retroceso anual del ingreso nacional y del estado de Nuevo León en este sector productivo.

Relevancia coyuntural: en el periodo observado, la participación porcentual del PIB del sector secundario de Nuevo León se mantuvo a la alza hasta el año 2008, llegando hasta 9.1% de la producción nacional del sector, pero retrocedió en 2009 a 8.6%. No obstante, por el lado de las tasas de crecimiento, a partir del 2007 las cifras para la entidad y el país mostraron avances cada vez menores, e incluso, en 2009 cayeron significativamente siendo el estado el que registró el mayor retroceso, esto, debido a la crisis financiera de Estados Unidos.

PARTICIPACIÓN PORCENTUAL DEL PIB DEL SECTOR SECUNDARIO DE NUEVO LEÓN EN EL NACIONAL

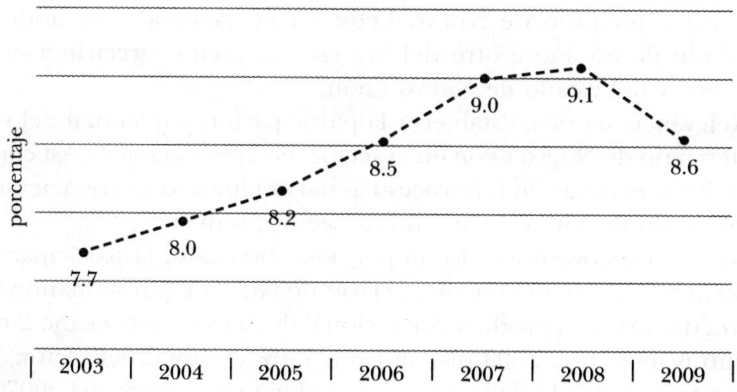

FUENTE: Sistema de Cuentas Nacionales, Banco de Información Económica, INEGI

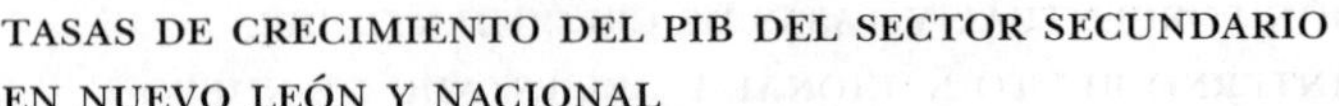

TASAS DE CRECIMIENTO DEL PIB DEL SECTOR SECUNDARIO EN NUEVO LEÓN Y NACIONAL

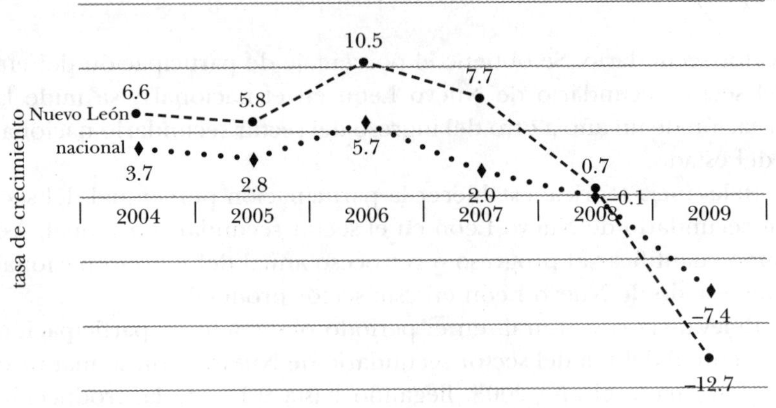

FUENTE: Sistema de Cuentas Nacionales, Banco de Información Económica, INEGI

PARTICIPACIÓN PORCENTUAL Y TASAS DE CRECIMIENTO DEL PRODUCTO INTERNO BRUTO NACIONAL Y DEL ESTADO DE NUEVO LEÓN POR SECTORES PRODUCTIVOS (PIBSIII)

Sector terciario. Se obtiene el porcentaje de participación del PIB del sector terciario de Nuevo León en el nacional y se mide la variación de un año a otro del ingreso del sector terciario a nivel nacional y del estado de Nuevo León.

Relevancia teórica: Establecer la participación porcentual del sector terciario de Nuevo León en el sector terciario nacional . Así como cuantificar el progreso o retroceso anual del ingreso a nivel nacional y del estado de Nuevo León en este sector productivo.

Relevancia coyuntural: En el periodo observado, la participación porcentual del PIB del sector terciario de Nuevo León se mantuvo a la alza dentro de la producción nacional del sector hasta el año 2007, mientras que en el 2009 disminuyó a 7.5% del total del sector. No obstante, por el lado de las tasas de crecimiento, a partir del 2007 las cifras para la entidad y el país mostraron avances cada vez menores, e incluso, en el 2009 cayeron significativamente, siendo el estado el que registró el mayor retroceso, debido a la crisis financiera de Estados Unidos.

PARTICIPACIÓN PORCENTUAL DEL PIB DEL SECTOR TERCIARIO DE NUEVO LEÓN EN EL NACIONAL

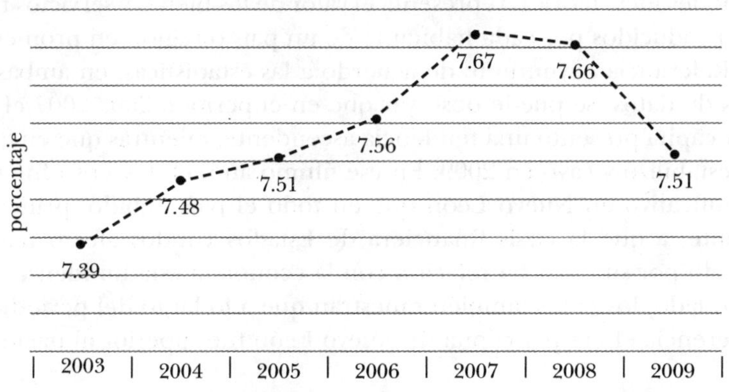

FUENTE: Sistema de Cuentas Nacionales, Banco de Información Económica, INEGI

TASAS DE CRECIMIENTO DEL PIB DEL SECTOR TERCIARIO EN NUEVO LEÓN Y NACIONAL

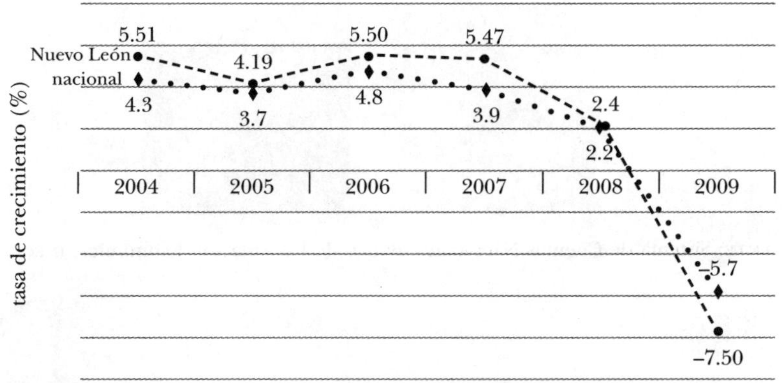

FUENTE: Sistema de Cuentas Nacionales, Banco de Información Económica, INEGI

PRODUCTO INTERNO BRUTO PER CÁPITA (PIBPC)

Se obtiene dividiendo el producto interno bruto de una economía (país o región) entre la cantidad de habitantes que tiene, por lo tanto, lo que encontramos es el producto promedio por habitante.

Relevancia teórica: representa el valor de los bienes y servicios finales producidos por cada habitante de un país o región en promedio.

Relevancia coyuntural: de acuerdo a las estadísticas, en ambas series de datos se puede observar que en el periodo 2003-2007 el PIB per cápita presentó una tendencia ascendente, mientras que en 2008 se estabilizó y cayó en 2009. En ese último año, el descenso fue más significativo en Nuevo León que en todo el país debido, principalmente, a que la crisis financiera de Estados Unidos afectó más al estado por su estrecha relación con la economía estadunidense. Por otro lado, los datos también muestran que a lo largo del periodo de referencia el PIB per cápita de Nuevo León fue superior al nacional.

PIB PER CÁPITA DEL AÑO 2009

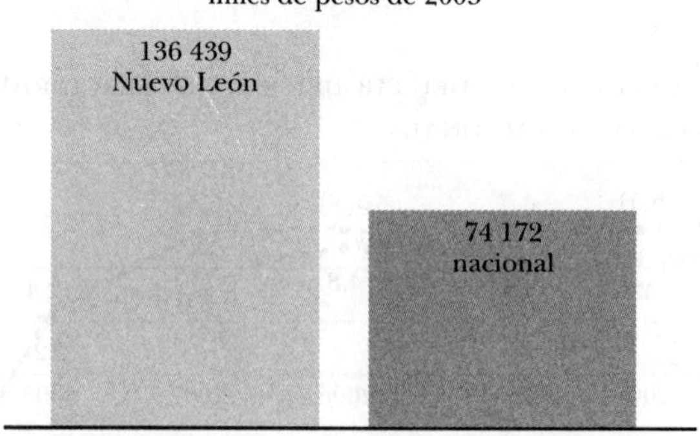

FUENTE: Sistema de Cuentas Nacionales, Banco de Información Económica, INEGI.

PIB PER CÁPITA NACIONAL Y DE NUEVO LEÓN, 2003-2009

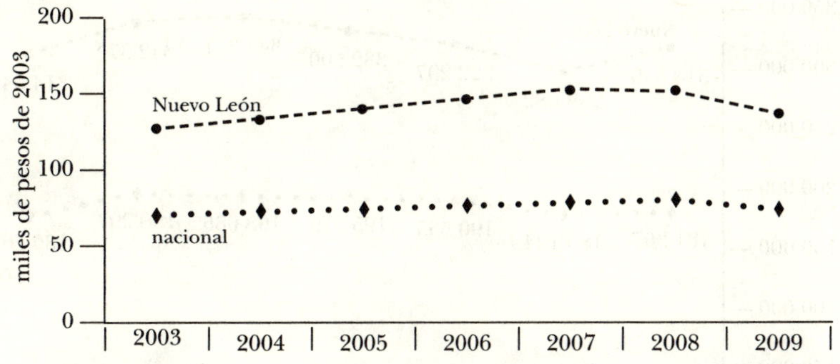

FUENTE: Sistema de Cuentas Nacionales, Banco de Información Económica, INEGI.

PRODUCTIVIDAD MEDIA LABORAL (PIBPM)

Se obtiene dividiendo el producto interno bruto de una economía (país o región) entre la población ocupada, por lo tanto, lo que encontramos es el producto promedio por trabajador.

Relevancia teórica: proporciona información acerca de la contribución que cada trabajador realiza al total producido en un país o región.

Relevancia coyuntural: la productividad media laboral de Nuevo León fue superior a la nacional durante el periodo de 2003 a 2009. La contribución que realizó cada trabajador de Nuevo León al total producido en el país en promedio fue un tercio superior a la que realizaba un trabajador a escala nacional.

PRODUCTIVIDAD MEDIA LABORAL, 2003-2009

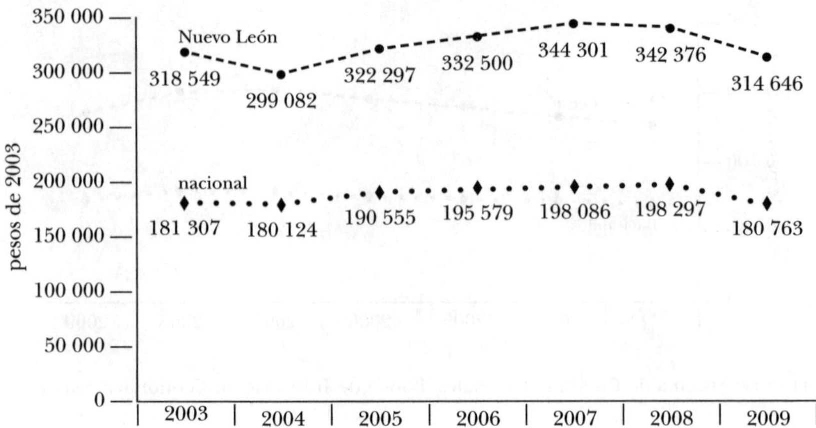

FUENTE: Sistema de Cuentas Nacionales, Banco de Información Económica, INEGI. Encuesta Nacional de Ocupación y Empleo, INEGI.

3. INDICADORES DE EQUIDAD SOCIAL (DIMENSIÓN SOCIAL)

DIMENSIÓN	TEMA	INDICADOR
Equidad social	Competitividad Social	Índice de competitividad social: de Nuevo León y nacional
	Trabajo Decente	Índice de trabajo decente: Nuevo León y nacional
	Mortalidad infantil y materna	Tasa de mortalidad infantil: Nuevo León y nacional. Tasa de mortalidad materna: Nuevo León y nacional
	Desigualdad en Salud (Coeficiente de Gini en Salud)	Coeficiente de Gini en salud para menores de 5 años: Nuevo León y Nacional. Coeficiente de Gini en salud materna: Nuevo León y nacional
	Cobertura de la población abierta.	Tasa de cobertura en servicios de salud de la población abierta: Nuevo León y nacional
	Desarrollo Humano (IDH) en Educación	Índice de desarrollo humano en educación: Nuevo León y nacional
	Sufrimiento social de las mujeres	Porcentaje de mujeres de 15 años y más víctimas de violencia de género: Nuevo León y nacional
	Paridad de género en las instituciones políticas	Participación femenina en las instituciones políticas
	Acceso al saber técnico y universitario	Proporción de jóvenes de entre 16 y 24 años con acceso a la educación: Nuevo León y nacional
	Trabajo decente en jóvenes	Índice de trabajo decente en jóvenes: Nuevo León y nacional
	Atención generacional	Índice de atención generacional: Nuevo León y Nacional
	Desarrollo Humano (IDH)	Índice de desarrollo humano (IDH) : Nuevo León y nacional
	Desigualdad en la distribución del ingreso.	Coeficiente de Gini en la distribución del ingreso: Nuevo León y nacional
	Marginación social.	Índice de Marginación Social para Nuevo León

ÍNDICE DE COMPETITIVIDAD SOCIAL

Es un indicador propuesto por el Programa de Naciones Unidas para el Desarrollo-México que utiliza variables con la capacidad de generación de bienestar en los hogares a través del empleo. El índice incorpora cuatro dimensiones, salud, educación, ingreso y condición laboral del trabajador, las cuales son mediadas a través de los siguientes indicadores: ausencia del trabajo infantil; formalidad en el empleo; acceso de los individuos a los servicios de atención médica; duración de la jornada laboral semanal y ausencia de pobreza salarial. Un ICS cercano a uno implica mejores condiciones de cada uno de los indicadores que lo conforman y se estaría cerca de las condiciones óptimas laborales.

Relevancia teórica: el indicador puede ser utilizado para medir el grado de sustentabilidad, desde el punto de vista laboral, que tiene el desarrollo regional.

Relevancia coyuntural: el ICS para el estado de Nuevo León se ha venido reduciendo al pasar de un valor de 0.781 en el año 2000 a 0.696 en el año 2010, lo cual refiere que el desarrollo laboral y la calidad del empleo en la entidad se han reducido, trayendo una situación de menor competitividad social del empleo en la entidad. Cabe mencionar que esta reducción también es nacional, sin embargo, cuando se hace un comparativo entre la entidad con lo registrado en el país, el ICS para el estado, durante el periodo de 2000-2010, se ubica por encima de éste.

ÍNDICE DE COMPETITIVIDAD SOCIAL (ICS)

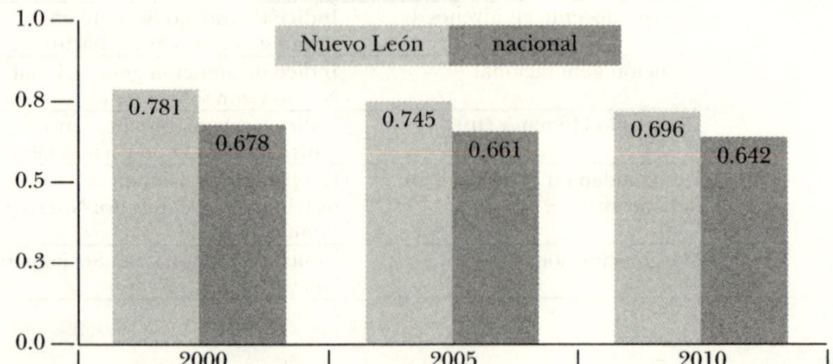

Datos referidos al segundo trimestres de cada año.

FUENTE: Elaboración con información de la bases de microdatos de la Encuesta Nacional de Empleo (ENE) y Encuesta Nacional de Ocupación y Empleo (ENOE), INEGI.

TRABAJO DECENTE (ITD)

Mide las oportunidades que tiene la población de acceder a un empleo de calidad en condiciones de libertad y dignidad humana. El valor del índice oscila en un rango entre 0 y 1; cuando se ubica entre 0-0.49 significa que las condiciones de trabajo decente son bajas; de 0.50-0.79 las condiciones de trabajo decente son medias; y de 0.80-1.00 las condiciones de trabajo decente son altas.

Relevancia teórica: contar con un empleo digno, donde se observe el respeto a los derechos laborales, la promoción del empleo, la protección social y el diálogo social, es esencial para que la población logre desplegar sus capacidades y obtenga un mayor bienestar económico y social.

Relevancia coyuntural: las cifras del ITD general muestran que la calidad de empleo es mejor en el estado de Nuevo León que a escala nacional, no obstante, también indican un deterioro en las condiciones de empleo en los años más recientes, especialmente en el país, donde el índice se ubica en el rango bajo de trabajo decente.

En el caso de los jóvenes, el ITD es mucho más alto para Nuevo León que el nacional, lo que significa que en el estado los jóvenes de entre 16 y 24 años que trabajan lo hacen en mejores condiciones que en el resto del país. Sin embargo, el índice estatal se ubica en el rango medio, lo cual indica que hay mucho por hacer para que esta población goce de un trabajo decente.

ÍNDICE DE TRABAJO DECENTE

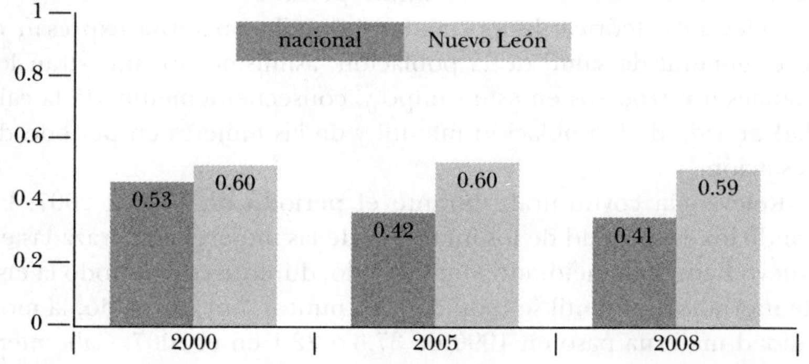

FUENTE: ENOE/INEGI.

ÍNDICE DE TRABAJO DECENTE EN LOS JÓVENES

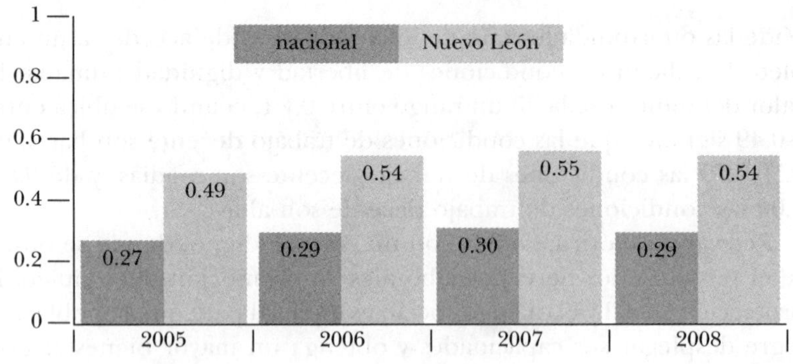

FUENTE: ENOE/INEGI.

MORTALIDAD INFANTIL Y MATERNA

Mortalidad infantil: determina el número de infantes que mueren antes de cumplir un año de edad, por cada mil nacidos vivos registrados en el mismo año.

Mortalidad materna: determina el número de defunciones de la población femenina embarazada, en el parto o dentro de los 42 días siguientes a la terminación del embarazo, debido a cualquier causa relacionada con el mismo, en un determinado año por cada cien mil nacidos vivos registrados en el mismo periodo.

Relevancia teórica: la mortalidad infantil y materna expresan el nivel general de salud de la población, asimismo nos muestran los avances o retrocesos en este campo y, consecuentemente, de la calidad de vida de la población infantil y de las mujeres en periodo de gestación.

Relevancia coyuntural: durante el periodo de 1990 a 2007, las condiciones de salud de los infantes y de las mujeres embarazadas en Nuevo León han mejorado, por ejemplo, durante este periodo la tasa de mortalidad infantil se redujo en 16 puntos, por otro lado, la mortalidad materna paso en 1990 de 37.6 a 22.1 en el 2007. Cabe mencionar, que estos indicadores estatales estuvieron por debajo de lo reportado por los nacionales, lo cual nos refiere que en el estado se presentaron mejores condiciones de acceso a los servicios de salud para los infantes y las mujeres embarazadas que en el país.

TASA DE MORTALIDAD INFANTIL

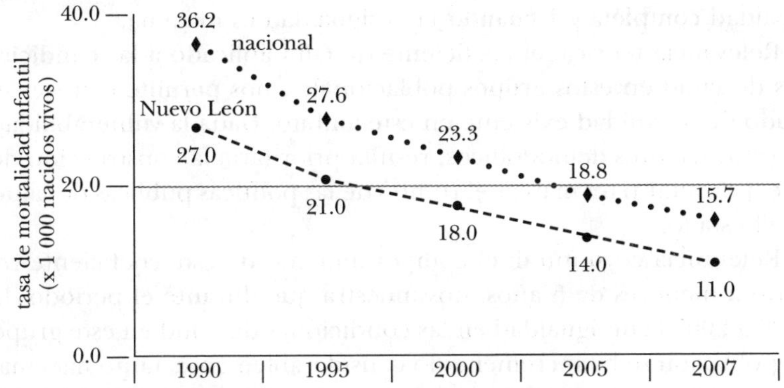

FUENTE: Sistema de Indicadores de los Objetivos de Mileno-México, INEGI.

TASA DE MORTALIDAD MATERNA

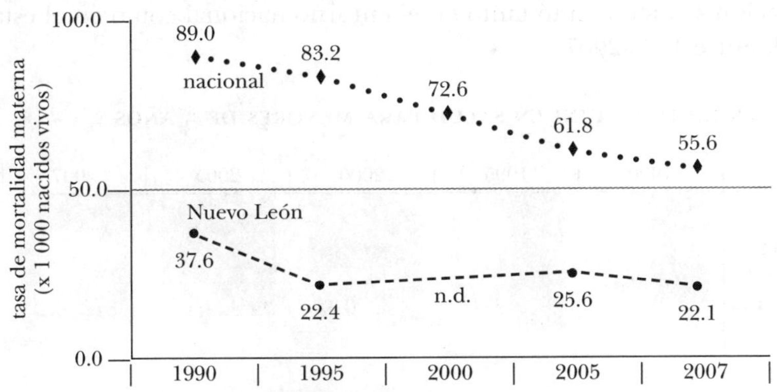

FUENTE: Sistema de Indicadores de los Objetivos de Mileno-México, INEGI.

DESIGUALDAD EN SALUD (COEFICIENTE DE GINI EN SALUD)

Mide la desigualdad en salud de la población, utilizando los siguientes indicadores: tasa de mortalidad de menores de 5 años y mortalidad materna. Este coeficiente varía entre 0 y 1, donde 0 se refiere a igualdad completa y 1 cuando la desigualdad es máxima.

Relevancia teórica: el coeficiente de Gini aplicado a las condiciones de salud en estos grupos poblacionales, nos permite conocer el grado de inequidad existente en este ámbito. Dada la vulnerabilidad de estos sectores demográficos, resulta prioritaria la construcción de este indicador para marcar el rumbo de las políticas públicas de salud en el estado.

Relevancia coyuntural: el comportamiento de este coeficiente relativo a menores de 5 años, nos muestra que durante el periodo de 1990 a 2007 la desigualdad en las condiciones de salud en este grupo de población se ha incrementado considerablemente, tanto nacional como en Nuevo León. Cabe señalar, que para el año 1990 la desigualdad en salud para menores de 5 años era inferior en el estado que la mostrada a escala nacional, sin embargo, para 2007 esta desigualdad era alta en ambos casos. Por otro lado, el coeficiente de Gini en salud materna nos refiere que la desigualdad en este grupo de población se incrementó tanto en el entorno nacional como en el estatal, entre 1990-2007.

COEFICIENTE DE GINI EN SALUD PARA MENORES DE 5 AÑOS

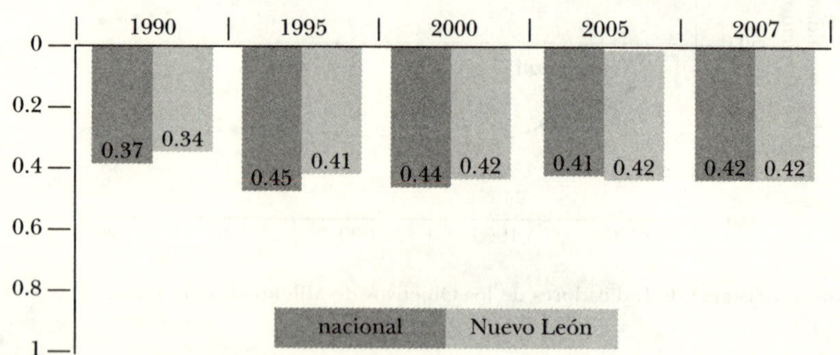

FUENTE: cálculos propios con base en las *Estadísticas vitales de nacimientos y de mortalidad*; Censos de Población 1990 y 2000; Conteo de Población 1995 y 2005 del INEGI; Proyecciones de Población (CONAPO) y Base de Datos de defunciones (Secretaria de Salud).

COEFICIENTE DE GINI EN SALUD MATERNA

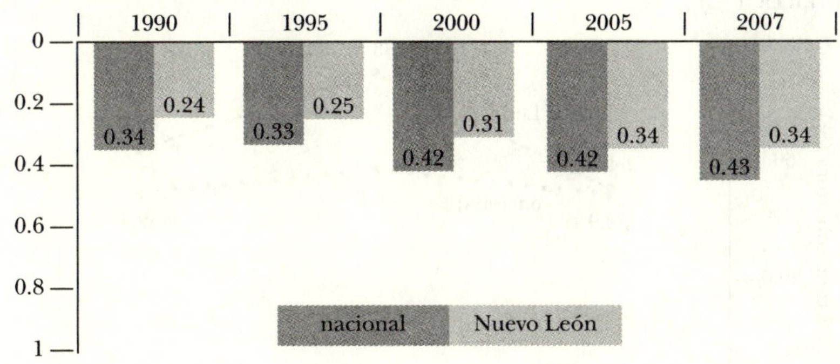

FUENTE: cálculos propios con base en las *Estadísticas vitales de nacimientos y de mortalidad*; Censos de Población 1990 y 2000; Conteo de Población 1995 y 2005 del INEGI; Proyecciones de Población (CONAPO) y Base de Datos de defunciones (Secretaria de Salud).

COBERTURA DE LA POBLACIÓN ABIERTA

Es el porcentaje de la población abierta que es atendida por los servicios de la Secretaría de Salud.

Relevancia teórica: este indicador nos permite conocer el nivel de acceso a los servicios que brinda la Secretaría de Salud, que tiene la población que no cuenta con algún sistema de seguridad social, público o privado (población abierta).

Relevancia coyuntural: el contar con acceso a los servicios de salud, es una condición básica de cualquier Estado que se encamine en la búsqueda de un desarrollo sustentable, es por ello que la tasa de cobertura de la población abierta adquiere una especial relevancia, debido a que nos refiere en qué grado, los servicios de la Secretaría de Salud cubren a la población que no cuenta con algún sistema de seguridad social. Así, el comportamiento del indicador nos refiere que durante el periodo 2000-2005, esta cobertura estatal se ha incrementado, posicionándose por encima del registro nacional, sin embargo, de 2005 a 2007, esta tasa registró un caída del 23% en el ámbito estatal.

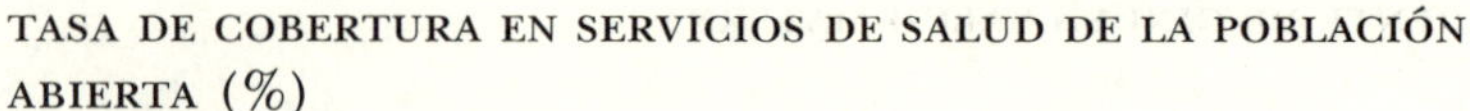

TASA DE COBERTURA EN SERVICIOS DE SALUD DE LA POBLACIÓN ABIERTA (%)

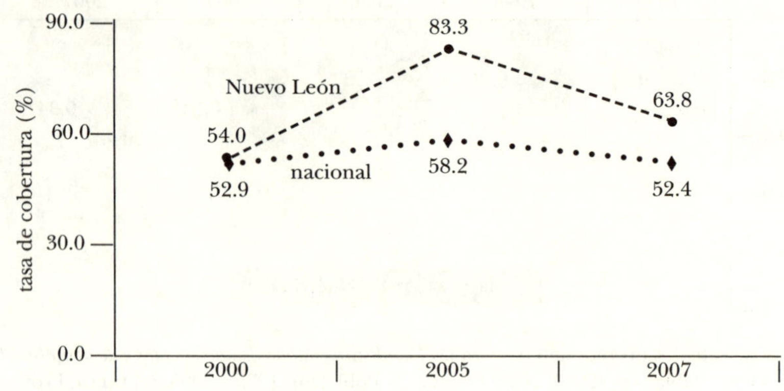

FUENTE: INEGI, Sistema Nacional de Información en Salud (SINAIS).

ÍNDICE DE DESARROLLO HUMANO (IDH) EN EDUCACIÓN

Mide el avance de un país en materia de educación, considerando la alfabetización de adultos y la matriculación en educación primaria, secundaria, media superior y superior (tasa de matricula total).

Relevancia teórica: este indicador permite conocer el nivel de desarrollo humano y de oportunidades, en materia de educación, con el que cuenta la población para ampliar sus capacidades en beneficio del mejoramiento de su calidad de vida.

Relevancia coyuntural: el desarrollo de oportunidades en educación en Nuevo León se ha incrementado en el periodo 2000-2004, según el comportamiento de este índice. Asimismo este indicador nos muestra cómo la cobertura de educación y el desarrollo humano en la materia, ha sido más alto en el estado que a escala nacional durante ese periodo. Así, el estado durante estos años presenta un crecimiento sostenido de este indicador que refleja un progreso de las capacidades de la población en materia de educación que le permiten ampliar sus oportunidades para acceder a un mejor nivel de vida.

ÍNDICE DE DESARROLLO HUMANO EN EDUCACIÓN

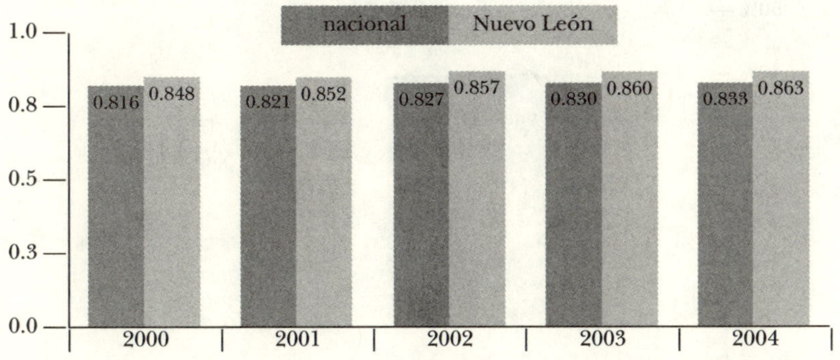

FUENTE: PNUD, Informe sobre Desarrollo Humano, México 2006-2007.

SUFRIMIENTO SOCIAL DE LAS MUJERES

Mide la proporción de mujeres que han sufrido algún tipo de violencia de género.

Relevancia teórica: Nuevo León es el tercer estado del país con mayor violencia a hacia las mujeres, por lo que es importante contar con un indicador que muestre el comportamiento de este fenómeno en la entidad.

Relevancia coyuntural: el porcentaje de violencia contra las mujeres es mayor a escala nacional que estatal, sin embargo, el patrón de violencia sufrida es muy similar en ambas partes, aunque, en el caso de la violencia sexual la cifra del país supera en 3 puntos porcentuales a la del estado.

MUJERES QUE SUFREN ALGÚN TIPO DE VIOLENCIA, 2006

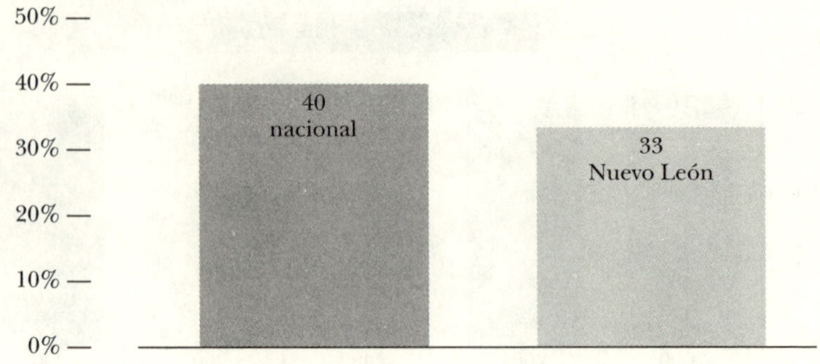

FUENTE: INEGI.

SUFRIMIENTO DE LAS MUJERES, DE ACUERDO AL TIPO DE VIOLENCIA, 2006

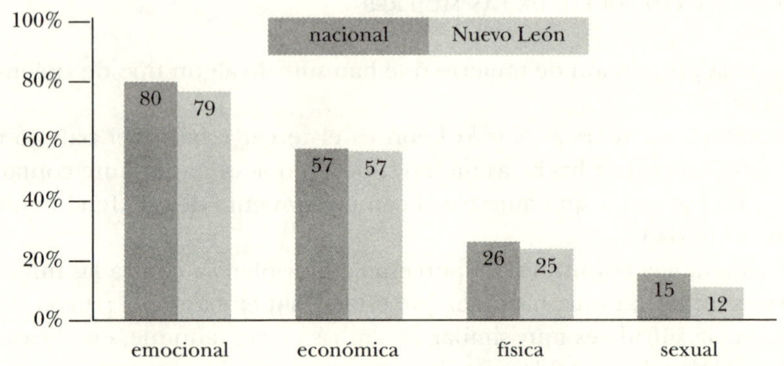

FUENTE: INEGI.

PARIDAD DE GÉNERO EN LAS INSTITUCIONES POLÍTICAS

Evalúa la participación femenina en las instituciones políticas, a partir de la combinación de tres indicadores: el número de mujeres en los cargos ejecutivos de primer nivel en el Gobierno del Estado, el número de bancas legislativas y el número de presidencias municipales ocupadas por mujeres. El índice obtenido oscila entre 0 (cero) y 1 (uno), siendo uno el óptimo.

Relevancia teórica: la incorporación progresiva de la mujer en las instituciones políticas, sea en funciones ejecutivas o legislativas, es un indicador de democracia e igualdad, probablemente el que mejor asume esta condición.

Relevancia coyuntural: el acceso de la mujer a todas las posiciones de la actividad social como protagonista importante, tiene en las actividades políticas uno de sus hitos más significativos. En el caso de Nuevo León, no existe ninguna disposición específica ("ley de cuotas") para las elecciones legislativas; sólo se aplica de manera parcial una proporción obligada de candidatos en las listas para los ayuntamientos o municipios. En el caso de Suecia, el segundo país del mundo en cargos parlamentarios ocupados por mujeres, la participación está regulada por cuotas voluntarias de los partidos pero no por una disposición general.

ÍNDICE DE PARIDAD DE GÉNERO EN LAS INSTITUCIONES POLÍTICAS DE NUEVO LEÓN

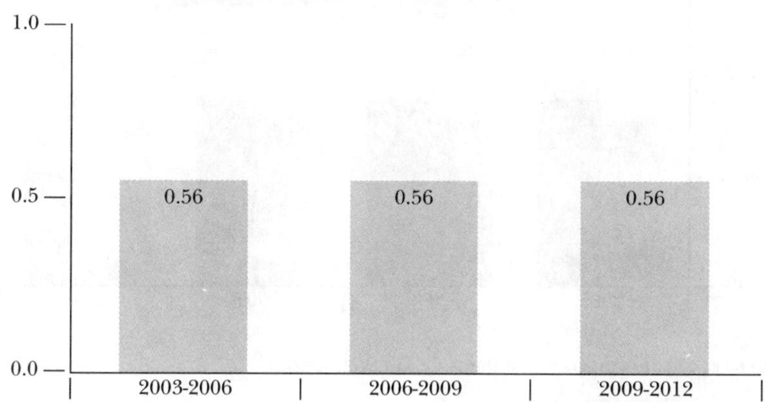

FUENTE: <www.gob.nl>, <www.cee.nl>.

ACCESO AL SABER TÉCNICO Y UNIVERSITARIO (ASTYU)

Mide la proporción de jóvenes entre 16 y 24 años que están estudiando respecto a la cohorte generacional.

Relevancia teórica: nos permite conocer la proporción de jóvenes con acceso a la educación, factor fundamental para desarrollar competencias para la economía del conocimiento.

Relevancia coyuntural: Nuevo León se encuentra por debajo del promedio nacional respecto a la proporción de jóvenes entre 16 y 24 años que están estudiando. A partir de 2006, el indicador ASTYU ha estado disminuyendo en el estado, mientras que a escala nacional sigue en aumento. Esto quiere decir que en Nuevo León ha bajado la proporción de jóvenes con oportunidades para desarrollar competencias que les permitan insertarse dentro de la economía del conocimiento y, por lo tanto, el estado se aleja del objetivo de posicionarse dentro de ésta.

ACCESO AL SABER TÉCNICO Y UNIVERSITARIO (ASTYU)

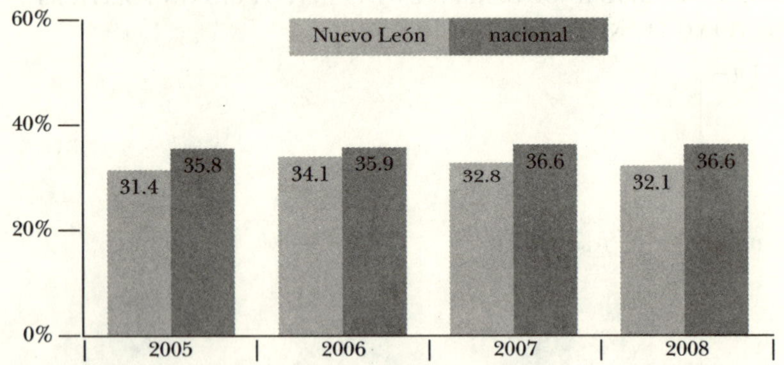

FUENTE: cálculos propios con datos de la ENOE, INEGI.

TRABAJO DECENTE EN JÓVENES

Mide las oportunidades que tienen los jóvenes de entre 18 y 24 años de edad de acceder a un empleo de calidad en condiciones de libertad y dignidad humana. El valor del índice oscila en un rango entre 0 y 1; cuando se ubica entre 0-0.49 significa que las condiciones de trabajo decente son bajas; de 0.50-0.79 las condiciones de trabajo decente son medias; y de 0.80-1.00 las condiciones de trabajo decente son altas.

Relevancia teórica: contar con un empleo digno, donde se observe el respeto a los derechos laborales, la promoción del empleo y la protección social, es esencial para que los jóvenes logren desplegar sus capacidades y obtengan un mayor bienestar económico y social.

Relevancia coyuntural: el índice de trabajo decente en los jóvenes es más alto en Nuevo León que a escala nacional, lo que significa que en el estado los jóvenes de entre 18 y 24 años que trabajan lo hacen en mejores condiciones que en el resto del país, donde el índice se ubica en el rango bajo del trabajo decente. No obstante, el índice estatal se encuentra en el rango medio, lo que indica que hay mucho por hacer para que esta población goce de un trabajo decente.

ÍNDICE DE TRABAJO DECENTE EN LOS JÓVENES

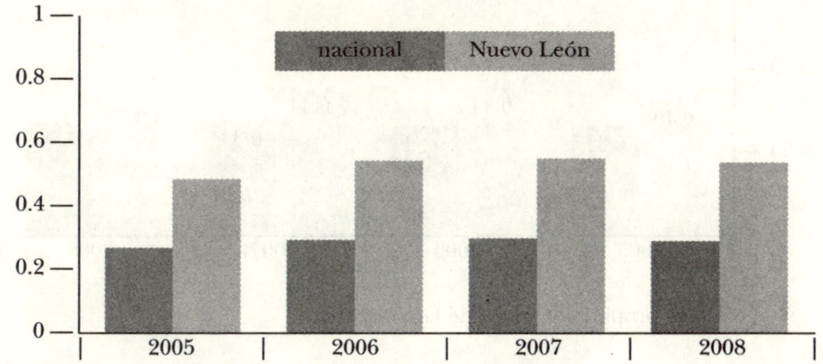

FUENTE: ENOE/INEGI.

ÍNDICE DE ATENCIÓN GENERACIONAL (INAGE)

Indica el grado de inserción de los jóvenes entre 16 y 24 años a la sociedad (ya sea por medio del estudio o del trabajo decente), un valor de 1 refiere que los jóvenes están atendidos, 0 que están desatendidos.

Relevancia teórica: nos permite determinar el grado de avance o retroceso en la inserción de los jóvenes a la sociedad, para orientar las políticas públicas en la materia, de este sector poblacional que requiere atención inmediata.

Relevancia coyuntural: Nuevo León se ubica por encima del promedio nacional en cuanto a la atención generacional hacia los jóvenes, es decir, en la inserción de éstos a la sociedad. Sin embargo, el nivel de atención es bajo y en los últimos años no se observa ningún avance hacia el mejoramiento de la inserción juvenil, por lo tanto se podría decir que somos una sociedad que está en déficit o deuda con el grupo poblacional que representa el futuro.

ÍNDICE DE ATENCIÓN GENERACIONAL (INAGE)

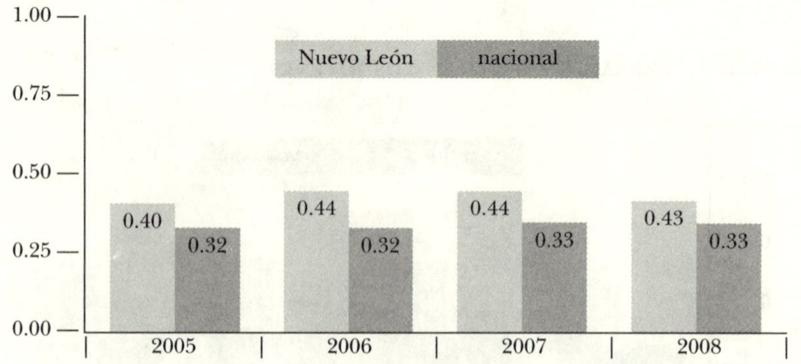

FUENTE: cálculos propios con datos de la ENOE, INEGI.

ÍNDICE DE DESARROLLO HUMANO (IDH)

Mide el progreso de las oportunidades y acceso a una vida con calidad, considerando tres dimensiones: 1] salud (esperanza de vida al nacer); 2] educación (tasa de analfabetismo adulto y la tasa de matrícula total); 3] económica (ingreso per cápita).

Relevancia teórica: este indicador permite conocer el desarrollo de las oportunidades y de las capacidades que ofrecen las naciones o regiones a la población con relación a la salud, la educación y al ingreso monetario.

Relevancia coyuntural: el desarrollo humano medido a través de este indicador nos muestra el grado de acceso a las oportunidades en materia de educación, salud e ingresos dignos, que para el caso del estado de Nuevo León se ha incrementado, al pasar de 0.842 en 2000 a 0.867 en 2005, esto refleja un mayor nivel de desarrollo para la población. Cabe mencionar que el índice de desarrollo estatal está por encima del nacional registrado, presentándose un mayor nivel de desarrollo humano que ha facilitado potencializar las capacidades y oportunidades de la población.

ÍNDICE DE DESARROLLO HUMANO (IDH)

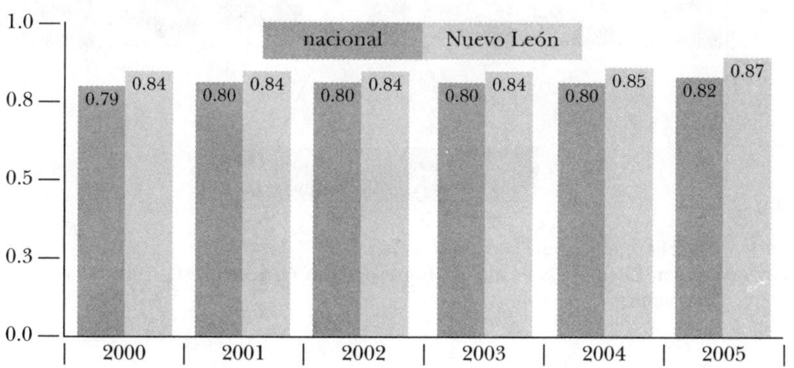

FUENTE: PNUD, México.

DESIGUALDAD EN LA DISTRIBUCIÓN DEL INGRESO

Mide la desigualdad en los ingresos de la población, mediante el coeficiente de Gini, el cual varía entre 0 y 1, en el que 0 se refiere a igualdad completa y 1 a la desigualdad máxima.

Relevancia teórica: el coeficiente de Gini en la distribución del ingreso mide el grado de inequidad que enfrenta la población con relación a esta variable.

Relevancia coyuntural: de acuerdo a las estimaciones obtenidas, la distribución del ingreso estatal presenta un nivel de desigualdad alto, el cual se ha incrementado durante el periodo 1994-2008. Aunque este grado de inequidad está por debajo del nacional presentado, durante ese mismo periodo se observa que, en promedio, las condiciones de inequidad con respecto a la distribución del ingreso en Nuevo León, no están tan alejadas de las que se presentan en el resto del país.

COEFICIENTE DE GINI EN LA DISTRIBUCIÓN DEL INGRESO*

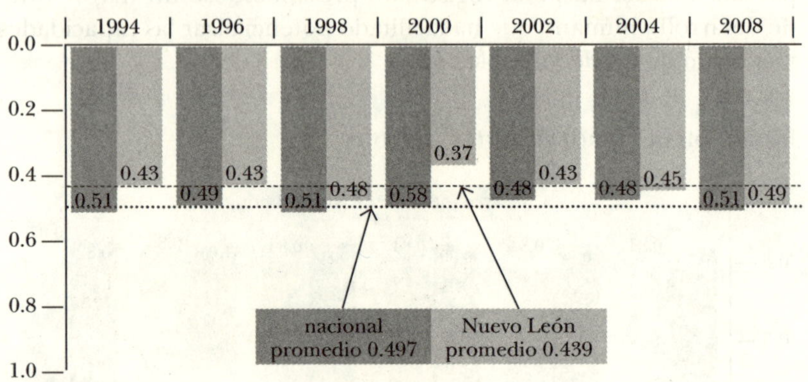

*NOTA: Se refiere al ingreso corriente monetario.

FUENTE: INEGI, Encuesta Nacional de Ingreso Gasto (ENIGH), 1994, 1996, 1998, 2000, 2002, 2004, 2008.

ÍNDICE DE MARGINACIÓN SOCIAL

Mide la calidad de vida de la población como resultado de la falta de acceso a la educación, a un alojamiento en vivienda digna, a una percepción de ingresos monetarios suficientes y a las carencias relacionadas con la residencia en pequeñas localidades.

Relevancia teórica: expresa el grado de marginación que enfrenta la población, derivado del análisis multivariado de una serie de factores esenciales en la determinación de su calidad de vida.

Relevancia coyuntural: en Nuevo León las condiciones de marginación social son tan diversas, que podemos encontrar municipios con alto grado de marginación como Aramberri, Dr. Arroyo, entre otros, así como de muy bajo nivel como San Pedro Garza García, siendo el más representativo. Cabe resaltar que la condición de alta marginación se encuentra muy localizada en la región sur del estado.

ÍNDICE DE MARGINACIÓN SOCIAL, NUEVO LEÓN 2005

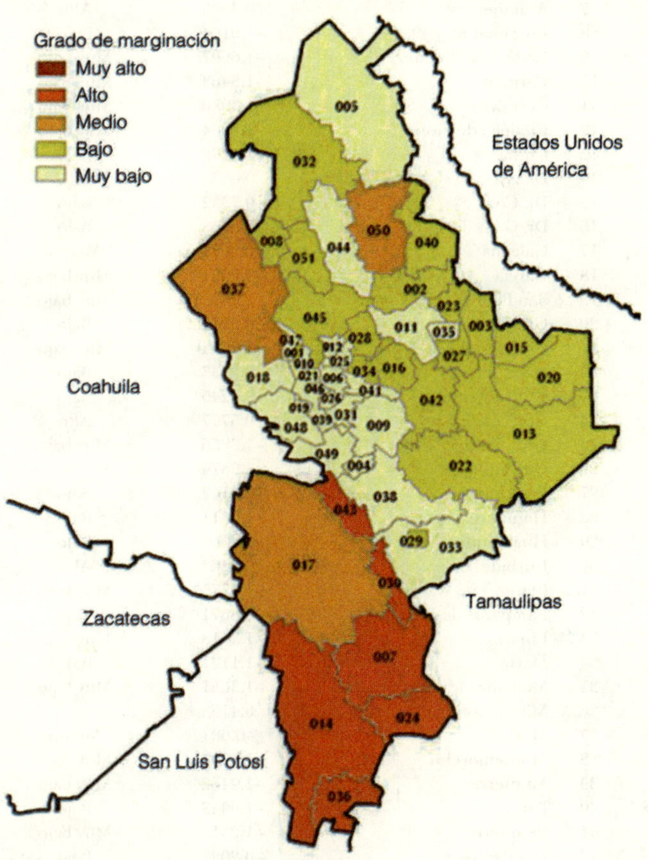

FUENTE: CONAPO

	ENTIDAD FEDERATIVA MUNICIPIO	ÍNDICE DE MARGINACIÓN	GRADO DE MARGINACIÓN
	Nuevo León	–1.3261	Muy bajo
1	Abasolo	–1.1615	Bajo
2	Agualeguas	–1.0947	Bajo
3	Los Aldamas	–0.9406	Bajo
4	Allende	–1.5359	Muy bajo
5	Anáhuac	–1.2534	Muy bajo
6	Apodaca	–1.9397	Muy bajo
7	Aramberri	0.3035	Alto
8	Bustamante	–1.0104	Bajo
9	Cadereyta Jiménez	–1.6607	Muy bajo
10	Carmen	–1.5463	Muy bajo
11	Cerralvo	–1.3986	Muy bajo
12	Ciénega de Flores	–1.5984	Muy bajo
13	China	–1.1272	Bajo
14	Dr. Arroyo	0.0535	Alto
15	Dr. Coss	–0.7332	Bajo
16	Dr. González	–0.6768	Bajo
17	Galeana	–0.2677	Medio
18	García	–1.2321	Muy bajo
19	San Pedro Garza García	–2.2695	Muy bajo
20	Gral. Bravo	–0.9511	Bajo
21	Gral. Escobedo	–1.7564	Muy bajo
22	Gral. Terán	–0.9233	Bajo
23	Gral. Treviño	–0.9245	Bajo
24	Gral. Zaragoza	0.5777	Alto
25	Gral. Zuazua	–1.3856	Muy bajo
26	Guadalupe	–1.9879	Muy bajo
27	Los Herreras	–0.9102	Bajo
28	Higueras	–1.0311	Bajo
29	Hualahuises	–1.2056	Bajo
30	Iturbide	0.2263	Alto
31	Juárez	–1.5875	Muy bajo
32	Lampazos de Naranjo	–0.8671	Bajo
33	Linares	–1.2518	Muy bajo
34	Marín	–1.1127	Bajo
35	Melchor Ocampo	–1.3651	Muy bajo
36	Mier y Noriega	0.4158	Alto
37	Mina	–0.601	Medio
38	Montemorelos	–1.3007	Muy bajo
39	Monterrey	–1.9462	Muy bajo
40	Parás	–1.0943	Bajo
41	Pesquería	–1.2318	Muy bajo
42	Los Ramones	–0.8022	Bajo
43	Rayones	0.1901	Alto
44	Sabinas Hidalgo	–1.6747	Muy bajo
45	Salinas Victoria	–0.8487	Bajo
46	San Nicolás de los Garza	–2.2003	Muy bajo
47	Hidalgo	–1.6203	Muy bajo
48	Santa Catarina	–1.8298	Muy bajo
49	Santiago	–1.6274	Muy bajo
50	Vallecillo	–0.5793	Medio
51	Villaldama	–1.0862	Bajo

4. INDICADORES DE GOBERNANZA E INSTITUCIONES (DIMENSIÓN INSTITUCIONAL)

DIMENSIÓN	TEMA	INDICADOR
Gobernanza e instituciones	Derechos ciudadanos	Proporción de defensores de los derechos del ciudadano en el total de municipios de Nuevo León
	Inseguridad ciudadana	Número de robos (con y sin violencia) denunciados en Nuevo León
	Respeto a los derechos humanos	Proporción de recomendaciones emitidas por la Comisión Estatal de Derechos Humanos de Nuevo León (CDHNL) que fueron aceptadas
	Violencia social	Número de homicidios dolosos registrados por la Procuraduría General de Justicia de Nuevo León (PGJNL) en el estado
	Violación de los derechos humanos	Solicitudes de intervención recibidas por la CDHNL del estado
	Participación electoral	Porcentaje de participación electoral en Nuevo León

DERECHOS CIUDADANOS

Mide la presencia de defensores de los derechos ciudadanos en el total de municipios del estado de Nuevo León (51). El índice oscila entre 1, que es el valor óptimo, y 0 que significa lo contrario.

Relevancia teórica: uno de los valores básicos de la extensión de la democracia es la posibilidad de hacer efectivas las garantías individuales que se establecen en la legislación. Sin mecanismos efectivos que permitan a los ciudadanos reclamar por sus derechos, las leyes permanecen sólo en el imaginario como deseabilidad abstracta.

Relevancia coyuntural: la extensión de la democracia a todos los sectores de la población, sin distinciones, es todavía una promesa incumplida. Las tradiciones autoritarias del sistema político mexicano perduran en todos los niveles y, peor aún, en el imaginario social. Se busca, además, que al tener conocimiento de esta institución, los ciudadanos reclamen en sus respectivos municipios la imposición de uno similar.

El primer municipio del estado que instituyó la existencia de un defensor de los derechos ciudadanos fue Guadalupe en el año 2009 y hasta ahora sigue siendo el único; esto explica por qué el valor del índice se encuentra en un nivel tan bajo en la actualidad.

ÍNDICE DE DERECHOS CIUDADANOS EN NUEVO LEÓN

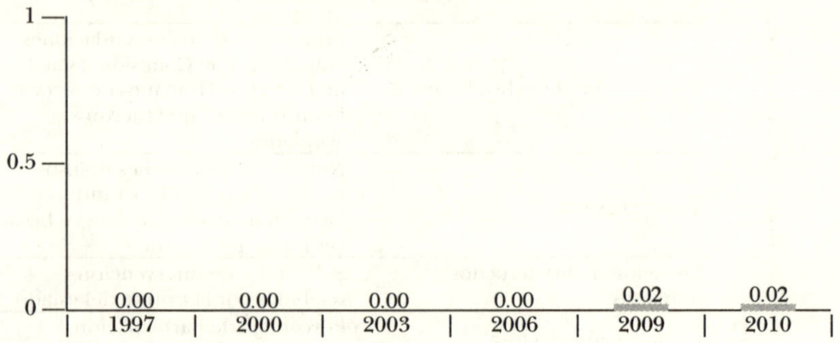

FUENTE: <www.nl.gob.mx>.

INSEGURIDAD CIUDADANA

Determina la inseguridad de los ciudadanos en la vida cotidiana a través del número de robos (con y sin violencia) denunciados en el estado de Nuevo León.

Relevancia teórica: una de las condiciones básicas de la inseguridad vivida es el sentimiento de vulnerabilidad frente a las amenazas externas. Esas amenazas pueden ser de distinto tipo, tanto reales como imaginarias, como la de atacar a personas o a sus bienes o posesiones materiales o simbólicas. De todas las agresiones posibles, los robos constituyen una de las más sencillas de medir.

Relevancia coyuntural: distintas señales indican que la inseguridad ciudadana se ha incrementado en los últimos tiempos, dada la manera en que se expande mediante los rumores, se presenta como una alternativa de análisis y evaluación. Se sabe que el número de denuncias, de todas maneras, representa una proporción menor a la incidencia real.

De acuerdo a la gráfica, las denuncias con y sin violencia, fueron mayores en los años 2007 y 2008, mientras que en 2009 disminuyeron significativamente, sin embargo, como ya se indicó, en muchos casos la incidencia real es mayor que las denuncias realizadas.

ROBOS (CON Y SIN VIOLENCIA) DENUNCIADOS EN NUEVO LEÓN

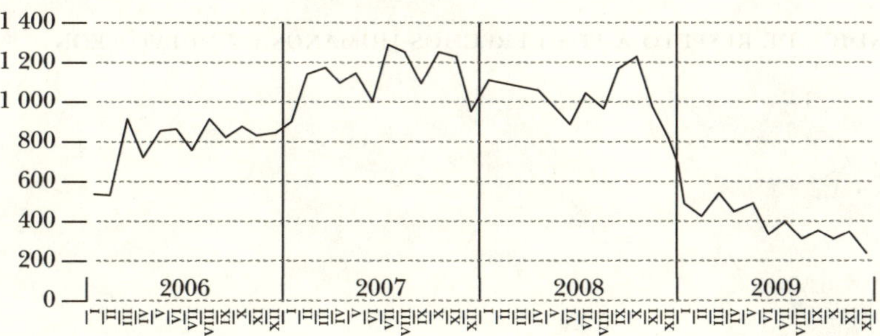

FUENTE: Procuraduría General de Justicia de Nuevo León.

RESPETO A LOS DERECHOS HUMANOS

Evalúa la importancia concedida por los funcionarios y las instituciones gubernamentales a los derechos humanos, a partir de la proporción entre las recomendaciones emitidas y las recomendaciones aceptadas. El valor óptimo es 1 y oscila entre 1 y 0.

Relevancia teórica: la aceptación real de derechos humanos que deben ser defendidos, válidos y efectivos, no se desprende de las declaraciones discursivas sino de las prácticas concretas. Muchos gobernantes en todo el mundo afirman ser grandes defensores de los derechos humanos mientras que las sociedades a las que de alguna manera dirigen o administran tienen severas deficiencias en este punto.

Relevancia coyuntural: la vigencia del estado de derecho es uno de los fracasos relativos más notorios del régimen político en México; que otras sociedades presenten déficit similar no es una justificación para no tratar de remediar ese rezago. En el caso de Nuevo León, instituciones como los centros de readaptación social (cárceles) y los cuerpos de seguridad de los municipios son los más remisos a aceptar las recomendaciones y ofrecer una respuesta satisfactoria.

En 2007 el valor del índice se ubicó en 0.33, disminuyendo en 2008 hasta 0.01, apenas superando el valor mínimo, lo cual debe ser muy preocupante para la sociedad en su conjunto.

ÍNDICE DE RESPETO A LOS DERECHOS HUMANOS EN NUEVO LEÓN

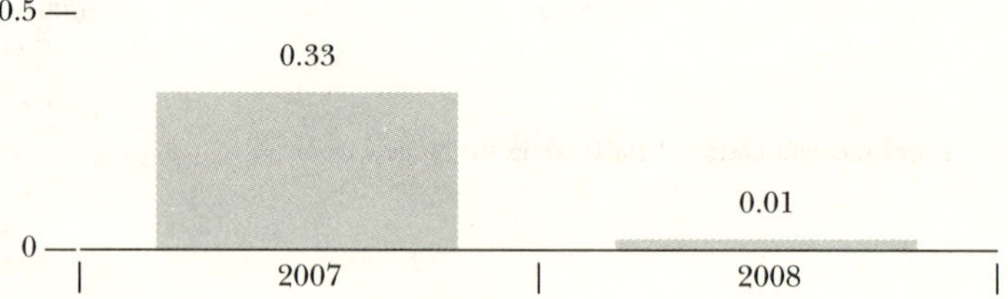

FUENTE: elaboración propia en base a datos de la CEDHNL.

VIOLENCIA SOCIAL

Determina, parcialmente, el grado de violencia en el estado de Nuevo León a partir del número de homicidios dolosos.

Relevancia teórica: uno de los indicadores de violencia más accesibles (y visibles) en una sociedad es el número de homicidios dolosos. La discusión sobre otras formas de violencia lleva a considerar aspectos que pueden ser evaluados con una proporción mayor de valores afectivos o sentimientos no conscientes. Al igual que la inseguridad, la medición ideal debería derivarse de una escala multidimensional.

Relevancia coyuntural: existen variados tipos de agresión en las relaciones sociales de intercambio, pero los homicidios dolosos son una manifestación muy visible de ella; si el número de homicidios dolosos desciende, podría considerarse que la violencia social también ha descendido, aunque pudiera manifestarse de otras maneras más sutiles.

De acuerdo a los datos, marzo y mayo de 2007, así como diciembre de 2009 son los meses que presentan los valores más críticos del indicador.

NÚMERO DE HOMICIDIOS DOLOSOS EN NUEVO LEÓN

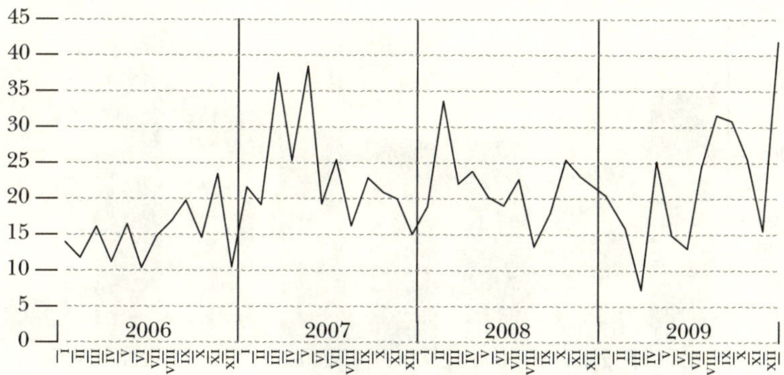

FUENTE: Dirección General de Averiguaciones Previas, Procuraduría General de Justicia de Nuevo León.

VIOLACIÓN A LOS DERECHOS HUMANOS

Mide la violación a los derechos humanos en el estado, a partir de las denuncias presentadas ante la Comisión Estatal de Derechos Humanos (CEDHNL).

Relevancia teórica: la vigencia plena de los derechos humanos es una indicación del funcionamiento institucional democrático y del estado de derecho. Idealmente, no debería existir ninguna denuncia de violación de derechos humanos.

Relevancia coyuntural: la batalla por la vigencia plena de los derechos humanos es una de las más importantes para asegurar la extensión de la democracia a todos los sectores de la ciudadanía y a todas las instituciones. Hasta el año 2008 el número de solicitudes de intervención en Nuevo León, por afuera de toda comparación, es extremadamente alto: son mucho más de 300 solicitudes por mes, o sea más de diez diarias. La CEDHNL cambió su metodología para el cómputo de solicitudes de intervención en 2009, por lo que estos últimos datos no son comparables con los de años anteriores.

SOLICITUDES DE INTERVENCIÓN RECIBIDAS POR LA COMISIÓN ESTATAL DE DERECHOS HUMANOS DE NUEVO LEÓN

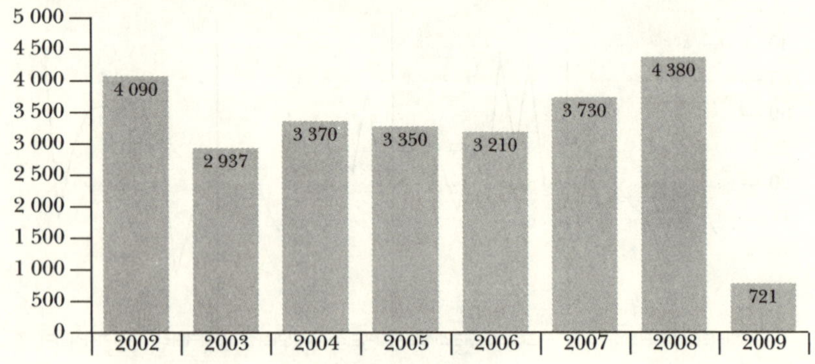

FUENTE: CEDHNL; OCED.

PARTICIPACIÓN ELECTORAL

Mide la proporción de votantes en las elecciones estatales. Uno de los factores básicos de la participación política.

Relevancia teórica: participación y abstención son elementos complementarios pero diferentes. El voto constituye una forma activa de comprometerse con los valores ciudadanos y aportar al funcionamiento del sistema democrático.

Relevancia coyuntural: mientras no se pueda construir un índice de participación política que integre todas las dimensiones del fenómeno, éste es un sustituto satisfactorio; el problema es que sólo se presenta cada tres años y el lapso puede ser demasiado amplio para un fenómeno que puede tener cambios circunstanciales de corto plazo. En Nuevo León la participación electoral no es de las más bajas del país, pero en términos relativos puede considerarse baja, ya que sólo vota uno de cada dos empadronados.

LISTA NOMINAL DE LAS ELECCIONES FEDERALES EN MÉXICO

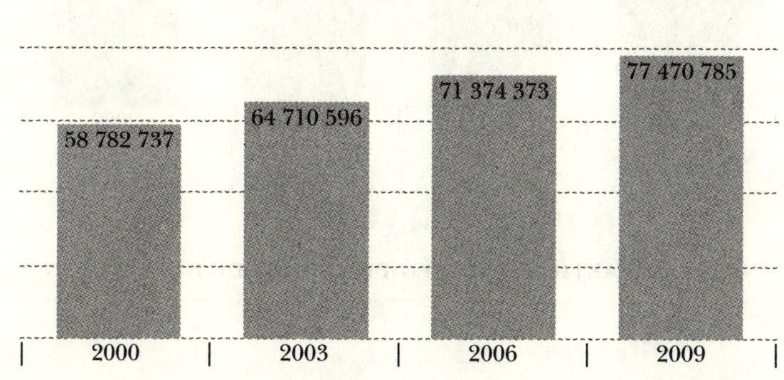

FUENTE: IFE, CEE-NL.

LISTA NOMINAL DE LAS ELECCIONES ESTATALES EN NUEVO LEÓN

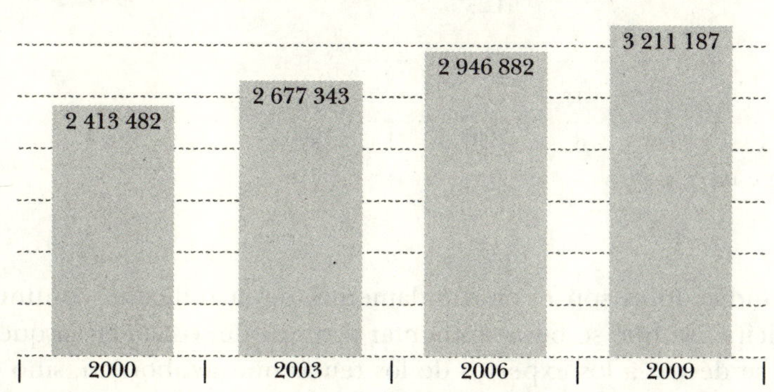

FUENTE: IFE, CEE-NL.

PORCENTAJE DE PARTICIPACIÓN NACIONAL

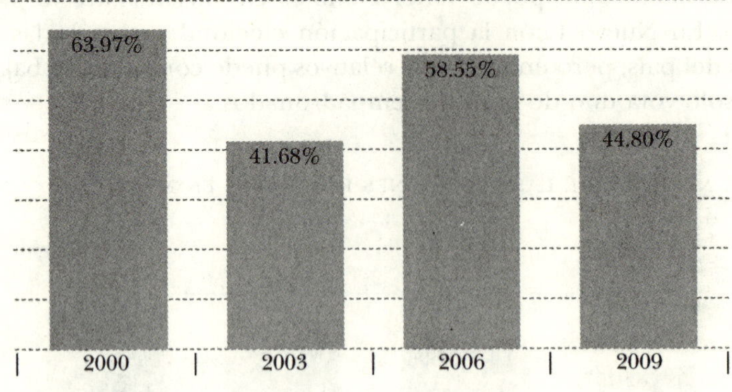

FUENTE: IFE, CEE-NL.

PORCENTAJE DE PARTICIPACIÓN EN EL ESTADO DE NUEVO LEÓN

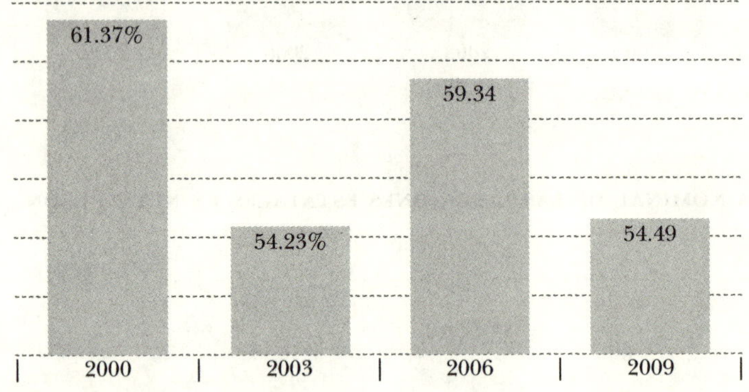

FUENTE: IFE, CEE-NL.

Los indicadores son el eje fundamental de la reflexión continua y participativa que se busca fomentar a través del OSNL, en la que no sólo se dé voz a los expertos de los temas que se abordan, sino que también incorpore las opiniones y participación de la sociedad, y de los distintos sectores de la población del estado de Nuevo León, la región Noreste y de México.

La utilidad de estos indicadores es muy relevante, ya que al dar seguimiento continuo y permanente a información estadística confiable, éstos constituyen una herramienta de análisis y un componente clave para la evaluación o en su caso para la detección de fortalezas y debilidades en materia de políticas públicas, lo que permitirá contribuir a la formulación de estrategias de intervención temprana en distintos aspectos de la vida económica, social, política y ambiental del estado y la región, que permitan la transición hacia la sustentabilidad.

Por lo tanto, los indicadores no sólo son un valor numérico, sino que al estar construidos a partir de una base metodológica y conceptual sólida, permiten articular coherentemente información estadística y opiniones de diversos actores respecto a la problemática social, económica, política e institucional en un espacio y tiempo determinados.

En el presente apartado se encuentran los indicadores. En cada uno de ellos se menciona de manera puntual el objetivo, la relevancia teórica y coyuntural de su contenido, analizando brevemente temáticas específicas que nos refieren al desarrollo sustentable. Asimismo, se muestra gráficamente la información que se analiza. Es relevante señalar que en el anexo se presentan las hojas metodológicas, las cuales expresan de manera precisa la metodología empleada para calcular cada uno de los indicadores. El propósito de las mismas es contar con la información que sustente su consistencia y su mejoramiento, para de esta manera contribuir a la replicabilidad de los mismos en distintos entornos espacio-temporales, o en su caso, brindar los elementos necesarios para ser probados o mejorados en otros ámbitos o para el análisis de otros temas.

Los indicadores del Observatorio de la Sustentabilidad de Nuevo León (OSNL), se encuentran a disposición del público en general en el sitio de red del OSNL <http://observatorio.sds.uanl.mx/>, en donde también existe la posibilidad de que el usuario participe activa y directamente en la construcción del observatorio.

V.
ANEXO. HOJAS METODOLÓGICAS DE LOS INDICADORES DE SUSTENTABILIDAD.

En el presente anexo se incluyen las hojas metodológicas de cada uno de los indicadores presentados previamente, los que forman parte del Observatorio de la Sustentabilidad de Nuevo León (OSNL).

El contenido de estas hojas expresa puntualmente los elementos y, como su nombre lo dice, la metodología que sirvió para construir los indicadores. En ella se explica el propósito y relevancia de cada indicador, la(s) fórmula(s), las fuentes de información y la periodicidad con que se podrá calcular el indicador.

En todos los casos, los indicadores abordan problemáticas específicas del estado de Nuevo León, y sólo en algunos casos se hacen comparaciones con el entorno nacional.

El objetivo de las hojas metodológicas es contar con la información que sustente su consistencia teórico-metodológica y a su vez, que le permita a cualquier persona interesada en el tema, saber cómo se construyen a fin de poder utilizarlos en otros ámbitos espacio-temporales, o en su caso, aportar nuevos elementos que permitan mejorar su contenido y de esta forma enriquecer el análisis que se puede derivar de los mismos.

1. HOJAS METODOLÓGICAS DE LOS INDICADORES DE PATRIMONIO NATURAL Y AMBIENTE

ÁREAS NATURALES PROTEGIDAS (ANP)

TEMA	PATRIMONIO NATURAL Y AMBIENTE
Nombre del indicador	Área natural protegida (ANP).
Propósito indicativo	Determinar la superficie destinada a la protección y conservación de áreas estratégicas para la conservación por su alta biodiversidad entre otros aspectos relevantes.
Descripción corta del indicador	Mide las áreas estatales bajo régimen de protección estatal y federal.
Relevancia o pertinencia del indicador	Las áreas naturales protegidas proveen de importantes servicios ambientales, como producción de agua, captura de carbono, conservación de la biodiversidad y demás valores asociados de interés cultural, paisajístico y científico.
Fórmula del indicador	(Superficie bajo régimen de protección / Superficie total del estado) * 100.
Unidad de medida	Hectáreas.
Fuente de los datos	Comisión Nacional de Áreas Naturales Protegidas (Conanp).
Fuente complementaria	CONABIO y Dirección de Parques y Vida Silvestre de Nuevo León.
Disponibilidad de los datos	<www.conanp.gob.mx>. <http://oeidrus.nl.gob.mx/oeidrus/Anps.htm>.
Periodicidad de los datos	Anual.

CALIDAD DEL AIRE

TEMA	PATRIMONIO NATURAL Y AMBIENTE
Nombre del indicador	Calidad del Aire.
Propósito indicativo	Determinar de manera general los niveles de contaminación atmosférica y sus potenciales efectos en la salud.
Descripción corta del indicador	Presenta los valores promedio de PM10 micras; de monóxido de carbón; dióxido de azufre; dióxido de nitrógeno y ozono en el Área Metropolitana de Monterrey.
Relevancia o pertinencia del indicador	La exposición prolongada a niveles elevados de ciertos contaminantes y partículas atmosféricas pueden tener efectos importantes en la salud humana.
Fórmula del indicador	Sumatoria de las observaciones máximas diarias / número de observaciones.
Unidad de medida	Partes por millón (PPM) y microgramos por metro cúbico (µg/m^3).
Fuente de los datos	Gobierno del Estado de Nuevo León.
Fuente complementaria	Sistema Integral de Monitoreo Ambiental (SIMA).
Disponibilidad de los datos	<www.nl.gob.mx , http://www.nl.gob.mx/pics/pages/med_amb_mej_amb_sima_files_base/TABLA_GLOBALES(HISTORIAL).pdf>.
Periodicidad de los datos	Anual, quinquenal.

CONSUMO Y TRATAMIENTO DE AGUA

TEMA	PATRIMONIO NATURAL Y AMBIENTE
Nombre del indicador	Consumo y tratamiento de agua.
Propósito indicativo	Determinar el consumo de agua por sector y el volumen de agua tratada en el Área Metropolitana de Monterrey y en Nuevo León.
Descripción corta del indicador	Presenta el volumen de agua tratada en la entidad y el Área Metropolitana de Monterrey.
Relevancia o pertinencia del indicador	La dependencia hacia el agua es elemental para llevar a cabo cualquier actividad humana, de ahí la importancia de conocer el volumen de consumo y la cantidad de agua saneada para su posterior reutilización.
Fórmula del indicador	
Unidad de medida	m^3/año.
Fuente de los datos	Servicios de Agua y Drenaje de Monterrey (SADM).
Fuente complementaria	Dirección Comercial y Dirección de Saneamiento de SADM.
Disponibilidad de los datos	<www.sadm.gob.mx/sadm>.
Periodicidad de los datos	Anual.

2. HOJAS METODOLÓGICAS DE LOS INDICADORES DE DETONADORES POTENCIALES PARA EL DESARROLLO SUSTENTABLE

TASAS DE CRECIMIENTO DEL PIB NACIONAL Y DEL ESTADO DE NUEVO LEÓN

TEMA	DETONADORES PARA EL DESARROLLO SUSTENTABLE
Nombre del indicador	Tasas de crecimiento del PIB nacional y del estado de Nuevo León.
Propósito indicativo	Conocer el progreso o retroceso de la economía nacional y de Nuevo León.
Descripción corta del indicador	Mide el crecimiento anual del producto interno bruto a nivel nacional y del estado de Nuevo león.
Relevancia o pertinencia del indicador	Establecer el crecimiento o decrecimiento de la riqueza creada por un país o región.
Fórmula del indicador	$TCPIBNAC = \left(\frac{PIBNAC_t - PIBNAC_{t-1}}{PIBNAC_{-1}} \right)$ $TCPIBNL = \left(\frac{PIBNL_t - PIBNL_{t-1}}{PIBNL_{-1}} \right)$ Donde: TCPIBNAC es la tasa de crecimiento del PIB nacional y TCPIBNL es la tasa de crecimiento del PIB de Nuevo León, t=2000, 2001, 2002, 2003, 2004, 2005, 2006.
Unidad de medida	Variación porcentual anual.
Fuente de los datos	INEGI: Sistemas de Cuentas Nacionales de México.
Fuente complementaria	Data Nuevo León: <www.nl.gob.mx>, Banco de México, PNUD.
Disponibilidad de los datos	<www.inegi.org.mx>.
Periodicidad de los datos	Anual.

PARTICIPACIÓN PORCENTUAL DEL PIB DE NL EN EL NACIONAL

TEMA	DETONADORES PARA EL DESARROLLO SUSTENTABLE
Nombre del indicador	Participación porcentual del PIB de NL en el Nacional.
Propósito indicativo	Conocer la participación porcentual de la economía de Nuevo León en el total nacional.
Descripción corta del indicador	Mide la aportación que hace Nuevo León al PIB nacional.
Relevancia o pertinencia del indicador	Establecer la contribución porcentual que hace Nuevo León a la producción de bienes y servicios finales del país.
Fórmula del indicador	$PPPIBNL = \left(\frac{PIBNL_t}{PIBNAC_t} \right)$ Donde: PPPIBNL es la participación porcentual del PIB de Nuevo León en el PIB nacional, t=2000, 2001, 2002, 2003, 2004, 2005, 2006.
Unidad de medida	Porcentaje.
Fuente de los datos	INEGI, Sistemas de Cuentas Nacionales de México.
Fuente complementaria	Banco de México, PNUD.
Disponibilidad de los datos	<www.inegi.org.mx>.
Periodicidad de los datos	Anual.
Relación del indicador con otros indicadores de la matriz	Crecimiento del PIB, competitividad.

PARTICIPACIÓN PORCENTUAL Y TASAS DE CRECIMIENTO DEL PRODUCTO INTERNO BRUTO NACIONAL Y DEL ESTADO DE NUEVO LEÓN POR SECTORES PRODUCTIVOS

TEMA	DETONADORES PARA EL DESARROLLO SUSTENTABLE
Nombre del indicador	Participación porcentual y tasas de crecimiento del producto interno bruto nacional y del Estado de Nuevo León por sectores productivos (PIB).
Propósito indicativo	Conocer la participación porcentual del PIB de Nuevo León en el nacional por sector productivo y comparar el progreso o retroceso del PIB cada sector productivo nacional con el del estado de Nuevo León.
Descripción corta del indicador	Medir la aportación porcentual que el PIB de cada sector productivo de Nuevo León hace a cada sector productivo nacional y se mide la variación anual del PIB de cada sector nacional y para el estado de Nuevo León.
Relevancia o pertinencia del indicador	Establecer la participación de Nuevo León en la generación del ingreso del país, por sectores productivos.
Fórmula del indicador	$PPPIBNL_{ih}=\left(\frac{PIBNL_{ih}}{PIBNAC_{ih}}\right)$ $PPPIBNL_{jh}=\left(\frac{PIBNL_{jh}}{PIBNAC_{jh}}\right)$ $PPPIBNL_{kh}=\left(\frac{PIBNL_{kh}}{PIBNAC_{kh}}\right)$ $TCPIBNL_{SI}=\left(\frac{PIBNL_{t}^{SI}-PIBNL_{t-1}^{SI}}{PIBNL_{t-1}^{SI}}\right)$ $TCPIBNAC_{SI}=\left(\frac{PIBNAC_{t}^{SI}-PIBNAC_{t-1}^{SI}}{PIBNAC_{t-1}^{SI}}\right)$ $TCPIBNL_{SII}=\left(\frac{PIBNL_{t}^{SII}-PIBNL_{t-1}^{SII}}{PIBNL_{t-1}^{SII}}\right)$ $TCPIBNAC_{SII}=\left(\frac{PIBNAC_{t}^{SII}-PIBNAC_{t-1}^{SII}}{PIBNAC_{t-1}^{SII}}\right)$ $TCPIBNL_{SIII}=\left(\frac{PIBNL_{t}^{SIII}-PIBNL_{t-1}^{SIII}}{PIBNL_{t-1}^{SIII}}\right)$ $TCPIBNAC_{SIII}=\left(\frac{PIBNAC_{t}^{SIII}-PIBNAC_{t-1}^{SIII}}{PIBNAC_{t-1}^{SIII}}\right)$ Donde: PPPIBNL es la participación porcentual de cada sector productivo del estado de Nuevo León en cada sector productivo nacional; i=sector primario, j=sector secundario, k=sector terciario y h=2000, 2001, 2002, 2003,…, 2006. TCPIBNL es la tasa de crecimiento por sector en Nuevo León y TCPIBNAC es la tasa de crecimiento por sector nacional; I= sector primario, II= sector secundario, III= sector terciario; t =2000, 2001, 2002, 2003,…, 2006.
Unidad de medida	Porcentaje.
Fuente de los datos	INEGI, Sistemas de Cuentas Nacionales de México.

Fuente complementaria	Banco de México, PNUD.
Disponibilidad de los datos	<www.inegi.org.mx>.
Periodicidad de los datos	Anual.

PRODUCTO INTERNO BRUTO PER CÁPITA

TEMA	DETONADORES PARA EL DESARROLLO SUSTENTABLE
nombre del indicador	Producto interno bruto per cápita.
Propósito indicativo	Conocer la participación de cada individuo del país y de Nuevo León en sus respectivos productos internos brutos.
Descripción corta del indicador	Es el promedio de producto interno bruto por individuo.
Relevancia o pertinencia del indicador	Mide la aportación que cada individuo hace al producto interno bruto o la distribución del ingreso del país por habitante.
Fórmula del indicador	$PIB_{PC}NAC_I = \frac{PIBNAC_I}{Población_i^N}$ $PIB_{PC}NAC_I = \frac{PIBNL_I}{Población_i^N}$ Donde: $PIB_{PC}NAC$ es el PIB per cápita nacional y $PIB_{PC}NL$ es el PIB per cápita de Nuevo León; i=2000, 2001, 2002, 2003,…, 2006.
Unidad de medida	Porcentaje.
Fuente de los datos	INEGI, Sistemas de Cuentas Nacionales de México.
Fuente complementario	Banco de México, PNUD.
Disponibilidad de los datos	<www.inegi.org.mx>.
Periodicidad de los datos	Anual.

PRODUCTIVIDAD MEDIA LABORAL

TEMA	DETONADORES PARA EL DESARROLLO SUSTENTABLE
nombre del indicador	Productividad media laboral.
Propósito indicativo	Conocer la participación de cada trabajador en el Producto Interno Bruto a nivel estatal y nacional.
Descripción corta del indicador	La productividad media por trabajador medida a través del PIB y la población ocupada.
Relevancia o pertinencia del indicador	Mide la aportación que cada trabajador hace al producto interno bruto o la distribución del ingreso del país por trabajador.
Fórmula del indicador	$\text{Productividad} = \dfrac{\text{PIB real}}{\text{Población ocupada}}$
Unidad de medida	Monetaria.
Fuente de los datos	INEGI, BIE Y ENOE.
Fuente complementario	
Disponibilidad de los datos	<www.inegi.org.mx>.
Periodicidad de los datos	Anual.

3. HOJAS METODOLÓGICAS DE LOS INDICADORES DE EQUIDAD SOCIAL

COMPETITIVIDAD SOCIAL

TEMA	EQUIDAD SOCIAL
Nombre del indicador	Índice de competitividad social.
Propósito indicativo	Medir el desarrollo laboral regional mediante la calidad y composición del empleo de la población ocupada en áreas específicas.
Descripción corta del indicador	Este indicador se mide tomando en cuenta las siguientes dimensiones: ausencia de trabajo infantil; formalidad en el empleo; acceso de los individuos a servicios de atención médica; duración de la jornada laboral semanal y ausencia de pobreza salarial.
Relevancia o pertinencia del indicador	Tienen la capacidad de medir el bienestar en las familias a través de variables laborales.
Fórmula del indicador	El ICS desarrollado es este caso se compone de las siguientes dimensiones (índices individuales): Índice de ausencia de trabajo infantil (TI): proporción de la población ocupada total con más de 15 años de edad. Índice de la intensidad de la de la jornada laboral (IL): proporción de población ocupada total que labora dentro de un rango semanal de entre 25 y 48 horas. Índice al acceso de los individuos a servicios de salud (SS): proporción de población ocupada total que, por parte de su trabajo, cuenta con algún tipo de atención médica pública o privada. Índice ausencia de pobreza salarial (PS): proporción de población ocupada que reporta ingreso salarial mensual por encima de la línea de pobreza de capacidades. Índice de formalidad en el empleo (FE): proporción de población ocupada total que labora en instituciones, empresas, sociedades, dependencias o establecimientos con registro de formalidad o razón social. La agregación de estas dimensiones permite obtener el ICS a partir de: ICS = {XTI + XIL + XSS +XPS + XFE}/5.
Unidad de medida	Índice.
Fuente de los datos	INEGI, Encuesta Nacional de Empleo (ENE) y Encuesta Nacional de Ocupación y Empleo (ENOE).
Fuente complementario	
Disponibilidad de los datos	<www.inegi.org.mx>.

TRABAJO DECENTE

TEMA	EQUIDAD SOCIAL
Nombre del indicador	Trabajo decente.
Propósito indicativo	Medir las oportunidades que tiene la población de acceder a un empleo de calidad en condiciones de libertad y dignidad humana.
Descripción corta del indicador	Este indicador se mide tomando en cuenta los indicadores de empleo durable, población ocupada con salario suficiente y prestaciones sociales o equivalente.
Relevancia o pertinencia del indicador	Contar con un empleo decente, donde se observe el respeto a los derechos laborales, la promoción del empleo y la protección social, propiciará que la población logre desplegar y desarrollar sus capacidades obteniendo un mayor bienestar económico y social.
Fórmula del indicador	ITD = (índice de empleo durable + índice de población ocupada con salario suficiente + índice de población ocupada con prestaciones sociales o equivalentes) / 3. Se obtiene de los siguientes indicadores: – Tasa de empleo durable. – Tasa de población ocupada con salario suficiente. – Tasa de población ocupada con prestaciones o ingresos altos. – Tasa de población ocupada con acceso a instituciones de salud.
Unidad de medida	Índice.
Fuente de los datos	INEGI, Encuesta Nacional de Ocupación y Empleo (ENOE).
Fuente complementario	
Disponibilidad de los datos	<www.inegi.org.mx>.
Periodicidad de los datos	Anual.

MORTALIDAD MATERNA

TEMA	EQUIDAD SOCIAL
Nombre del indicador	Mortalidad infantil y materna.
Propósito indicativo	Expresan el nivel general de salud de la población, asimismo nos muestran los avances y retrocesos en este campo y consecuentemente, de la calidad de vida de la población infantil y de la mujeres en periodo de gestación.
Descripción corta del indicador	Tasa de mortalidad Infantil: es el número de infantes que mueren antes de cumplir un año de edad, por cada mil nacidos vivos registrados en el mismo año. Tasa de mortalidad materna: es el número de defunciones de la población femenina embarazada (en el parto o dentro de los 42 días siguientes a la terminación del embarazo), debida a cualquier causa relacionada con el mismo, por cada cien mil nacidos vivos registrados en un año.
Relevancia o pertinencia del indicador	Tasa de mortalidad infantil: determinar el número de infantes que mueren antes de cumplir un año de edad, por cada mil nacidos vivos. Tasa de mortalidad materna: determinar el número de defunciones de la población femenina embarazada, en el parto o dentro de los 42 días siguientes a la terminación del embarazo, debido a cualquier causa relacionada con el mismo, en un determinado año por cada cien mil nacidos vivos registrados en el mismo periodo.
Fórmula del indicador	TMIt = (Def_inft / Nvrt) x 1000 Donde: TMIt es la tasa de mortalidad infantil del año t; Def_inft es el número de defunciones de la población menor de un año en el año t; Nvrt es el número de niños nacidos vivos registrados en el año t. TMMt = (Def_matt/Nvrt)x100000 Donde TMMt es la tasa de mortalidad maternal del año t, Def_matt es el número de defunciones de la población femenina mientras se encuentra embarazada, durante el parto o dentro de los 42 días siguientes a la terminación del mismo registrada en el año t, y Nvrt es el número de niños nacidos vivos registrados en el año t.
Unidad de medida	Mortalidad infantil: defunciones en menores por cada mil nacidos vivos. Mortalidad Materna: defunciones de mujeres embarazadas (en período de parto o pos parto) por cada cien mil nacidos vivos.
Fuente de los datos	INEGI y Secretaria de Salud.
Fuente complementario	Conapo.
Disponibilidad de los datos	<www.metasdelmilenio.inegi.gob.mx/artus/eis/portalmm/sistema.asp>.
Periodicidad de los datos	Anual.

DESIGUALDAD EN SALUD

TEMA	EQUIDAD SOCIAL
Nombre del indicador	Desigualdad en Salud (Coeficiente de Gini en Salud).
Propósito indicativo	Medir la desigualdad en las condiciones de salud de la población del estado de Nuevo León, utilizando indicadores de salud como: la tasa de mortalidad de menores de 5 años y la tasa de mortalidad materna.
Descripción corta del indicador	El coeficiente de Gini varía entre 0 y 1, donde 0 se refiere a igualdad completa y 1 cuando la desigualdad es máxima indicando falta de penetración de las oportunidades de salud en grupos vulnerables.
Relevancia o pertinencia del indicador	Nos permite conocer el grado de inequidad existente en el ámbito de salud en grupos poblacionales como: los infantes menores de cinco años y las mujeres en periodo de gestación.
Fórmula del indicador	$CGj = 1 - \sum_{i-0}^{N-1}\left(Y_{i+1} + Y_i\right)\left(X_{i+1} - X_i\right)$ Donde: CGj = al coeficiente de Gini del indicador de salud j; Yi: Proporción acumulada del indicador en salud del área o zona i; Xi: Proporción acumulada de la población de nacidos vivos del área o zona i
Unidad de medida	Coeficiente.
Fuente de los datos	INEGI y Secretaria de Salud.
Fuente complementario	Conapo.
Disponibilidad de los datos	<www.inegi.org.mx/est/contenidos/Proyectos/ccpv/default.aspx>; <www.sinais.salud.gob.mx/basesdedatos/index.html>; <www.conapo.gob.mx/index.php?option=com_content&view=article&id=123&Itemid=226>.
Periodicidad de los datos	Quinquenal.

COBERTURA DE LA POBLACIÓN ABIERTA

TEMA	EQUIDAD SOCIAL
Nombre del indicador	Cobertura de la población abierta.
Propósito indicativo	Conocer el grado de cobertura en la población abierta por parte de la Secretaría de Salud.
Descripción corta del indicador	Es el porcentaje de la población abierta que es atendida por los servicios de la Secretaría de Salud.
Relevancia o pertinencia del indicador	Conocer el nivel de acceso a los servicios de salud que brinda la Secretaría de Salud, que tiene la población que no cuenta con algún sistema de seguridad social, público o privado (población abierta).
Fórmula del indicador	TCSPAt = (Pob_ust / PAt) x 100 Donde: TCSPAt: es la tasa de cobertura en salud de la población abierta en el año t; Pob_ust: es la población usuaria de los servicios que presta la Secretaría de Salud en el Estado en el año t; PAt: es la población abierta o no asegurada de la entidad en el año t.
Unidad de medida	Porcentaje.
Fuente de los datos	Secretaría de Salud.
Fuente complementario	INEGI.
Disponibilidad de los datos	<www.sinais.salud.gob.mx/publicaciones/index.html>.
Periodicidad de los datos	Anual.

DESARROLLO HUMANO EN EDUCACIÓN

TEMA	EQUIDAD SOCIAL
Nombre del indicador	Índice de Desarrollo Humano (IDH) en Educación.
Propósito indicativo	Mide el grado de desarrollo en materia de educación que tiene la población en beneficio de su calidad de vida.
Descripción corta del indicador	Mide el avance que tiene un país en materia de educación, considerando la alfabetización de adultos y la matriculación en educación primaria, secundaria, media superior y superior (tasa de matriculación total).
Relevancia o pertinencia del indicador	Conocer el nivel de desarrollo humano y de oportunidades, en materia de educación, con el que cuenta la población para ampliar sus capacidades en beneficio del mejoramiento de su calidad de vida.
Fórmula del indicador	Índice de Educación = 2/3 x (Índice de alfabetización de adultos) + 1/3 x (Índice de matriculación) Donde: Índice de alfabetización de adultos: medido por la tasa de alfabetización de adultos (personas de 15 años o más); Índice de matriculación: medido por la tasa bruta de matriculación o escolarización (para personas de 6 a 24 años).
Unidad de medida	Índice.
Fuente de los datos	Programa de las Naciones Unidas para el Desarrollo (PNDU), México.
Fuente complementario	INEGI.
Disponibilidad de los datos	<www.undp.org.mx/spip.php?page=area_interior&id_rubrique=120&id_article=885&id_parent=119>.
Periodicidad de los datos	Anual.

SUFRIMIENTO SOCIAL

TEMA	EQUIDAD SOCIAL
Nombre del indicador	Tasa de sufrimiento social de las mujeres.
Propósito indicativo	Mide la proporción de mujeres que han sufrido algún tipo de violencia de género.
Descripción corta del indicador	Es el porcentaje de mujeres que han sufrido algún tipo de violencia de género, con relación al total de mujeres de 15 años y más.
Relevancia o pertinencia del indicador	Nuevo León es el tercer estado en el país con mayor violencia hacia las mujeres, por lo que es importante contar con un indicador que muestre el comportamiento de este fenómeno en la entidad.
Fórmula del indicador (si procede)	(Número de mujeres víctimas de violencia de género/total de mujeres de 15 años y más)*100
Unidad de medida	Porcentaje.
Fuente de los datos	Encuesta Nacional sobre la Dinámica de las Relaciones en los Hogares (HENDIRE), INEGI.
Fuentes complementarias	
Disponibilidad de los datos	<www.inegi.gob.mx>.
Periodicidad de los datos	Bianual.

PARIDAD DE GÉNERO EN LAS INSTITUCIONES POLÍTICAS

TEMA	EQUIDAD SOCIAL
Nombre del indicador	Paridad de género en las instituciones políticas.
Propósito indicativo	Evaluar la igualdad de la acción de los agentes políticos a través de la participación femenina.
Descripción corta del indicador	Es un índice compuesto a partir de la combinación de tres indicadores: el número de mujeres en los cargos ejecutivos de primer nivel en el gobierno del estado, el número de bancas legislativas ocupadas por mujeres y el número de presidencias municipales ocupadas por mujeres. El indicador oscila entre 0 y 1 siendo 1 el óptimo deseable.
Relevancia o pertinencia del indicador	De todos los posibles indicadores de desarrollo de igualdad democrática, éste parece asumir la mejor condición.
Fórmula del indicador	$IPG = [1 - (Npmsp / Ntpm + Nlsp / Ntl + Npesp / Ntpe) / 3] * 2$ Donde: $IPG = [1 - (Npmsp / Ntpm + Nlsp / Ntl + Npesp / Ntpe) / 3] * 2$; Ntpm: número total de presidentes municipales; Nlsp: número de legisladores de sexo predominante; Ntl: número total de legisladores; Npesp: número de puestos ejecutivos de sexo predominante; Ntpe: número total de puestos ejecutivos (Secretarías de Estado).
Unidad de medida	Índice.
Fuente de los datos	Gobierno del estado de Nuevo León, Comisión Estatal Electoral.
Fuente complementaria	IFE. Voz y voto.
Disponibilidad de los datos	<www.gob.nl, www.cee.nl>.
Periodicidad de los datos	Anual / trienal.

ACCESO AL SABER TÉCNICO Y UNIVERSITARIO

TEMA	EQUIDAD SOCIAL
Nombre del indicador	Acceso al saber técnico y universitario.
Propósito indicativo	Conocer la proporción de jóvenes entre 16 y 24 años que se encuentran estudiando.
Descripción corta del indicador	Mide la proporción de jóvenes entre 16 y 24 años que están estudiando respecto a la cohorte generacional.
Relevancia o pertinencia del indicador	Permite conocer la proporción de jóvenes con acceso a la educación, factor fundamental para desarrollar competencias para la economía del conocimiento.
Fórmula del indicador	ASTYU = (NE / PT) * 100 Donde: ASTYU = porcentaje de jóvenes entre 16 y 24 años que se encuentran estudiando; NE= Total de estudiantes entre 16 y 24 años; PT= Total de población entre 16 y 24 años.
Unidad de medida	Porcentaje.
Fuente de los datos	INEGI, Encuesta Nacional de Ocupación y Empleo (ENOE).
Fuente complementaria	INEGI.
Disponibilidad de los datos	<www.inegi.org.mx>.
Periodicidad de los datos	Anual.

TRABAJO DECENTE EN JÓVENES

TEMA	EQUIDAD SOCIAL
Nombre del indicador	Trabajo decente en jóvenes.
Propósito indicativo	Proporción de jóvenes entre 18 y 24 años que se encuentran dentro de la población ocupada con condiciones de trabajo decente.
Descripción corta del indicador	Mide las condiciones de trabajo decente (salario suficiente, prestaciones laborales y acceso a servicios de salud) de los jóvenes entre 18 y 24 años de edad que se encuentran insertos en la población ocupada.
Relevancia o pertinencia del indicador	Conocer la situación de los jóvenes que están en edad de acceder al saber técnico y universitario y que se encuentran ocupados en un empleo de calidad.
Fórmula del indicador	Promedio de los índices de los 3 componentes de trabajo decente: salario suficiente (JSS), prestaciones laborales (JPL) y acceso a la salud (JAS): intradej = [(ICJSS + ICJPL + ICJAS) / 3]. Donde: ICx = [(VCx - VMin) / (VMax - VMin)]; ICx = índice del componente x; VCx = valor del componente x; valores límite (VMin= 0 y VMax = 100). x puede tomar los valores de: JSS =[(OSS/TO)*100]; de JPL = [(OPL/TO)*100]; o de JAS= [(OAS/TO)*100] y TO = total de jóvenes entre 18 y 24 años dentro de la población ocupada; OSS = jóvenes con salario suficiente; OPL= jóvenes con prestaciones y OAS= jóvenes con acceso a la salud.
Unidad de medida	Índice compuesto.
Fuente de los datos	INEGI, Encuesta Nacional de Ocupación y Empleo (ENOE).
Fuente complementaria	INEGI.
Disponibilidad de los datos	<www.inegi.org.mx>
Periodicidad de los datos	Anual.

ATENCIÓN GENERACIONAL

TEMA	EQUIDAD SOCIAL
Nombre del indicador	Atención generacional.
Propósito indicativo	Conocer el grado de inserción de los jóvenes de 16 a 24 años a la sociedad (ya sea por medio del estudio o del trabajo decente).
Descripción corta del indicador	Mide el grado de atención por parte de la sociedad hacia los jóvenes de 16 a 24 años. Un valor de 1 indicaría que todos los jóvenes están atendidos (ya sea en la educación o con trabajo decente), un valor de 0 indicaría que todos los jóvenes están desatendidos.
Relevancia o pertinencia del indicador	Este indicador permite visualizar el avance o retroceso de la correcta articulación e inserción de los jóvenes de 16 a 24 años a la sociedad.
Fórmula del indicador	INAGE= [(InASTYU + INTRADEJ) / 2] Donde: INAGE = índice de atención generacional; InASTYU= índice de acceso al saber técnico y universitario; se calcula convirtiendo el indicador ASTYU a un índice por medio de la fórmula: [(ASTYU - VMin) / (VMax - VMin)], donde VMin=0 y VMax=100. INTRADEJ= índice del trabajo decente de los jóvenes de 16 a 24 años.
Unidad de medida	Índice compuesto.
Fuente de los datos	INEGI, Encuesta Nacional de Ocupación y Empleo (ENOE).
Fuente complementaria	INEGI.
Disponibilidad de los datos	<www.inegi.org.mx>.
Periodicidad de los datos	Anual.

DESARROLLO HUMANO (IDH)

TEMA	EQUIDAD SOCIAL
Nombre del indicador	Índice de desarrollo humano (IDH).
Propósito indicativo	Medir el desarrollo de las oportunidades que ofrecen las naciones o regiones a la población con relación a la salud, la educación y el ingreso de acuerdo al PNUD.
Descripción corta del indicador	Se mide el progreso de las oportunidades y acceso a una vida con calidad, considerando tres dimensiones: 1] salud (esperanza de vida al nacer); 2] educación (tasa de analfabetismo adulto y la tasa de matrícula total); y 3] económica (ingreso per cápita).
Relevancia o pertinencia del indicador	Permite conocer el desarrollo de las oportunidades y de las capacidades que ofrecen las naciones o regiones a la población con relación a la salud, educación y al ingreso monetario.
Fórmula del indicador	IDH = (Índice de Salud + Índice de Educación + Índice de Ingreso) / 3 Donde: Índice de Salud: medido por la esperanza de vida al nacer; Índice de Educación: medido por la tasa de analfabetismo adulto y la tasa de matrícula total; Índice de Ingreso: nivel económico de vida digno, medido por el producto interno bruto per cápita.
Unidad de medida	Índice.
Fuente de los datos	Programa de las Naciones Unidas para el Desarrollo (PNUD), México.
Fuente complementaria	INEGI.
Disponibilidad de los datos	<www.undp.org.mx/spip.php?page=area_interior&id_rubrique=120&id_article=885&id_parent=119>.
Periodicidad de los datos	Anual.

DESIGUALDAD EN LA DISTRIBUCIÓN DEL INGRESO

TEMA	EQUIDAD SOCIAL
Nombre del indicador	Desigualdad en la distribución del ingreso.
Propósito indicativo	Medir la desigualdad en los ingresos monetario de la población de Nuevo León.
Descripción corta del indicador	Mide la desigualdad en los ingresos de la población, mediante el coeficiente de Gini, el cual varía entre 0 y 1, donde 0 se refiere a igualdad completa y 1 cuando la desigualdad es máxima.
Relevancia o pertinencia del indicador	El coeficiente de Gini en la distribución del ingreso mide el grado de inequidad que enfrenta la población en relación a esta importante variable.
Fórmula del indicador	$G=1+\frac{1}{N}-\frac{2}{\mu N^2}\sum_i Y_i(N+1-i)$ Donde: G: es el coeficiente de Gini; i: indexa los deciles; N = 10; μ: indica el ingreso medio; Yi : el ingreso del estrato i.
Unidad de medida	Coeficiente.
Fuente de los datos	INEGI, Encuesta Nacional de Ingreso y Gasto de los Hogares (ENIGH).
Fuente complementaria	
Disponibilidad de los datos	<www.inegi.org.mx/inegi/default.aspx?s=est&c=16787&e=&i=>.
Periodicidad de los datos	Cada dos años (ajustando año base de referencia significativa).

MARGINACIÓN

TEMA	EQUIDAD SOCIAL
Nombre del indicador	Índice de marginación social.
Propósito indicativo	Evaluar el grado de marginación de la población.
Descripción corta del indicador	Mide la calidad de vida de la población como resultado de la falta de: acceso a la educación, a un alojamiento en vivienda digna, a una percepción de ingresos suficientes y a las carencias relacionadas con la residencia en pequeñas localidades.
Relevancia o pertinencia del indicador	Conocer el grado de marginación que enfrenta la población, derivado del análisis multivariado de una serie de factores esenciales en la determinación de su calidad de vida.
Fórmula del indicador	Este índice utiliza la técnica de análisis de componentes principales para su estimación y utiliza la siguiente información en términos de porcentaje para su cálculo: población analfabeta de 15 años o más, población sin primaria completa de 15 años o más, ocupantes en viviendas sin drenaje ni servicio sanitario, ocupantes en viviendas sin energía eléctrica, ocupantes en viviendas sin agua entubada, viviendas con algún nivel de hacinamiento, ocupantes en viviendas con piso de tierra, población en localidades con menos de 5 000 habitantes y población ocupada con ingreso de hasta 2 salarios mínimos.
Unidad de medida	Índice.
Fuente de los datos	Conapo.
Fuente complementaria	INEGI.
Disponibilidad de los datos	<www.conapo.gob.mx/index.php?option=com_content&view=article&id=126&Itemid=194>.
Periodicidad de los datos	Quinquenal.

4. HOJAS METODOLÓGICAS DE LOS INDICADORES DE LAS INSTITUCIONES DE LA GOBERNANZA Y LA DEMOCRATIZACIÓN

DERECHOS CIUDADANOS

TEMA	GOBERNANZA
Nombre del indicador	Derechos ciudadanos.
Propósito indicativo	Una de las condiciones de supervivencia del autoritarismo es la arbitrariedad impune de los actos del gobernante. La existencia de defensores de los derechos ciudadanos en todos los niveles institucionales es uno de sus paliativos; su inexistencia supone la supervivencia de estructuras antidemocráticas o autoritarias.
Descripción corta del indicador	Proporción de defensores de derechos humanos en los municipios del estado.
Relevancia o pertinencia del indicador	El primer defensor de los derechos ciudadanos fue creado en Suecia en 1908 con el nombre sueco de ombudsman (denominación que se ha adoptado en varios países). En el caso de México, el antecedente más lejano parece ser la creación del Procurador de Vecinos en el municipio de Colima el 21 de noviembre de 1983, incorporada a la ley orgánica municipal del estado de Colima (arts. 94 y 95) del 8 de diciembre de 1984. En Nuevo León, el gobernador Pedro Zorrilla Martínez propuso, el 23 de diciembre de 1978, la creación de la Dirección para la Defensa de los Derechos Humanos, que con modificaciones se ha mantenido, pero no se ha extendido a los municipios.
Fórmula del indicador (si procede)	Número de municipios con defensor de derechos ciudadanos / Número total de municipios del Estado.
Unidad de medida	Coeficiente que oscila entre 0 y 1, siendo 1 la condición óptima.
Fuente de los datos	Página oficial del Estado de Nuevo León en la web.
Fuentes complementarias	<www.nl.gob.mx/?P=pgj>.
Disponibilidad de los datos	
Periodicidad de los datos	Anual.

INSEGURIDAD CIUDADANA

TEMA	GOBERNANZA
Nombre del indicador	Inseguridad ciudadana.
Propósito indicativo	Conocer el grado de inseguridad existente entre la población.
Descripción corta del indicador	Tomar la incidencia de delitos como indicador de la inseguridad. De todos los delitos registrados en la Procuraduría General de Justicia del Estado, se toman en cuenta el robo con y sin violencia como el más representativo para indicar la inseguridad.
Relevancia o pertinencia del indicador	La inseguridad ciudadana es uno de los sentimientos más extendidos en la población y que se ha acrecentado de manera importante en los últimos tiempos. La posibilidad de construir una escala psicosocial ad hoc es viable, pero entretanto se usará éste como alternativa.
Fórmula del indicador (si procede)	Número de robos (con y sin violencia) denunciados en el estado de Nuevo León.
Unidad de medida	Número absoluto.
Fuente de los datos	Procuraduría General de Justicia del Estado de Nuevo León.
Fuentes complementarias	
Disponibilidad de los datos	<www.nl.gob.mx/?P=pgj>.
Periodicidad de los datos	Mensual.

RESPETO A LOS DERECHOS HUMANOS

TEMA	GOBERNANZA
Nombre del indicador	Respeto a los derechos humanos.
Propósito indicativo	Evidenciar la respuesta institucional a los derechos humanos a partir de su contraparte, la violación de ellos, expresada a través de las recomendaciones emitidas por la Comisión Estatal de Derechos Humanos del Estado de Nuevo León (CEDHNL) y las recomendaciones aceptadas.
Descripción corta del indicador	El indicador da cuenta de cuántas de las recomendaciones emitidas por la CEDHNL son aceptadas por aquellas instituciones a las que van dirigidas.
Relevancia o pertinencia del indicador	El respeto a la vigencia plena de los derechos humanos es uno de los pilares del estado de derecho, condición indispensable para una democracia plena. Por ello, conocer la cantidad de violaciones así como la atención que se les brinda, es uno de los indicadores del funcionamiento de las instituciones y de la importancia que la sociedad en su conjunto otorga a este tema.
Fórmula del indicador (si procede)	Número de recomendaciones aceptadas/número de recomendaciones emitidas.
Unidad de medida	Coeficiente entre 0 y 1, siendo 1 lo deseable.
Fuente de los datos	Comisión Estatal de Derechos Humanos de Nuevo León.
Fuentes complementarias	Procuraduría General de Justicia del Estado de Nuevo León.
Disponibilidad de los datos	<www.cedhnl.org.mx>; <www.cadhac.org>; <www.nl.gob.mx/?P=pgj>.
Periodicidad de los datos	mensual/anual.

VIOLENCIA SOCIAL

TEMA	GOBERNANZA
Nombre del indicador	Violencia social.
Propósito indicativo	Medir el grado de violencia social en el estado, a partir del número de homicidios dolosos.
Descripción corta del indicador	Se toma el número de homicidios dolosos registrados por la Procuraduría General de Justicia del Estado de Nuevo León (PGJNL) como un indicador de la existencia de violencia general.
Relevancia o pertinencia del indicador	La violencia social es un síntoma del funcionamiento inadecuado de las instituciones. Uno de los mejores indicadores lo constituye la conciencia de un individuo de haber sido victimizado de alguna manera por algún otro individuo o grupo. Dado que no se cuenta todavía con un indicador de ese tipo, se recurre al número de homicidios dolosos como una aproximación.
Fórmula del indicador (si procede)	Número de homicidios dolosos registrados por la PGJNL.
Unidad de medida	Número absoluto.
Fuente de los datos	Procuraduría General de Justicia del Estado de Nuevo León.
Fuentes complementarias	
Disponibilidad de los datos	<www.nl.gob.mx/?P=pgj>.
Periodicidad de los datos	Mensual / anual.

VIOLACIÓN A LOS DERECHOS HUMANOS

TEMA	GOBERNANZA
Nombre del indicador	Violación a los derechos humanos.
Propósito indicativo	Evidenciar la cantidad de denuncias de violaciones a los derechos humanos que se presentan ante la Comisión Estatal de Derechos Humanos de Nuevo León (CEDHNL).
Descripción corta del indicador	Número de quejas recibidas respecto al total de la población del Estado.
Relevancia o pertinencia del indicador	El respeto a la vigencia plena de los derechos humanos es uno de los pilares del estado de derecho, condición indispensable para una democracia plena. Por ello, conocer la cantidad de violaciones a través del número de denuncias realizadas permite conocer la proporción de violaciones respecto al total de la población y hacer comparaciones con otras entidades e incluso con otros países.
Fórmula del indicador (si procede)	Número de solicitudes de intervención recibidas por la CEDHNL.
Unidad de medida	Número absoluto.
Fuente de los datos	Comisión Estatal de Derechos Humanos de Nuevo León.
Fuentes complementarias	Procuraduría General de Justicia del Estado de Nuevo León.
Disponibilidad de los datos	<www.cedhnl.org.mx>; <www.cadhac.org>; <www.nl.gob.mx/?P=pgj>.
Periodicidad de los datos	Mensual/anual.

PARTICIPACIÓN ELECTORAL

TEMA	GOBERNANZA
Nombre del indicador	Participación electoral.
Propósito indicativo	Medir la participación política de los ciudadanos.
Descripción corta del indicador	Se trata de evaluar la participación política, aunque sea parcialmente, a través de la participación electoral, medida por el número de votantes en las elecciones estatales.
Relevancia o pertinencia del indicador	Participación y abstención son elementos complementarios aunque cualitativamente diferentes. Tomar la participación electoral como indicador de la participación política es un indicador grueso de ambas tendencias; la ventaja es que permite comparaciones con otros estados del país.
Fórmula del indicador (si procede)	Número de votos emitidos / Número de ciudadanos inscritos en el padrón electoral.
Unidad de medida	Coeficiente entre 0 y 1, siendo 1 lo deseable.
Fuente de los datos	Comisión Estatal Electoral.
Fuentes complementarias	Instituto Federal Electoral.
Disponibilidad de los datos	<www.cee.nl>; <www.ife.org.mx>.
Periodicidad de los datos	Trienal.

VI. BIBLIOGRAFÍA

Acharya, Arun Kumar (2008), "La dinámica de la violencia de género en el estado de Nuevo León, México: una estrategia para combatirla", *Revista de Antropología Experimental*, núm. 8, España, Universidad de Jaén.

Acuña Askar, K. (2006), Uso sustentable del agua: distribución y preservación, en Gutierrez Garza, Esthela, Lylia Palacios Hernández y Karim Acuña Askar (coords.) *Desarrollo sustentable: Diagnóstico y prospectiva para Nuevo León,* México, Plaza y Valdés, UANL.

Agencia para la Planeación del Desarrollo Urbano del Gobierno del Estado de Nuevo León (2009), *Síntesis de la planeación del desarrollo urbano de Nuevo León, 2003-2009,* Monterrey, México.

Aguilar Barajas, I. (2006), Abasto de agua al Área Metropolitana de Monterrey, en Barkin, David (coord.). *La gestión del agua urbana en México, Retos, debates y bienestar,* Guadalajara, Universidad de Guadalajara.

Aguirre Calderón, O. A. (2006), Producción forestal maderable, en Martínez, A. (coord.), *Tratado sobre el medio ambiente y los recursos naturales de Nuevo León,* Monterrey, UANL.

Alarcón Martínez, Gustavo (2007), "Oportunidades y desafío. Nuevo León en el umbral de su cuarta industrialización", en *Trayectorias, Revista de Ciencias Sociales,* núm. 25, septiembre-diciembre, Monterrey, Universidad Autónoma de Nuevo León.

AMIA (2009), *Estadísticas a junio de 2009,* consultado en <www.amia.com.mx/index.php>.

Amnesty International USA (2010), *2009 Annual Report for Mexico,* Consultado en <www.amnestyusa.org/annualreport/>.

Anderies, J., M. Janssen y E. Ostrom (2004), "A framework to analyze the robustness of Social-ecological systems from an institutional perspective", *Ecology and Society, 9 (1)*, 18, consultado en <www.ecologyandsociety.org/vol9/iss1/art18>.

Bache, I. y R. Chapman (2008), "Democracy through multilevel governance? The implementation of the structural funds in South Yorkshire", *Governance,* 21, 3: 397-418.

Balán, Jorge, Harley L. Browning y Elizabeth Jelín (1977), *El hombre en una sociedad en desarrollo. Movilidad geográfica y social en Monterrey,* México, Fondo de Cultura Económica.

Ballinas, V. (2009), "Lamenta *Human Rights Watch* el estado de los derechos humanos en México", en *La Jornada,* consultado en <www.jornada.unam.mx/2009.01.15/index>.

Banco de México (2007), Estadísticas de la balanza de pagos 2007, consultado en <www.banxico.gob.mx>.

____ (2008), *Estadísticas de la balanza de pagos 2008,* consultado en <www.banxico.gob.mx>.

Beaverstock, J. y P.J. Taylor (2000), "A world-city network", *Annals of Association of American Geographers,* 90 (1): 123-134

Behrman, J., S. Duryea, y M. Székely (2003), "Aging and Economic Opportunities: What Can Latin America Learn from the Rest of the World?" en *The Family in Flux: Household Decision-Making in Latin America,* IDB.

Benda, E. (2006), "Estado de derecho", en D. Nohlen, *Diccionario de ciencia política,* México, Porrúa: 546-549.

Bourdieu, P. (2001), *Science de la science et réflexivité,* París, Raisons d'agir.

Bovero, M. (2002), *Una gramática de la democracia,* Madrid, Trotta.

Browning, Harley L. y Waltraut Feindt (1968), "Diferencias entre la población nativa y la migrante en Monterrey", en *Demografía y economía,* vol. I.

Burawoy, Michael (1982), *Manufacturing Consent: Changes in the Labor Process Ander Monopoly Capitalism,* Chicago, University of Chicago Press.

Calderón Villarreal, Cuauhtémoc y Gerardo Martínez Morales (2004), "Estructura industrial de la frontera norte y estrategia de desarrollo", en *Comercio Exterior,* vol. 54, núm. 8, México.

Cantú Silva, I. (2006), Aguas superficiales: estado actual, en Martínez, A. (coord.), *Tratado sobre el medio ambiente y los recursos naturales de Nuevo León.* Monterrey, UANL.

Capó Arteaga Miguel Ángel *et al.* (2007), *Diagnóstico del sector forestal del estado de Nuevo León. Reporte técnico para el gobierno del estado de Nuevo León,* Secretarías de Medio Ambiente y Recursos Naturales, Delegación en el Estado, Subdelegación de Gestión para la Protección Ambiental y Recursos Naturales.

Carabias, J. y Landa, R. (2005), *Agua, medio ambiente y sociedad. Hacia la gestión integral de los recursos hídricos en México,* México, UNAM, Colegio de México, Fundación Gonzalo Ríos Arronte.

Centro GEO (2000), "*Marcos conceptuales para medir el desarrollo sustentable*", documento de trabajo no publicado, México.

CEPAL (2008), *Juventud y cohesión social en Iberoamérica: un modelo para armar,* CEPAL, consultado en <www.eclac.org>, 14/09/2009.

Cerutti, Mario (1992), *Burguesía, capitales e industria en el norte de México,* México, Facultad de Filosofía y Letras de la Universidad Autónoma de Nuevo León.

Cervantes, José Juan (2007), *Informalidad y racionalidad económica-laboral en la Zona Metropolitana de Monterrey 1995-2004. Nuevos paradigmas del empleo en el sector informal,* tesis doctoral, Instituto de Investigaciones Sociales, Monterrey, UANL.

COCEF (2008), *Diagnóstico de infraestructura ambiental para el estado de Nuevo León. Identificación de inversiones y vertientes de priorización,* Dirección de Planeación y Asistencia Técnica, México.

Cohen, S. S. y J. Zysman (1987), *Manufacturing matters: the myth of the post-industrial economy,* New York, Basic Books.

CONABIO (2009), *Uso del suelo y vegetación natural,* CONABIO, México.

___ (2006), *Capital natural y bienestar social, Comisión Nacional para el Conocimiento y Uso de la Biodiversidad,* México.

CONAGUA (2010), *Estadísticas del agua en México, 2010,* Comisión Nacional del Agua, México.

conanp (Comisión Nacional de Áreas Naturales Protegidas) (2009), ¿Qué son las Áreas Naturales Protegidas?, consultado en <www.conanp.gob.mx/q_anp.html>,

Contreras, B. S., S. F. González, V. D. Lazcano y A. A. Contreras (1995), *Listado preliminar de la fauna silvestre del estado de Nuevo León,* Monterrey, Consejo Consultivo Estatal para la Preservación y Fomento de la Flora y Fauna Silvestre de Nuevo León.

Contreras, Camilo (2007), *Geografía de Nuevo León,* Monterrey, Gobierno de Nuevo León.

Contreras, Oscar F. (2000), *Empresas globales, actores locales: producción flexible y aprendizaje industrial en las maquiladoras,* México, El Colegio de México.

Corbett, Jane (1988), "Famine and household coping strategies", en *World Development,* vol. 16 (9).

Cortina, S. y M. Zorrilla (2008), *Análisis de capacidades institucionales para la conservación y el uso sustentable de la biodiversidad en México,* México, CONABIO-PNUD.

Cox G. W. y M. D. Atkins (1979), *Agricultural Ecology, an analysis of world production systems,* San Francisco, W. H. Freeman & Company.

Cuadrado-Roura, Juan y Clemente del Río Gómez (1992), "Services and metropolitan centers: the expansion and location of business services", en *The Services Industries Journal,* 12 (1): 97-112.

Da Cruz, Michael y Anne Fouquet (2009), "La figura del operador mundializado: jóvenes trabajadores en los *call centers* de Monterrey", artículo inédito.

Data Nuevo León (2009), Participación porcentual de Nuevo León en las ramas de la economía nacional en que destaca, 2007, consultado en Estudios y ensayos, <http://www.nl.gob.mx/?P=Datanl>.

___ (2011), Estadísticas, producto interno bruto, consultado en <http://www.nl.gob.mx/?P=datanl>.

De León G., H. (2006), Aguas subterráneas, en Martínez, A. (coord.), *Tratado sobre el medio ambiente y los recursos naturales de Nuevo León,* Monterrey, UANL.

Dejours, Christophe (1992), *Trabajo y desgaste mental,* Buenos Aires, editorial Humanitas.

Deming, W. Edwards (1980), *Calidad, productividad y competitividad. La salida de la crisis,* Madrid, Ediciones Díaz de Santos.

ENCUP (2003), Segunda Encuesta Nacional de Cultura Política y Prácticas Ciudadanas, ENCUP (2003), México, SEGOB/INEGI, consultada en <www.gobernacion.gob.mx/encup/>.

____ (2005), Tercera Encuesta Nacional de Cultura Política y Prácticas Ciudadanas, ENCUP (2005), México, SEGOB/INEGI, consultada en <www.gobernacion.gob.mx/encup/>.

____ (2008), Cuarta Encuesta Nacional de Cultura Política y Prácticas Ciudadanas, ENCUP (2008), México, SEGOB/INEGI, consultada en <www.gobernacion.gob.mx/encup/>.

Erbiti, C. (2003), "Observatorio regional para el desarrollo sustentable: una estrategia que fortalece la toma de decisiones", Segundo Congreso Argentino de Administración Pública.

Escalante Gonzalbo, F. (2009), "Territorios violentos", *Nexos,* 384: 19-26.

Escobar Latapí, Agustín, Frank D. Bean y Wintraub Sidney (1999), *La dinámica de la emigración mexicana,* México, Porrúa-Ciesas.

Flores, Óscar (2009), *Industry, Commerce, Banking & Finance in Monterrey, México, 1890-2000,* UDEM/AMHE.

Gálvez Santillán, Elizabeth, Esthela Gutiérrez Garza y Esteban Picazzo Palencia (2011), "El trabajo decente: nuevo paradigma para el fortalecimiento de los derechos sociales", en *Revista Mexicana de Sociología,* vol. 73, núm. 1 (enero-marzo), México, Instituto de Investigaciones Sociales, UNAM.

García Ortega, Roberto (2009), "La delimitación del Área Metropolitana de Monterrey. Antecedentes, situación actual y expectativa futura", en *Los retos ambientales y el desarrollo urbano en la frontera México-Estados Unidos,* México, El Colegio de la Frontera Norte.

____, Roberto (2009), "Monterrey. Origen y destino", en *Área Metropolitana de Monterrey, 1980-2005,* Municipio de Monterrey (en prensa).

Garr, Emily (2009), "Polaridad socioeconómica de los trabajadores terciarios en la Ciudad de México, 2000", en Gustavo Garza y Jaime Sobrino (coord.), *Evolución del sector servicios en ciudades y regiones de México,* México, El Colegio de México.

Garrido, Celso (1999), "El caso mexicano", en Daniel Chudnovsky *et al.*, *Las multinacionales latinoamericanas: sus estrategias en un mundo globalizado,* Buenos Aires, Fondo de Cultura Económica.

Garza, Gustavo (1995), "Crisis industrial, 1980-1988", en Gustavo Garza (coord.), *Atlas de Monterrey,* Monterrey, Gobierno del Estado de Nuevo León.

____ (1995), "Estructura macroeconómica, 1960-1988", en Gustavo Garza (coord.), *Atlas de Monterrey,* Monterrey, Gobierno del Estado de Nuevo León.

____ (1995), "Expansión y diversificación industrial, 1960-1980", en Gustavo Garza (coord.), *Atlas de Monterrey*, Monterrey, Gobierno del Estado de Nuevo León.

____ (1999), "Monterrey en el contexto de la globalización económica en México", en Esthela Gutiérrez Garza (coord.), *La globalización en Nuevo León*, México, El Caballito-UANL.

____ (2004), "Macroeconomía del sector servicios en la Ciudad de México, 1960-1998", en *Estudios Demográficos y Urbanos*, enero-abril, núm. 055, México, El Colegio de México: 7-75.

____ (2008), *Macroeconomía del sector servicios en la Ciudad de México, 1960-2003*, México, El Colegio de México.

____ y Jaime Sobrino (coord.) (2009), *Evolución del sector servicios en ciudades y regiones de México*, México, El Colegio de México.

____, Pierre Filion y Gary Sands (2003), *Políticas urbanas en grandes metrópolis: Detroit, Monterrey y Toronto*, México, El Colegio de México.

GNL (Gobierno del Estado de Nuevo Léon) (2009), Recursos Naturales de Nuevo León, consultado en <http://www.nl.gob.mx/?P=nl_recursos_naturales>.

Gobierno de la República (2005), *Los Objetivos de Desarrollo del Milenio en México: Informe de Avance 2005*, Resumen Ejecutivo, Gobierno de la República/ Naciones Unidas, México.

González Aréchiga, Bernardo (2004), "Hacia un nuevo modelo de desarrollo para México basado en el conocimiento", en Bernardo González Aréchiga (comp.), *Hacia un desarrollo basado en el conocimiento*, México, Fondo Editorial de Nuevo León-EGAP.

González Aréchiga, Bernardo y Rocío Barajas Escamilla (comps.) (1989), *Las maquiladoras: ajuste estructural y desarrollo regional*, México, El Colegio de la Frontera Norte y Fundación Friedrich Ebert.

González, M. (2004), "Los laberintos de la participación ciudadana", en M. González (coord.), *Los procesos de la participación social. Cuadernos de psicología social de la SOMEPSO*, México, Universidad Autónoma de Querétaro.

González, R. H. y Cantú, S. I. (2006), Suelos, en Martínez, A. (coord.), *Tratado sobre el medio ambiente y los recursos naturales de Nuevo León*, Monterrey, UANL.

Guillén Romo, Héctor (1990), *El sexenio del crecimiento cero. México 1982-1988*, México, Ediciones Era.

Guillén Romo, Héctor (1997), *La contrarrevolución neoliberal en México*, México, Ediciones Era.

Gutiérrez Garza, Esthela (1998), "Manufactura y empleo", en Luis Lauro Garza (coord.), *Nuevo León, hoy. Diez estudios sociopolíticos*, México, La Jornada ediciones/ UANL.

Gutiérrez Garza, Esthela (1999), *La Globalización en Nuevo León*, México, El Caballito/ UANL.

Gutiérrez Garza, Esthela (2009), *Escenarios de sustentabilidad industrial: Nuevo León 1988-2004,* México, UANL/Plaza y Valdés.

Gutiérrez Garza, Esthela y Adrián Sotelo (1998), "Modernización industrial, flexibilidad del trabajo y nueva cultura laboral", en Esthela Gutiérrez Garza (coord.), *El debate nacional,* México, UANL/Diana.

Gutiérrez Garza, Esthela y Edgar González Gaudiano (2010), De las teorías del desarrollo al desarrollo sustentable: construcción de un enfoque multidisciplinario, México, UANL/Siglo XXI Editores.

Gutiérrez Garza, Esthela *et al.* (2006), *Diálogo social para el proyecto de Nación,* México, IINSO-UANL/Plaza y Valdés.

Gutiérrez Salazar, S. E. (2007), "Treinta años de vida política en Nuevo León a vuelo de memoria, 1973-2003", en V. López Villafañe (coord.) *Nuevo León en el siglo XX, t. II, Apertura y globalización,* Monterrey, N. L., Fondo Editorial de Nuevo León.

Heidenheimer, A. (2010), *Topografía de la corrupción. Investigaciones en una perspectiva comparativa,* consultado en <www.unesco.org/issj/rics149/heidenheimer149.htm>.

Hirst, P. (2006), "Democracy and Governance", en Jon Pierre (ed), *Debating Governance. Authority, steering, and democracy,* Oxford, UK, Oxford University Press: 13-35.

Hooghe, L. y G. Marks (2003), "Unravelling the Central State, but how? Types of multi-level gobernance", *American Political Science Review,* 97, 2: 233-243.

ICESI (2009), Encuestas nacionales sobre Inseguridad (ENSI), consultada en <www.icesi.org.mx>.

Idd-lat (2009), *Índice de desarrollo democrático de América Latina,* consultado en <www.idd-lat.org>.

IMCO (Instituto Mexicano de Competitividad, A. C.) (2006), *Competitividad Estatal de México. Preparando a las entidades federativas para la competitividad: 10 mejores prácticas.* México, IMCO-ITESM/EGP, consultado en <http://imco.org.mx/imco/docbase/capitulosPublicaciones/archivoCapitulo(47).pdf>.

Índice de Participación Ciudadana (IPC) (2005), Red Interamericana para la democracia. Informe 7, México.

INE (Instituto Nacional de Ecología) (2009), *Sistema de Unidades de Manejo.* México, INE, consultado en <www.semarnat.gob.mx/gestionambiental/vidasilvestre/Pages/umas.aspx>.

INEE (2007), *PISA 2006 en México,* INEE.

INEGI (1991), XI Censo General de Población y Vivienda, 1990, consultado en <www.inegi.org.mx>.

____ (2001), *Industria Maquiladora de Exportación, Mayo 2001,* consultado en <www.inegi.org.mx>.

____ (2001), XII Censo General de Población y Vivienda, 2000, consultado en <www.inegi.org.mx>.

____ (2004), Censos Económicos 2004. Resultados definitivos, consultado en <www.inegi.org.mx>.

____ (1989), XIII Censo Industrial y Económico, Nuevo León, INEGI, México.

____ (1995), Encuesta Nacional de Empleo, ENE, INEGI. consultada en <www.inegi.org.mx/inegi/>.

____ (2004), Censos Económicos 2004. Resultados definitivos, consultado en <www.inegi.org.mx>.

____ (2004), Encuesta Nacional de Ocupación y Empleo, ENOE, INEGI. consultada en <www.inegi.org.mx/>.

____ (2005), Banco de Información Económica, consultado en <www.inegi.org.mx>.

____ (2005), II Conteo de Población y Vivienda, 2005, consultado en <www.inegi.org.mx>.

____ (2007), *Encuesta Nacional sobre la Dinámica de las Relaciones en los Hogares-2006*, ENDIREH, Aguascalientes, México, INEGI.

____ (2007), *Industria Maquiladora de Exportación, Febrero 2007*, consultado en <www.inegi.org.mx>.

____ (2008), Encuesta Nacional de Ocupación y Empleo, ENOE, INEGI, consultada en <www.inegi.org.mx/>.

____ (2008), *Perspectiva Estadística Nuevo León, octubre 2008*, consultado en <www.inegi.org.mx>.

____ (2009), Carta Fisiográfica, consultado en <www.inegi.org.mx>.

____ (2009), *Censo Agropecuario 2007. Estados Unidos Mexicanos VIII Censo Agrícola, Ganadero y Forestal.* Aguascalientes, INEGI.

____ (2009), *Nuevo León, información geográfica. Sistema Nacional de Información Estadística y Geográfica.* Aguascalientes, INEGI, consultado en <http://mapserver.inegi.gob.mx/geografia/espanol/estados/nl/ubic_geo.cfm?c=1203&e=19&CFID=216135&CFTOKEN=30675994>; <http://mapserver.inegi.org.mx/geografia/espanol/estados/nl/rh.cfm?c=444&e=25>; <http://mapserver.inegi.org.mx/.../agri.cfm?c=444&e=03>.

____ (2009b), Encuesta Nacional de Ocupación y Empleo (ENOE), consultada en <www.inegi.org.mx>.

____ (2009c), Sistema de cuentas nacionales, consultado en <www.inegi.org.mx>.

____ (2009d), *Estadísticas a propósito del día mundial del medio ambiente*, datos de Nuevo León, consultado en <www.inegi.gob.mx>.

____ (2009e), Estadísticas históricas del estado de Nuevo León, consultado en <www.inegi.org.mx>.

____ (2011), Anuario Estadístico por entidad federativa, consultado en <www.inegi.org.mx>.

____ (2011), Banco de Información Económica, consultado en <www.inegi.org.mx>.

____ (2011), Censo de Población y Vivienda 2010, consultado en <www.inegi.org.mx>.

____ (2011), Censo de Población y Vivienda, 2010, consultado en <www.inegi.org.mx>.

____ (2011), Censos Económicos 2009. Resultados definitivos, consultado en <www.inegi.org.mx>.

____ (2011), Encuesta Nacional de Ocupación y Empleo (ENOE), consultada en <www.inegi.org.mx>.

____ (2011), Encuesta Nacional de Ocupación y Empleo, ENOE, INEGI. consultada en <www.inegi.org.mx/>.

____ (2011), Sistema de cuentas nacionales, consultado en <www.inegi.org.mx>.

Infante, J. M. (2007), "Capitalismo, democracia y valores", en *Humanitas 34, II*: 181-225.

____ (2008), "Derechos humanos: guerra, cárceles y tortura en los Estados Unidos", *Humanitas 35, II*: 151-172.

Infolaboral (2008), publicado por el Instituto Nacional de Estadística, Geografía e Informática (INEGI), <www.inegi.org.mx/inegi/default.aspx>.

Instituto Estatal de la Vivienda de Nuevo León (2009), *Nuestro Espacio*, Boletín Informativo, núm. 11, junio-julio-agosto de 2009, Monterrey, México, Gobierno del Estado de Nuevo León.

Instituto Mexicano de la Juventud (2007), *Jóvenes de Nuevo León. Encuesta Nacional de Juventud 2005*, México, Instituto Mexicano de la Juventud, consultada en <www.imjuventud.gob.mx>, 27/05/2009.

____ (2007), *Jóvenes Mexicanos. Encuesta Nacional de Juventud 2005*, México, Instituto Mexicano de la Juventud. consultada en <www.imjuventud.gob.mx>, 27/05/2009.

Isham, J., D. Kaufmann y L. Pritchett (1997), "Civil Liberties, democracy, and the performance of government projects", en *The World Bank Economic Review*, vol. 11, núm. 2: 219-242.

Jiménez Godinez, Miguel Ángel (2008), *Globalización, reestructuración industrial y descentralización en México. Un análisis de desarrollo regional, 1980-2000*, México, Miguel Ángel Porrúa/Cámara de Diputados.

Jiménez, P. J. (2006), Áreas Naturales Protegidas, en Martínez, A. (coord.). *Tratado sobre el medio ambiente y los recursos naturales de Nuevo León*. Monterrey, UANL.

Jurado Montelongo, Mario (2004), "Ciclo de vida laboral de los trabajadores de alta escolaridad en la Zona Metropolitana de Monterrey 1987-2000", en *Papeles de Población*, año 10, núm. 39, México.

Jurado Montelongo, Mario (2009), "Las modalidades del empleo del dentista en la Zona Metropolitana de Monterrey", artículo inédito.

Lafuente, J. (2009), "¿Hay seguridad en Latinoamérica?", en *El País*, año XXXIV, núm. 11713, 12 de julio de 2009.

Landman, T. (ed.) (2008), *Assesing the quality of democracy. An Overview of the International IDEA framework*, Estocolmo, International Institute for Democracy and Electoral Assistance.

Livi Bacci, M. (1995), "Pobreza y Población", en *Pensamiento Iberoamericano*, núm. 28 y *Notas de Población*, núm. 62.

López Cantú, Moisés (2009), *Política pública de movilidad sustentable: menos vialidad, más movilidad para la zona conurbada de Monterrey*, tesis de maestría en Administración pública y política pública, EGAP-ITESM.

López Villafañe, Víctor (2007), "De lo local a lo global. La experiencia de Nuevo León en la globalización", en Víctor López Villafañe (coord.), *Nuevo León en el siglo XX. Apertura y globalización: de la crisis de 1982 al fin de siglo*, México, Fondo Editorial de Nuevo León.

López, A. R y Zamudio, C. E. (2006), Arbolado urbano, en Martínez, A. (coord.), *Tratado sobre el medio ambiente y los recursos naturales de Nuevo León*, Monterrey, UANL.

Lozano, David, *et al.* (2006), "Necesidad de un programa de recuperación del poder adquisitivo del salario en México", *Reporte de Investigación núm. 70*, Centro de Análisis Multidisciplinario de la Facultad de Economía de la UNAM, consultado en <www.economia.unam.mx/cam/index.html>.

Lustig, Nora (1994), *México: hacia la reconstrucción de una economía*, México, Colegio de México/Fondo de Cultura Económica.

Magallanes Claudio (2009), "A lanzar anzuelo", *El Norte*, 25 de junio, Monterrey.

Martínez Muñoz, A. (2006), "Fauna silvestre", en Martínez, A. (coord.), *Tratado sobre el medio ambiente y los recursos naturales de Nuevo León.* Monterrey, UANL.

Mashaw, J. (2009), "Due processes of governance: Terror, the Rule of Law, and the limits of institutional design", *Governance, 22*, 3: 353-368.

Mayntz, R. (2000), "Nuevos desafíos de la teoría de Governance", *Instituciones y Desarrollo*, núm. 7, noviembre de 2000, Instituto Internacional de Gobernabilidad, consultado en <www.iigov.org>.

Meadowcroft, J. (2003), "Participación y estrategias para el desarrollo sostenible", *Institut Internacional de Governabilitat de Catalunya*, Boletín 176, 10 de diciembre de 2003.

____ (1997), "Planning, democracy and the challenge of sustainable development", en *International Political Science Review*, 18, 2: 167-189.

Medellín-Mendoza, L., J. Prado-Maillard, J. Infante, y F. Maríñez (2008), "Las decisiones públicas en la gobernabilidad democrática. El caso del gobierno panista en Nuevo León", en *Convergencia*, mayo-agosto de 2008, vol. 15, núm. 047: 155-181.

Mejía V., G. M. (2006), "Calidad del aire", en Martínez, A. (coord.), *Tratado sobre el medio ambiente y los recursos naturales de Nuevo León*, Monterrey, UANL.

Mesarovic, M. y E. Pestel (1974), *La humanidad en la encrucijada. Segundo informe del Club de Roma*, México, FCE.

Munck, G. (2003), *Measures of democracy, governance and the rule of law; An Overview of Cross-National data sets*, Trabajo preparado para el Banco Mundial, consultado en <www.worldbank.org>.

Negret, R. (1999), *De la protesta ecológica a la propuesta política*, 2a. ed., Quito, Eskeletra.

O'Donnell, G. (2004), "Why the Rule of Laws matters", *Journal of Democracy*, 15 (4): 32-46.

O'Donnell, G. (1997), *Contrapuntos. Ensayos escogidos sobre autoritarismo y democratización*, Barcelona, Paidós.

OCDE (2009), *Convención para combatir el cohecho de servidores públicos extranjeros en transacciones comerciales internacionales y documentos complementarios*, consultado en <http://200.34.175.29:8080/wb3/wb/SFP/ocde_convention_info>.

____ (2010), *Education at a Glance 2010*, consultado en <www.oecd.org/edu/eag20107>.

OEIDRUS (2011), *Sistema Estatal de Información para el Desarrollo Rural Sustentable*, consultado en <http://oeidrus.nl.gob.mx/oeidrus/proxy/index.php?q=aHR0cDovLzIwMS4xNDAuMy40NTo5MC9yZXNwbXVubWFkLmFzcA%3D%3D>.

____ (2008), *Diagnóstico del sector agropecuario y acuícola del estado de Nuevo León, 2008*, México, Corporación para el Desarrollo Rural del Estado de Nuevo León, OEIDRUS, Gobierno del Estado de Nuevo León, consultado en <www.oeidrus-nl.gob.mx>.

Ohno, Taiichi (1989), *L'esprit Toyota*, París, Masson.

OIT (1999), "Trabajo decente", *Memoria del Director General a la 87a. reunión de la Conferencia Internacional del Trabajo*, Ginebra.

____ (2005), *El empleo de los jóvenes: vías para acceder a un trabajo decente*, Informe VI, Ginebra, OIT, consultado en <www.cinterfor.org.uy/public/spanish/region/ampro/cinterfor/temas/youth/doc/cint/cit_05.pdf>, 12/09/2009.

Olivé, L. (2007), *La ciencia y la tecnología en la sociedad del conocimiento*, México, Fondo de Cultura Económica.

____ (2008), "Innovación y cultura científico-tecnológica: desafíos de la sociedad del conocimiento", en G. Valenti Nigrini (coord.), *Ciencia, tecnología e innovación*, México, FLACSO: 37-55.

Opschoor, Hans (1996), *Sustainability, Economic Restructuring and Social Change*, ISS, La Haya, 14.

Ortega Ridaura, Isabel (2007), "La industrialización de Monterrey: condicionantes y características del segundo auge industrial, 1940-1970", en Isabel Ortega Ridaura (coord.), *Nuevo León en el siglo XX. La industrialización: del segundo auge industrial a la crisis de 1982*, México, Fondo Editorial de Nuevo León.

Ortega, M. E. y J. Moral (2008a), "Le differenze di genere nella rappresentazoine sociale del potere", trad. del español al italiano por Silvia Zaccaria, en I. Galli (coord.), *Del potere e di altri démoni*, Napoli, Italia, Edizione Scientifiche Italiane.

Ortega, M. E. y J. Moral (2008b), "Precariedad y trayectorias de vida en población nuevoleonesa", en J. R. de Andrés y S. P. Izcara (eds.), *Procesos y comportamientos en la construcción de México,* México, Plaza y Valdés.

Ortega, M. E. (2006), "El poder y su representación social. De las interacciones sociales hacia una reflexión sobre el futuro de la democracia en México", en S. Valencia, B. Jiménez y R. M. López, *Representaciones sociales. Avances recientes en América Latina y Europa,* México, Universidad de Guadalajara.

Ortega, M. E. (2009), *La participación social. Aspectos psicosociales. Un indicador para la sustentabilidad social,* Investigación financiada por Conacyt. Proyecto 90943.

Ortega-Ridaura, I. (2005), *Génesis y evolución de la administración pública del estado de Nuevo León,* Monterrey, Fondo Editorial Nuevo León/INAP/UANL.

Ortega-Ridaura, I. (2007), "La administración pública de Nuevo León en el siglo XX. De la Constitución de 1917 a la Ley Orgánica de la Administración Pública", *Humanitas* 34, IV: 45-80.

Palacios, Lylia (2007), "De la cultura de trabajo a la cultura de la competitividad", en Víctor López Villafañe (coord.), *Apertura y globalización. De la crisis de 1982 al fin de siglo,* Monterrey, Fondo Editorial Nuevo León.

Palacios, Lylia Isabel (2003), "Flexibilidad laboral y gran industria de Monterrey", en Mario Cerutti (coord.), *Del mercado protegido al mercado global. Monterrey, 1925-2000,* México, UANL/ Trillas.

Palacios, Lylia Isabel (2006), "Nuevas relaciones laborales", en Esthela Gutiérrez Garza, Lylia Palacios Hernández y Karim Acuña-Askar (coord.), *Diagnóstico y prospectiva para Nuevo León,* México, UANL/ Plaza y Valdés.

Pando Moreno, M. (2004), Recursos forestales no maderables, en Martínez, A. (coord.), *Tratado sobre el medio ambiente y los recursos naturales de Nuevo León,* Monterrey, UANL.

Pepper, D. (1984), *The roots of modern environmentalism,* London, Croomhelm.

PNUD (2002), *Human Development Report 2002. Deepening democracy in a fragmented world,* Nueva York, Oxford University Press.

____ (2004), *La democracia en América Latina. Hacia una democracia de ciudadanas y ciudadanos. Compendio estadístico,* Buenos Aires, Aguilar, Altea, Taurus, Alfaguara.

_____ (2007), Programa de las Naciones Unidas para México (PNUD/México), *Informe sobre Desarrollo Humano México 2007,* México, PNUD/México

_____ (2008), Programa de las Naciones Unidas para México (PNUD/México), *Informe sobre Desarrollo Humano México 2008,* México: PNUD/México

____ (2009), Informe sobre Desarrollo Humano. México 2006-2007, consultado en <www.undp.org.mx/desarrollohumano/informes/index.html>.

Pozas, María de los Ángeles (1990), "Los marginados y la ciudad (tierra urbana y vivienda en Monterrey)", en Victor Zuñiga y Manuel Ribeiro (comps.), *La marginación urbana en Monterrey,* Monterrey, Universidad Autónoma de Nuevo León.

Pozas, María de los Ángeles (1999), "Estrategias de globalización y encadenamientos productivos: El caso de Monterrey", en Esthela Gutiérrez Garza (coord.), *La globalización en Nuevo León*, México, Universidad Autónoma de Nuevo León/El Caballito.

____ (2003), "La nueva forma de la competencia internacional. La experiencia de las empresas regiomontanas", en Mario Cerutti (coord.), *Del mercado protegido al mercado global. Monterrey, 1925-2000*, México, UANL/ Trillas.

Pozos Ponce, Fernando (1995) "Dinámica del comercio y los servicios, 1975-1988" en *El Atlas de Monterrey*, México, Gobierno del estado de Nuevo León, Universidad Autónoma de Nuevo León, Instituto de Estudios Urbanos de Nuevo León y El Colegio de México.

Provencio, Enrique (1997), "Oportunidades de integración de instrumentos y políticas en la planeación ambiental", en Semarnap e Instituto Nacional de Ecología, *Economía ambiental. Lecciones de América Latina, México*, Secretaría de Medio Ambiente, Recursos Naturales y Pesca.

Puente Quintanilla, J. y E. González Gaudiano (2008), Perspectivas de bienestar. Distribución del ingreso, hábitos de consumo y sustentabilidad, en Consejo de Desarrollo Social (ed.), *Desarrollo Social en Nuevo León: reflexiones en torno a la pobreza, la desigualdad, migración, bienestar, consumo y grupos vulnerables*. Monterrey, Consejo de Desarrollo Social de Nuevo León.

Puértolas, M. A. (2010), "Denunciar el delito también tiene su precio", en *Milenio (Monterrey)*, año 36, núm. 59, 20 de enero.

Ramos, Laura (coord.) (2003), *El fracaso del Consenso de Washington. La caída de su mejor alumno: Argentina*, Buenos Aires, Icaria.

Rayen Quiroga (2007), *Curso de Metodología para la Construcción de indicadores*, Venezuela.

Reyes, C. (1997), A *Qualitative Aproach for the Design Develop of Community-Based Geographic Information Systems*, World Bank, documento no publicado.

Ribeiro, M. (2004), "Relaciones de género: equilibrio entre las responsabilidades familiares y profesionales", en *Papeles de Población*, año 10, núm. 39, México.

Rodríguez Fuentes, H. *et al.*, (2006), La degradación de los suelos, en Gutiérrez Garza, E., L. Palacios Hernández y K. Acuña Askar (coords.). *Desarrollo sustentable: diagnóstico y prospectiva para Nuevo León*, México, Plaza y Valdés, UANL.

Saldaña, José (1995), "Del centro comercial a la ciudad industrial", en Gustavo Garza (coord.), *Atlas de Monterrey*, Monterrey, Gobierno del Estado de Nuevo León.

Saldívar V., Américo, (coord.) (1998), *De la economía ambiental al desarrollo sustentable: alternativas frente a la crisis de gestión ambiental*, México, Diseño Editorial.

Sale, Kirkpatrick (1974), "Mother of all", en S. Kumar (ed.), *The Schumacher lectures*, vol. 2., London, Abacus: 224-248.

Sale, Kirkpatrick (1985), *Dwellers in the land: The bioregional vision,* San Francisco, Sierra Club Books.

Sassen, S. (1991), *The Global City,* Princeton, Princeton University Press.

____ (ed.) (2001), *The global city: New York, London, Tokyo,* Princeton, Princeton University Press.

Schultze,R.O. (2006), "Democracia", en D. Nohlen (dir.), *Diccionario de ciencia política,* t. I, México, Porrúa: 335-338.

Secretaria de Desarrollo Económico de N. L. (2009), Producto interno bruto a precios de 1993 en valores básicos por sector de actividad y distribución porcentual, Nuevo León, Data Nuevo León, consultado en <www.nl.gob.mx/?P=datanl>.

____ (2009b), Asegurados formales en la industria manufacturera por actividad económica, Nuevo León, 2000-2009, Data Nuevo León, consultado en <www.nl.gob.mx/?P=datanl>.

____ (2009c), Población económicamente activa por municipio (1990, 2000 y 2005-2009) y Población ocupada por sector de actividad, Nuevo León (2005-2009), Data Nuevo León, consultado en <www.nl.gob.mx/?P=datanl>.

____ (2009d), Principales exportaciones por capítulo de fracción arancelaria, Data Nuevo León, consultado en <www.nl.gob.mx/?P=datanl>.

____ (2011), Estadísticas, Producto interno bruto a precios de 2003, Nuevo León, Data Nuevo León, consultado en <www.nl.gob.mx/?P=datanl>.

Secretaría de Desarrollo Urbano y Obras Públicas del Estado de Nuevo León (1995), *Plan Multidimensional de Desarrollo Urbano de Nuevo León, 1995-2020,* Documento para consulta Pública (versión abreviada), Monterrey.

____ (2001), *Plan Metropolitano 2021, Desarrollo Urbano de la Zona Conurbada de Monterrey,* Monterrey.

SEMARNAT (2008), *Informe de la situación del medio ambiente en México. Compendio de Estadísticas Ambientales.* México, Semarnat, consultado en <http://app1.semarnat.gob.mx/dgeia/informe_2008/index_informe_2008.html>.

Sen, Amartya y Martha C. Nussbaum (comp.) (1993), *La calidad de vida,* México, Fondo de Cultura Económica.

____ (2000), *Desarrollo y Libertad,* México, Planeta.

____ (2001), *La desigualdad económica,* México, Fondo de Cultura Económica.

SINAIS (2006), Sistema Nacional de Información en Salud (SINAIS), (en línea), Secretaría de Salud, consultado en <www.sinais.salud.gob.mx/>.

____ (2008), Sistema Nacional de Información en Salud (SINAIS), (en línea), Secretaría de Salud, consultado en <www.sinais.salud.gob.mx/>.

Sirvent, C. (2002), *Partidos políticos y procesos electorales en México,* México, Facultad de Ciencias Políticas y Sociales, UNAM/Miguel Ángel Porrúa.

SNIEG (Sistema Nacional de Información Estadística y Geográfica) (2009), Fisiografía de Nuevo León, consultado en <http://mapserver.inegi>.gob.mx/geografia/espanol/estados/nl/fisio.cfm?c=444&e=28

Taylor, F. (2005), *Cybercartography: Theory and Practice*, ELSEVIER, Netherlands.

Transparency International (2004), *Informe global de la corrupción 2004*, Buenos Aires, Prometeo.

Treviño, Eduardo (2006a), "Cambio de uso de suelo y su impacto en el desarrollo", en Gutiérrez, Palacios y Acuña (ed.) *Desarrollo sustentable. Diagnóstico y prospectiva para Nuevo León*, Plaza y Valdez, México.

____ (2006b), "Descripción física", en Martínez, A. (coord.), *Tratado sobre el medio ambiente y los recursos naturales de Nuevo León*, Monterrey, UANL.

UICN-PNUMA-WWF (1980), *Estrategia mundial para la conservación*, Gland, UICN.

Valdés Lozano, Ciro G. S. (2006), "Agroecosistemas para un desarrollo agropecuario sustentable", en Esthela Gutiérrez Garza, Lylia Palacios Hernández y Karim Acuña-Askar (coord.), *Diagnóstico y prospectiva para Nuevo León*, UANL-Plaza y Valdés, México.

Valenti Nigrini, G. (2008), *Introducción. Situando la agenda de los sistemas nacionales de innovación*, en G. Valenti Nigrini (coord), *Ciencia, tecnología e innovación* (pp. 13-25), México, FLACSO.

Vásquez, Belem I. (2009), "Una visión mítica de estado industrial: la hegemonía del sector terciario en las ciudades de Nuevo León, 1980-2003", en Gustavo Garza y Jaime Sobrino (coords.), *Evolución del sector servicios en ciudades y regiones de México*, México, El Colegio de México.

Verduga, C. (2005), *La problemática ambiental y la construcción de un observatorio de políticas ambientales para la región*, Flacso-Brasil.

Villarreal Quintanilla, J. A. y E. Estrada Castillón, (2008), *Flora de Nuevo León. Listados florísticos de México*, núm. *XXIV*, México, Instituto de Biología, UNAM.

Villarreal, Diana (2003), "Transformaciones en la estructura productiva y efectos de la globalización en la expansión de la zona metropolitana de Monterrey, Nuevo León, México", en *Revista Regiones y Desarrollo Sustentable*, núm. 4, año 3, enero-junio, Tlaxcala, El Colegio de Tlaxcala.

Vivien, Franck-Dominique (2005), Le *développement soutenable*, París, La Découverte.

Voisenet, Jacques (2005), "Histoire d'une idèe - De l'ècologie au dèveloppement durable", en Pascal Gauchon et Cèdric Tellenne (dir.), *Gèopolitique du dèveloppement durable*, Paris, Presses Universitaires de France.

Wagstaff , A., y E. Van Doorslaer (1992), "Equity in the finance and delivery of health care: concepts and definitions", en Wagstaff, E., *et al.* (comp.), *en Equality in the finance and delivery of health care an international perspective*, Oxford University Press.

Weber, M. (1974), *Economía y sociedad*, México, Fondo de Cultura Económica.

Williams, K., C. Haslam, *et al.* (1992), "Against lean production", *Economy and Society*, 21 (3): 321-354.

Zárate Negrón, Antonio (2004), "Proyecto Monterrey ciudad internacional del conocimiento: la visión", en Bernardo González Aréchiga (comp.),

Hacia un desarrollo basado en el conocimiento, Fondo Editorial de Nuevo León/EGAP, México.

Zebadúa Serra, María (2009), *Diagnóstico de las familias al sur de Nuevo León,* Cuaderno núm. 12 del Consejo de Desarrollo Social, Monterrey, Consejo de Desarrollo Social de Nuevo León.

Fuentes primarias

Entrevista al Ing. Santiago Magallanes, Gerente Regional de la Conafor, Comunicación Personal, 11 de agosto de 2009

Leyes consultadas

Ley Orgánica de la Administración Pública del Estado de Nuevo León publicada en el periódico Oficial del Estado el 9 de octubre de 2003, última reforma 2007.

Ley que crea la Comisión Estatal de Derechos Humanos de Nuevo León, 1992

Ley de Acceso a la Información del Estado, 2003

Sitios de Internet consultados

Asociación Mexicana de Gas Natural, <www.amgn.org.mx/>.

Base de Datos de defunciones (Secretaria de Salud), <www.sinais.salud.gob.mx/basesdedatos/defunciones.html>.

Centro Nacional de Evaluación para la Educación Superior. A. C. (Ceneval), <www.ceneval.edu.mx>.

Comisión de Acceso a la Información Pública de Nuevo León (Caipnl), <www.caipnl.org.mx>.

Comisión Estatal de Derechos Humanos de Nuevo León (CEDHNL), <http://cedhnl.org.mx/>.

Comisión Estatal Electoral de Nuevo León, <www.cee-nl.org.mx/>.

Comisión Federal de Electricidad (CFE) (2010), Estadísticas, consultada en www.cfe.gob.mx

Consejo Desarrollo Social, Directorio de Organizaciones de la Sociedad Civil, www.consejodedesarrollosocial.org.mx/indicedeosc.asp

Consejo Nacional de Ciencia y Tecnología (Conacyt), www.conacyt.mx

Consejo Nacional de Población (CONAPO), Proyecciones de población, www.conapo.gob.mx

Gas Natural, <http://portal.gasnatural.com>.

Giresol, http://www.giresol.org/

Global Footprint Network, <www.footprintnetwork.org/en/index.php/GFN/>.

Global Integrity, <www.globalintegrity.org/>.

Gobierno del Estado de Nuevo León (2005), Estado de Nuevo León. *Enciclopedia de los Municipios de México.* Instituto Nacional para el Federalismo y el Desarrollo Municipal, Gobierno del Estado de Nuevo León, consultada en <www.e-local.gob.mx/work/templates/enciclo/nuevoleon/medi.htm>.

Gobierno del Estado de Nuevo León (2009), Información estadística e histórica gráfica de la red de monitoreo del SIMA. consultada en <www.nl.gob.mx/?P=med_amb_mej_amb_sima_estadisti>.

Gobierno de Nuevo León, Áreas naturales protegidas, <www.nl.gob.mx>.

Gobierno de Nuevo León, Clima, <www.nl.gob.mx/?P=clima>.

Gobierno de Nuevo León, Simeprode, <www.nl.gob.mx/?P=simeprode_bioneregia>.

INEGI, Anuario Estadístico de Nuevo León, 2006, 2007 y 2008/18. Electricidad, <www.inegi.org.mx>.

INEGI, Sistema de Información de los Objetivos del Desarrollo del Milenio, <www.inegi.org.mx>.

Instituto Federal Electoral, <www.ife.org.mx>.

Latinobarometro, 2009, <www.latinobarometro.org/>.

Observatorio de la Ciudad de León, Guanajuato, <www.observaleon.org/home.html>.

Observatorio para el Desarrollo de Costa Rica (OdD), <www.odd.ucr.ac.cr/sobreodd/index.htm>.

Observatorio sobre la calidad del estado de derecho en el noreste de México (OCED), <http://oced.org.mx>.

Organización para la Cooperación y el Desarrollo Económicos (OCDE), <www.oecd.org>.

Pemex, Proyecto Burgos, consultado en <www.pemex.com>.

Procuraduría General de Justicia N. L., <www.nl.gob.mx/?P=proc_general_justicia>.

SAGARPA, Delegación Nuevo León, Subdelegación de Pesca de la SAGARPA, Nuevo León, < www.sagarpa.gob.mx/Delegaciones/nuevoleon/Paginas/default.aspx>.

Secretaría de Educación Pública, <www.sep.gob.mx>.

Secretaría de Energía (SENER), consultada en <www.sener.gob.mx/webSener/2009>.

Servicios de Agua y Drenaje de Monterrey (SADM) (2010), consultada en http://www.sadm.gob.mx/sadm/jsp/seccion.jsp?id=143

Sistema SIAP-SIACON-SAGARPA, consultado en <www.siap.sagarpa.gob.mx

Transparencia Mexicana, www.transparenciamexicana.org.mx/ENCBG/>.

UNIFEM (2007) *Violencia contra las Mujeres – Datos y Cifras*, <www.unifem.org/attachments/gender_issues/violence_against_women/facts_figures_violence_against_women_2007_spa.pdf>.

WWF, Informe Planeta Vivo 2008, <www.wwf.es/noticias/informes_y_publicaciones/informe_planeta_vivo_2008/index.cfm>.

<www.lukor.com/videos/producci-biog-generaci energ/2hdGDqFdYF4&feature=youtube_gdata/>.

<www.wilsoncenter.org/index.cfm?topic_id=1413&categoryid=a8374b58-65bf-e7dc-4faa15117f5b45c2&fuseaction=topics.events_item_topics&event_id=6852>.

ÍNDICE

IV. INDICADORES DE LA SUSTENTABILIDAD PARA NUEVO LEÓN

V. ANEXO. HOJAS METODOLÓGICAS DE LOS INDICADORES DE SUSTENTABILIDAD.